Kohlhammer

Wiebke Thönißen

Baukunde für die Einsatzpraxis

Verlag W. Kohlhammer

Dieses Werk einschließlich aller seiner Teile ist urheberrechtlich geschützt. Jede Verwendung außerhalb der engen Grenzen des Urheberrechts ist ohne Zustimmung des Verlags unzulässig und strafbar. Das gilt insbesondere für Vervielfältigungen, Übersetzungen, Mikroverfilmungen und für die Einspeicherung und Verarbeitung in elektronischen Systemen.

Die Wiedergabe von Warenbezeichnungen, Handelsnamen und sonstigen Kennzeichen in diesem Buch berechtigt nicht zu der Annahme, dass diese von jedermann frei benutzt werden dürfen. Vielmehr kann es sich auch dann um eingetragene Warenzeichen oder sonstige geschützte Kennzeichen handeln, wenn sie nicht eigens als solche gekennzeichnet sind.

Die Abbildungen stammen – soweit nicht anders angegeben – von der Autorin.

1. Auflage 2020

Alle Rechte vorbehalten
© W. Kohlhammer GmbH, Stuttgart
Gesamtherstellung: W. Kohlhammer GmbH, Stuttgart

Print:
ISBN 978-3-17-034938-4

E-Book-Formate:
pdf: ISBN 978-3-17-034940-7
epub: ISBN 978-3-17-034941-4
mobi: ISBN 978-3-17-034942-1

Für den Inhalt abgedruckter oder verlinkter Websites ist ausschließlich der jeweilige Betreiber verantwortlich. Die W. Kohlhammer GmbH hat keinen Einfluss auf die verknüpften Seiten und übernimmt hierfür keinerlei Haftung.

Inhaltsverzeichnis

Vorwort 9

1 Einleitung 11

2 Brandschutzanforderungen an Baustoffe und Bauteile 13
    2.1 Baustoffklassen 13
    2.1.1 Leichtentflammbare Baustoffe (B3) 14
    2.1.2 Normalentflammbare Baustoffe (B2) 15
    2.1.3 Schwerentflammbare Baustoffe (B1) 16
    2.1.4 Nichtbrennbare Baustoffe (A2) 18
    2.1.5 Nichtbrennbare Baustoffe (A1) 20
    2.1.6 Vergleich deutscher und europäischer Baustoffklassen 21
    2.2 Bauteilklassen 23
    2.2.1 Prüfverfahren 23
    2.2.2 Feuerwiderstandsklassen 24
    2.2.3 Vergleich deutscher und europäischer Bauteilklassen 27
    2.2.4 Heißbemessung von Bauteilen 29
    2.3 Brandschutzanforderungen 30
    2.3.1 Wohn- und Bürogebäude 30
    2.3.2 Sonderbauten 34

3 Brennbare Baustoffe und Bauteile 37
    3.1 Holz und Holzwerkstoffe 37
    3.2 Kunststoffe 42
    3.2.1 Thermoplaste 43
    3.2.2 Duroplaste 45
    3.2.3 Elastomere 45
    3.3 Aluminium 46
    3.4 Brennbare Dämmstoffe und Isolierungen 47

4 Nichtbrennbare Baustoffe 48
    4.1 Stahl 48
    4.2 Nichteisenmetalle 51
    4.3 Gusseisen 52

Inhaltsverzeichnis

4.4 (Stahl-)Beton	53
4.5 Natursteine	55
4.6 Künstliche Steine	57
4.7 Trockenbauplatten	62
4.8 Estriche	64
4.9 Mörtel, Putze und Gipse	65
4.10 Glas	65
4.11 Nichtbrennbare Dämmstoffe und Isolierungen	67
5 Konstruktionen	**68**
5.1 Statische Systeme und Versagenskriterien	68
5.2 Stahlkonstruktionen	70
5.2.1 Stahltragwerke	70
5.2.2 Trapezblech	72
5.3 Stahlbetonkonstruktionen	74
5.4 Holzkonstruktionen	77
5.5 Mauerwerk	87
5.6 Trockenbau	93
5.7 Brandschutzputze	100
5.8 Brandwände	102
5.9 Außenwände und Fassaden	108
5.9.1 Fassaden: Einfluss auf Brandereignisse	109
5.9.2 Hinterlüftete Fassaden	110
5.9.3 Nichtbrennbare Fassadenbekleidungen	110
5.9.4 Brennbare Fassadenbekleidungen	114
5.9.5 Pfosten-Riegel-Fassaden	116
5.9.6 Wärmedämmverbundsysteme	117
5.9.7 Doppelfassaden	119
5.10 Brand- und Rauchschutztüren/-tore (Feuerschutzabschlüsse)	121
5.11 Brand- und Rauchschutzvorhänge	126
5.12 Bedachungen	128
5.12.1 Dachformen	128
5.12.2 Dachaufbauten	130
5.12.3 Harte Bedachungen	131
5.12.4 Weiche Bedachungen	139
5.13 Brandschutzverglasungen	141
5.14 Gebäudefugen	144

Inhaltsverzeichnis

6 Rettungswege **146**
    6.1 Treppen und Treppenräume 147
    6.2 Flure und Gänge 152
    6.3 Ausgänge und Führung auf dem Grundstück 154
    6.4 Anleiterbare Fenster und Aufstellflächen 154
        6.4.1 Rettung über vierteilige Steckleiter 156
        6.4.2 Rettung über dreiteilige Schiebleiter 158
        6.4.3 Rettung über Hubrettungsfahrzeuge 159

7 Haustechnik **163**
    7.1 Elektroinstallationen 163
    7.2 Rohrleitungen 168
    7.3 Lüftung 171
    7.4 Heizung 172
    7.5 Blitzschutz 174
    7.6 Photovoltaik und Solarthermie 174
    7.7 Aufzüge 176
    7.8 Doppel- und Hohlraumböden 178

8 Brandschutztechnik **180**
    8.1 Rauchwarnmelder 180
    8.2 Brandmeldeanlagen 180
    8.3 Alarmierungseinrichtungen 186
    8.4 Löschanlagen 187
    8.5 Trockene Steigleitungen 193
    8.6 Nasse Steigleitungen und Wandhydranten 195
    8.7 Entrauchung 197
    8.8 Feuerwehraufzüge 202
    8.9 Gebäudefunkanlagen/Funkunterstützungsanlagen 203
    8.10 Sicherheitsbeleuchtung 204
    8.11 Sicherheitsstromversorgung 205
    8.12 Löschwasserrückhalteinrichtungen 206

9 Bauweisen **207**

Inhaltsverzeichnis

Fazit 210

Glossar 211

Literaturverzeichnis 214

Stichwortverzeichnis 219

Vorwort

Das Fachbuch schließt sich an das Rote Heft 13 »Baukunde« von Axel Häger an und soll diese wichtige Thematik würdig weiterführen. Das Buch wurde an die Erfordernisse moderner Bauweisen angepasst, ohne hierbei den Blick auf immer gültige Grundlagen und Bestandsbauten zu verlieren. Daher habe ich im Bereich der Statik und der Baukonstruktionen ein wenig zur Schere gegriffen und behutsam einige Kapitel verschlankt, um neue Informationen über Rettungswege, Haus- und Brandschutztechnik ein- und unterzubringen.

Dieses Buch ist ein Spagat zwischen dem nötigen Grundwissen für alle Feuerwehrleute und dem Spezialwissen, welches Führungskräfte und Mitarbeiter von Brandschutzdienststellen benötigen. Einiges wird ein Teilnehmer eines Grundausbildungslehrganges als zu detailliert empfinden, wohingegen eine Führungskraft im gleichen Detail eine nützliche Information für die Erkundung sieht. Insofern wünsche ich mir, dass dieses Buch ein Erstlerner- und »Immer-wieder«-Buch wird, was über die Jahre und mit wachsender Erfahrung – vielleicht auch beim mehrfachen Lesen – einen anderen Blick auf eigentlich Vertrautes lenken kann.

Beim Erstellen dieses Buches hatte ich ein breites Netz an Unterstützung und Hilfe. Im Einzelnen danke ich Manuel Krahwinkel für die Nachhilfe im Stahlbau, Matthias Friedrich, dass er sein Wissen über Fassaden mit mir geteilt hat sowie Hilke Schättiger und Angelika Heitmann für die Unterstützung in Sachen Massivbau und Baukonstruktionen. Simon Dercho danke ich für die im wahrsten Sinne des Wortes spannende Hilfe in Sachen Elektro, Ulrich Wolf für die Erläuterungen zur Photovoltaik, Stefanie Drescher, Matthias Münch und Anne Grimm für das Korrekturlesen, meinem Geschäftspartner Volker Schmidt dafür, dass ich Zeit zum Schreiben abknapsen durfte. Sonja Mieloszyk danke ich für den Blick aus VB-Sicht. Des Weiteren danke ich allen, die mir Fotos und Grafiken zur Verfügung gestellt oder erlaubt haben, dass ich Fotos in oder von ihren Gebäuden anfertigte.

Meiner Familie, allen voran meinen Männern (groß und klein) Matthias und Till, danke ich für die aufbauenden Worte und die moralische Unterstützung, die wortlos angereichte Schokolade und dafür, dass sie so oft auf mich verzichtet haben.

Ich widme dieses Buch meinem großen Vorbild: meinem Vater. Er hat immer unerschütterlich daran geglaubt, dass wir Kinder unseren Weg finden und gehen werden. Danke für Wurzeln und Flügel.

Tornesch, im September 2019

1 Einleitung

Das Wissen über Gebäude und ihre Konstruktionsweisen ist für Feuerwehrleute elementar und kann überlebenswichtig sein. Gebäude schützen Menschen und Tiere vor Umwelteinflüssen, aber sie können selbst oder in Verbindung mit ihrer Nutzung auch zur Gefahr für Einsatzkräfte werden. Gleichzeitig nutzt ein profundes Wissen über Baustoffe, Bauteile und Bauweisen sowohl der Einsatzleitung als auch den vorgehenden Trupps. Bei jeder Erkundung kann schnell abrufbares Wissen den Blick auf die wesentlichen Bauelemente lenken und bei der Suche nach Rettungswegen, Einsatzschwerpunkten und Gefahrenstellen helfen.

Die eingesetzten Kräfte als »Auge und Ohr« der Führungskräfte können vor Ort Informationen über die Baukonstruktion aufnehmen, weiterleiten und somit den Führungskräften im Führungskreislauf die Basis für eine weitere Beurteilung der Lage liefern. Auch dies gelingt nur mit dem Wissen über Baukonstruktionen, das Auge und Ohr zur richtigen Stelle lenken kann.

Auch der Gesetzgeber hat erkannt, welch immense Bedeutung die Konstruktion eines Gebäudes für den Feuerwehreinsatz hat. Die Musterbauordnung (MBO) (Fachkommission Bauaufsicht der Bauministerkonferenz, 2016) definiert deshalb für alle Gebäude wichtige Schutzziele, die auch die Feuerwehr direkt und indirekt betreffen:

- Vorbeugung der Entstehung eines Brandes,
- Vorbeugung der Ausbreitung von Feuer und Rauch im Brandfall,
- Ermöglichung der Menschen- und Tierrettung im Brandfall,
- Ermöglichung von wirksamen Löscharbeiten.

Drei der vier Schutzziele dienen also direkt der Arbeit der Feuerwehr. Aus diesen Schutzzielen leiten sich viele Vorgaben für Baukonstruktionen ab.

Damit alle Feuerwehrkräfte die gleiche Sprache sprechen, beginnt dieses Buch mit den brandschutzrelevanten Definitionen, Bezeichnungen und Fachbegriffen, die in Deutschland für Baustoffe und Bauteile verwendet werden. Aber auch die neuen europäischen Bezeichnungen, die in naher Zukunft erheblich an Bedeutung gewinnen werden, sind erläutert.

Danach bahnt sich das Buch den Weg durch den Dschungel der verschiedenen Baugewerke vom Kleinen zum Großen, von den einzelnen Baustoffen über die Bauteile bis hin zu Konstruktionen und Bauweisen. Ein großes Kapitel nehmen die Rettungswege ein, die auch immer gleichzeitig Angriffswege für die Feuerwehr sind.

Nach der »Hardware« des Gebäudes folgen Kapitel über die technische Ausstattung von Gebäuden. Ohne umfangreiche technische Ausstattung sind moderne Häuser

1 Einleitung

heute nicht mehr denkbar; selbst im Einfamilienhausbau finden sich (Fern-)Steuerungsanlagen für Heizung, Lüftung und sogar die Kaffeemaschine. All dies hat natürlich Einfluss auf Brandverläufe, Einsatztaktik und die Gefahren für die eingesetzten Kräfte.

Gleichzeitig kann die inzwischen weit entwickelte Brandschutztechnik dem Schutz von Nutzern und Einsatzkräften dienen. Sie ist in den vergangenen Jahrzehnten schon allein durch Rauchwarnmelder und die zunehmende Anzahl von Brandmeldeanlagen und -alarmen in das Bewusstsein von Feuerwehr und Öffentlichkeit gerückt. Daher erhält auch die Brandschutztechnik in diesem Buch einen größeren Raum.

Dieses Buch soll für Neulinge im Grundlehrgang ebenso wie für erfahrene Feuerwehrangehörige hilfreich sein und natürlich auch Führungskräften zur Fort- und Weiterbildung dienen. Es kann im Ganzen gelesen oder auch als Nachschlagewerk genutzt werden. Zahlreiche Verweise zwischen den Kapiteln erleichtern das Auffinden verwandter Themen und zusätzlicher Hinweise auf weitergehende Aspekte.

Im Buch finden sich immer wieder Hinweise, die ein besonderes Augenmerk erfordern. Sie befinden sich in farbigen Kästen. Durch die unterschiedlichen Farben kann schnell zwischen wichtigen Informationen unterschieden werden.

2 Brandschutzanforderungen an Baustoffe und Bauteile

Grundsätzlich unterscheidet das deutsche Baurecht – und damit auch die brandschutztechnische Beurteilung – zwischen Baustoffen und Bauteilen. Baustoffe sind jeweils die »Grundstoffe«, aus denen ein Bauteil errichtet wird. So können aus dem Baustoff Holz beispielsweise Bauteile wie Türen, Fenster oder auch Wände gebaut werden.

Baustoffe werden nach ihrer Brennbarkeit beurteilt, Bauteile hingegen können weitere Eigenschaften, wie zum Beispiel Feuerwiderstand oder Rauchdichtigkeit, aufweisen.

2.1 Baustoffklassen

Die Prüfung und Einstufung der Brennbarkeit von Baustoffen ist momentan sowohl nach deutschen als auch nach europäischen Normen möglich. Die deutsche Norm für die Prüfung und Einstufung von Baustoffen ist die DIN 4102-1:1998-05: *Brandverhalten von Baustoffen und Bauteilen – Teil 1: Baustoffe; Begriffe, Anforderungen und Prüfungen*. Der Name der europäischen Einstufungsnorm lautet DIN EN 13501-1:2010-01: *Klassifizierung von Bauprodukten und Bauarten zu ihrem Brandverhalten - Teil 1: Klassifizierung mit den Ergebnissen aus den Prüfungen zum Brandverhalten von Bauprodukten*, wobei die europäischen Prüfverfahren in mehreren zusätzlichen Normen geregelt sind. Zum Teil wurden die deutschen Verfahren für die Prüfungen nach europäischen Normen übernommen. Zum Teil gibt es aber auch eigene Prüfverfahren, die bei deutschen Prüfungen nicht verwendet werden. Deshalb ist eine direkte Vergleichbarkeit zwischen einer deutschen und europäischen Einstufung nicht immer gegeben, da es in der DIN 4102-1 nur fünf Baustoffklassen (A1/A2 und B1-B3) gibt, nach DIN EN 13501-1 aber acht (A1/A2 und B-F), die mit zusätzlichen Kriterien über die Rauchentwicklung und das brennende Abtropfen ergänzt werden. Man behilft sich hier mit einer »Übersetzungstabelle« (vgl. Kapitel 2.1.6).

Ist ein Baustoff nach einem der vielen Prüfverfahren geprüft, erhält er in seinem Prüfzeugnis eine Einstufung, die aus einer textlichen Benennung (z. B. »schwerentflammbar«) und einer Buchstaben-Zahlen-Kombination (z. B. »B1« nach deutscher Norm oder »C-s1,d0« nach europäischer Norm) besteht.

2 Brandschutzanforderungen an Baustoffe und Bauteile

Die Bauvorschriften (Bauordnungen der Bundesländer, Verordnungen, Richtlinien etc.) verwenden grundsätzlich die textlichen Begriffe und nicht die Zahlen-Buchstaben-Kombinationen, so dass die parallele Verwendung von Baustoffen mit deutschen und europäischen Prüfungen möglich ist.

Die wichtigste Unterscheidung im Baurecht ist die Unterscheidung zwischen nichtbrennbaren Baustoffen und brennbaren Baustoffen. In vielen Bereichen werden baurechtliche Vorgaben gemacht, welche Baustoffklasse ein Baustoff mindestens haben muss, damit er verbaut werden darf. Ebenso gibt unser Baurecht vor, aus welchen Baustoffen Bauteile gebaut werden dürfen, die einen bestimmten Feuerwiderstand erreichen müssen (siehe Kapitel 2.3).

In den folgenden Überschriften sind neben der textlichen Benennung auch immer die deutschen Baustoffklassen angegeben, da diese im Feuerwehr-Sprachgebrauch am häufigsten verwendet werden.

Merke:
Die Buchstaben der Baustoffklassen haben nichts mit den Brandklassen von Feuerlöschern zu tun.

Die Prüfungen in den Baustoffklassen erfolgen grundsätzlich von normalentflammbar in Richtung nichtbrennbar. Das heißt, ein Baustoff mit einer höherwertigen Einstufung muss auch die Prüfungen der niedrigeren Baustoffklassen bestanden haben.

2.1.1 Leichtentflammbare Baustoffe (B3)

Leichtentflammbare Baustoffe[1] haben keinerlei Prüfung bestanden und werden somit ungeprüft eingestuft. Zu den leichtentflammbaren Baustoffen zählen beispielsweise Papier, leichte Holzwerkstoffe oder einige unbehandelte Kunststoffe.

---

1 Nach der DIN 4102-1 werden die Begriffe »leichtentflammbar, normalentflammbar, schwerentflammbar und nichtbrennbar« zusammengeschrieben, auch wenn die aktuellen Rechtschreibregeln hier eine Getrenntschreibung vorsehen würden. Es wird im Folgenden die Schreibweise aus der Norm verwendet.

2.1 Baustoffklassen

> **Merke:**
> Die Verwendung von leichtentflammbaren Baustoffen am Bau ist grundsätzlich verboten. Nur, wenn sie im Verbund mit anderen Baustoffen nicht mehr leichtentflammbar sind, dürfen sie verbaut werden. (Fachkommission Bauaufsicht der Bauministerkonferenz, 2016)

> **Achtung:**
> Einrichtungsgegenstände, Maschinen, Lagergüter oder Dekorationen fallen nicht unter das Baurecht. Sie können trotz des Verbotes leichtentflammbar sein.

2.1.2 Normalentflammbare Baustoffe (B2)

Normalentflammbare Baustoffe sind Baustoffe, die nach dem Beflammen mit einer kleinen Zündquelle selbständig weiterbrennen. Allerdings wird in der Prüfung die Brandausbreitung auf dem Baustoff gemessen und bewertet (CEN/TC 127 »Baulicher Brandschutz«, 2010).

Nach DIN 4102-1 werden die Proben der Baustoffe im so genannten »Brennkasten« geprüft. Dort werden sie in Plattenform senkrecht aufgehängt und schräg von unten beflammt. Unterhalb der Probe befindet sich ein Körbchen mit Filterpapier, in dem brennend abtropfende Teile der Probe aufgefangen werden. Die Prüfung wird fünfmal wiederholt.

Die Probe wird 15 Sekunden lang beflammt, dann wird die Flamme entfernt. Innerhalb von 20 Sekunden darf die Flammenspitze die Messmarke im Abstand von 15 cm zur Flamme nicht erreichen. Fallen in der Zeit der Prüfung brennende Teile in das Körbchen mit dem Filterpapier und brennen für mindestens 2 Sekunden lang weiter, wird dies als »brennend abtropfend« im Prüfzeugnis vermerkt.

Das europäisch genormte Prüfverfahren findet ebenfalls im Brennkasten statt, heißt jedoch dort »Einzelflammentest«. Die Einstufung nach der DIN EN 13501-1 sieht für die normalentflammbaren Baustoffe mehrere Baustoffklassen vor. Der Baustoffklasse B2 entsprechen grob die europäischen Klassen D und E (jedoch nicht mit allen Zusatzkriterien), siehe hierzu »Übersetzungstabelle« in Kapitel 2.1.6.

Als normalentflammbar sind beispielsweise folgende Baustoffe eingestuft (DIN-Normenausschuss Bauwesen (NABau), 2016):

- Holz mit einer Rohdichte ≥ 400 kg/m³ und einer Dicke von mehr als 2 mm oder
- Rohre aus weichmacherfreiem Polyvinylchlorid (PVC-U) mit Wanddicken von mehr als 3,2 mm.

2 Brandschutzanforderungen an Baustoffe und Bauteile

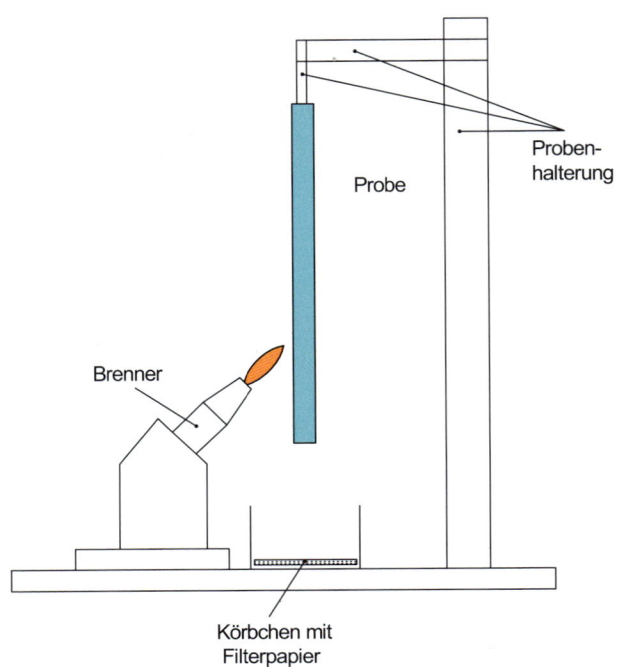

Bild 1: *Prüfverfahren für B2-Baustoffe, Darstellung nach DIN 4102-1:1998:05 (DIN-Normenausschuss Bauwesen (NABau), 1998)*

2.1.3 Schwerentflammbare Baustoffe (B1)

Als schwerentflammbar wird ein Baustoff eingestuft, wenn er nach dem Beflammen durch ein kleineres Feuer in der Größe eines Papierkorbes nicht oder nur in sehr geringem Maße selbstständig weiterbrennt (DIN-Normenausschuss Bauwesen (NABau), 1998). Jeder B1-Baustoff muss auch die Prüfung für B2 bestanden haben.

Die Prüfung nach deutscher Norm erfolgt im so genannten »Brandschacht«. Hier werden vier Platten mit einer Länge von 100 cm aufgehängt. Die Proben werden 10 Minuten lang beflammt und beobachtet, bis kein Brandgeschehen mehr zu erkennen ist. Am Schluss muss die Restlänge aller Proben mindestens 15 cm betragen (DIN-Normenausschuss Bauwesen (NABau), 1998). Zusätzlich dürfen die Rauchgase nicht heißer als 200°C werden. Auch hier wird ein eventuelles brennendes Abtropfen registriert.

2.1 Baustoffklassen

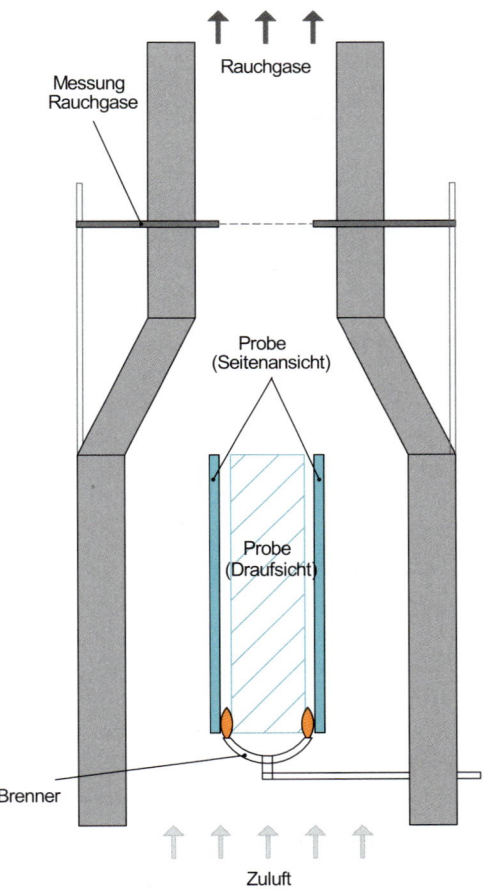

Bild 2: *Prüfverfahren für B1-Baustoffe, Darstellung nach DIN 4102-15 (DIN-Normenausschuss Bauwesen (NABau), 1990)*

Das alternative europäische Prüfverfahren, der so genannte »single burning item test« (CEN/TC 127 »Baulicher Brandschutz«, 2015), prüft das Brandverhalten der Baustoffe durch eine Beflammung von zwei über Eck zusammengesetzten Proben, die aus der unteren Ecke beflammt werden. Auch hier wird die Flammenausbreitung sowie das brennende Abtropfen gemessen, zusätzlich werden die freigesetzte Energie sowie die Rauchentwicklung ermittelt bzw. aus den Messwerten berechnet. Die Einstufung nach der DIN EN 13501-1 sieht für die normalentflammbaren Baustoffe mehrere

2 Brandschutzanforderungen an Baustoffe und Bauteile

Baustoffklassen vor. Der Baustoffklasse B1 entsprechen grob die europäischen Klassen B und C (jedoch nicht mit allen Zusatzkriterien), siehe hierzu »Übersetzungstabelle« in Kapitel 2.1.6.

Für Bodenbeläge und Fassadenbekleidungen gibt es eigene B1-Brandprüfungen.

Achtung:
Die Klassifizierung »schwerentflammbar« bezieht sich nur auf die Entzündbarkeit bei einem Kleinbrand und sagt nichts über das Brandverhalten im Vollbrand aus.

Beispiele für schwerentflammbare Baustoffe sind:
- Putze mit Kunstharzbindemitteln oder
- Rohre aus weichmacherfreiem Polyvinylchlorid (PVC-U) mit Wanddicken von weniger als 3,2 mm (DIN-Normenausschuss Bauwesen (NABau), 2016) oder
- Wärmedämmverbundsysteme mit PUR-Dämmung für Außenwände (mit entsprechender Prüfung) oder
- Holzfaserplatten mit entsprechender Prüfung.

2.1.4 Nichtbrennbare Baustoffe (A2)

Es mag zunächst verwunderlich klingen, dass es zwei Baustoffklassen für nichtbrennbare Baustoffe gibt. Die Baustoffe der Klasse A2 dürfen im Gegensatz zu denen der Klasse A1einen geringen Anteil an brennbaren Stoffen enthalten, der jedoch nur zu einer geringen Wärmeabgabe und Rauchentwicklung führen darf (DIN-Normenausschuss Bauwesen (NABau), 1998).

Nach DIN 4102-1 wird für die Erlangung in die Baustoffklasse A2 die so genannte Ofenprüfung durchgeführt.

Die Probe des Baustoffes wird für die Prüfung in einen Ofen eingehängt, der auf 750 °C aufgeheizt wird. Die Prüfung dauert mindestens 15 und maximal 90 Minuten und kann beendet werden, wenn das Temperaturmaximum (z. B. bei Temperaturanstieg durch Zersetzung des Baustoffes) erreicht wurde. Verändert sich die Temperatur im Ofen also nicht, wird die Prüfung nach 15 Minuten beendet.

Zersetzt sich nun der Baustoff durch die Wärmeeinwirkung und setzt brennbare Bestandteile frei, verbrennen diese im Ofen oder steigen auf und vergrößern die Testflamme. Bei der Prüfung für A2-Baustoffe sind kurzzeitige Entflammungen von bis zu 20 Sekunden zulässig und die Testflamme darf sich ebenfalls kurzzeitig vergrößern.

2.1 Baustoffklassen

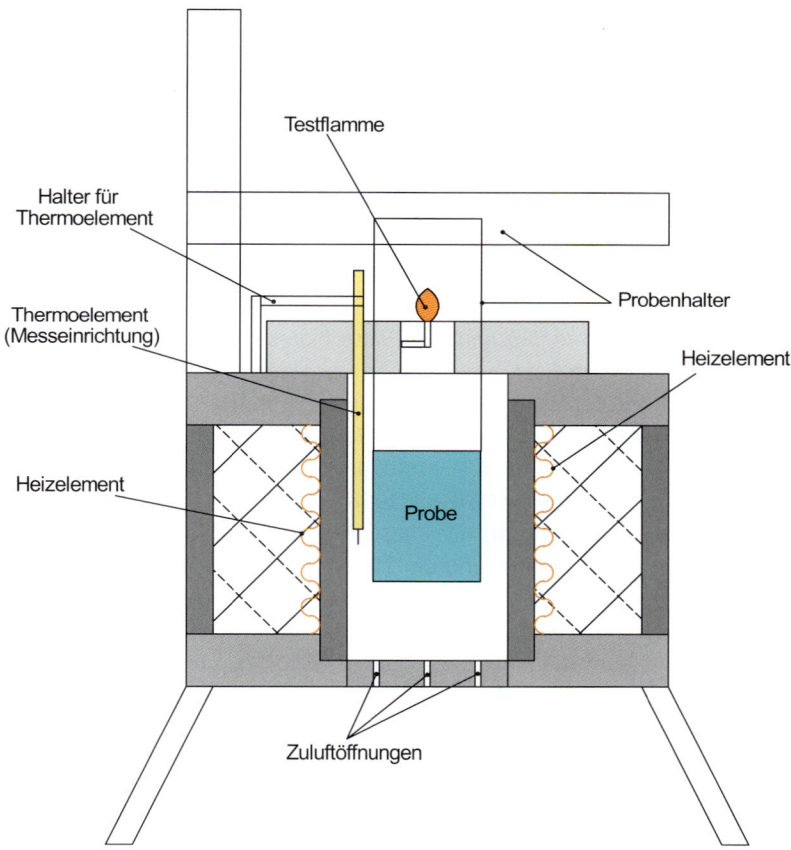

Bild 3: *Ofenprüfung, Darstellung nach DIN 4102-15:1990: (DIN-Normenausschuss Bauwesen (NABau), 1990)*

Alternativ zur Ofenprüfung können auch der Heizwert und die Wärmeentwicklung der Probe ermittelt werden. Der Heizwert darf nicht mehr als 1,17 kWh/kg betragen (zum Vergleich: Der Heizwert von Holz liegt je nach Holzsorte bei etwa 4 kWh/kg) und die Wärmeentwicklung (auf die Fläche bezogen) muss geringer sein als 4,67 kWh/m².

Zusätzlich muss auch die Brandschachtprüfung (B1) durchgeführt werden, jedoch mit verschärften Kriterien. Die Proben dürfen nur bis zu einer Restlänge von maximal 35 cm verbrennen und die Temperatur im Ofen darf nur bis auf 125 °C ansteigen.

2 Brandschutzanforderungen an Baustoffe und Bauteile

Auch nach dem europäischen Prüfverfahren werden ähnliche Parameter getestet wie nach deutschem Verfahren. Die zugehörige europäische Baustoffklasse ist die Baustoffklasse A2-s1,d0 (siehe Übersetzungstabelle im Kapitel 2.1.6).

Beispiele für Baustoffe der Klasse A2 sind:
- zementgebundene Spanplatten mit entsprechendem Prüfzeugnis,
- und Gipsfaserplatten mit entsprechendem Prüfzeugnis.

2.1.5 Nichtbrennbare Baustoffe (A1)

Nichtbrennbare Baustoffe der Baustoffklasse A1 dürfen bei einem Vollbrand keine entzündbaren Gase freigeben und keine nennenswerte Wärmeentwicklung zeigen. Dafür müssen sie zunächst einmal alle Prüfungen für B2 und B1 bestehen. Zum Nachweis, dass keine brennbaren Bestandteile im Baustoff enthalten sind, wird nach DIN 4102-1 auch bei A1-Baustoffen die Ofenprüfung durchgeführt. (DIN-Normenausschuss Bauwesen (NABau), 1998)

Bei einem Baustoff der Klasse A1 darf jedoch im Gegensatz zu A2-Baustoffen weder eine Vergrößerung der Zündflamme noch ein kurzzeitiges Entflammen der Probe auftreten. Die Prüfung gilt somit als nicht bestanden, wenn innerhalb des Ofens Flammen auftreten oder sich die die Testflamme vergrößert/verbreitert (siehe Bild 3).

Das europäische Prüfverfahren sieht ebenfalls eine Ofenprüfung mit einem vergleichbaren Verfahren sowie zusätzlich eine Heizwertermittlung vor. Die zugehörige europäische Baustoffklasse ist die Baustoffklasse A1.

Beispiele für Baustoffe der Klasse A1 sind:
- Kalksandsteine,
- mineralische Mörtel,
- Gipskartonplatten ohne brennbare Bestandteile,
- Steinwolle
- und Stahl.

Merke:
Baurechtlich sind die Baustoffklassen A1 und A2 gleichwertig. Dort werden beide Klassen als »nichtbrennbar« bewertet.

2.1 Baustoffklassen

2.1.6 Vergleich deutscher und europäischer Baustoffklassen

Während die deutschen Baustoffklassen nur aus einem Buchstaben und einer Zahl bestehen (z. B. B1), werden bei den europäischen Baustofflassen noch weitere Kriterien zur Rauchentwicklung und zum brennenden Abtropfen angefügt (CEN/TC 127 »Baulicher Brandschutz«, 2010):

    s: Rauchentwicklung (smoke)
    d: brennendes Abtropfen/Abfallen (droplets)

Hierbei bedeuten die Kombinationen folgende Aussagen:

Tabelle 1: *Zusatzbezeichnungen nach DIN 13501-1 für Baustoffklassen (CEN/TC 127 »Baulicher Brandschutz«, 2010)*

Bezeichnung	Bedeutung
s1	keine/geringe Rauchentwicklung
s2	begrenzte Rauchentwicklung
s3	unbegrenzte Rauchentwicklung
d0	kein brennendes Abtropfen/Abfallen
d1	begrenztes brennendes Abtropfen/Abfallen
d2	unbegrenztes brennendes Abtropfen/Abfallen

Um eine Vergleichbarkeit zwischen den deutschen und den europäischen Baustoffklassen zu erhalten, wurde durch das Deutsche Institut für Bautechnik eine »Übersetzungstabelle« veröffentlicht. Diese kann zu Rate gezogen werden, wenn ein europäisch geprüfter Baustoff in Deutschland verwendet werden soll.

2 Brandschutzanforderungen an Baustoffe und Bauteile

Tabelle 2: »Übersetzungstabelle« für Baustoffklassen aus der Bauregelliste A Teil 1 (Deutsches Institut für Bautechnik, 2015)

bauaufsichtliche Benennung	Zusatzanforderung		deutsche Baustoffklasse	europäische Baustoffklasse
	kein Rauch	kein brennendes Abtropfen/Abfallen		
nichtbrennbar	X	X	A1	A1
	X	X	A2	A2 – s1, d0
schwerentflammbar	X	X	B1	B – s1,d0 C – s1,d0
		X	B1	A2 – s2,d0 A2 – s3,d0 B – s2,d0 B – s3,d0 C – s2,d0 C – s3,d0
	X		B1	A2 – s1,d1 A2 – s1,d2 B – s1,d1 B – s1,d2 C – s1,d1 C – s1,d2
			B1	A2 – s3,d2 B – s3,d2 C – s3,d2
normalentflammbar		X	B2	D – s1,d0 D – s2,d0 D – s3,d0 E
			B2	D – s1,d1 D – s2,d1 D – s3,d1 D – s1,d2 D – s2,d2 D – s3,d2
				E – d2
leichtentflammbar			B3	F

2.2 Bauteilklassen

Das Brandverhalten von Bauteilen wird als Feuerwiderstandsdauer angegeben. Um ein Bauteil in eine Feuerwiderstandsklasse einzustufen, ist eine Brandprüfung erforderlich. Sowohl nach der deutschen Prüf- und Einstufungsnorm DIN 4102-2 (DIN-Normenausschuss Bauwesen (NABau), 1977) als auch nach der europäischen Prüfnorm DIN EN 1363-2 (NA 005-52-02 AA - »Brandverhalten von Baustoffen und Bauteilen - Bauteile«, 2012) wird hierzu eine Brandprüfung in einer Brennkammer vorgenommen.

2.2.1 Prüfverfahren

Die Brandprüfung von Bauteilen wird im Gegensatz zu den Prüfungen für die Baustoffe nicht mit Einzelteilen durchgeführt, sondern mit einer kompletten Konstruktion. Hierfür verfügen die Materialprüfanstalten über Brennkammern, in die zum Beispiel Wände, Decken, Türen und verschiedene weitere Sonderbauteile eingesetzt werden können. Somit ergibt sich ein geschlossener Prüfraum, der von innen mit Gasbrennern befeuert wird. Stützen und Decken können auch als belastete Bauteile geprüft werden.

Die Befeuerung der Brennkammer erfolgt mit Gasbrennern nach der Einheitstemperaturzeitkurve (ETK).

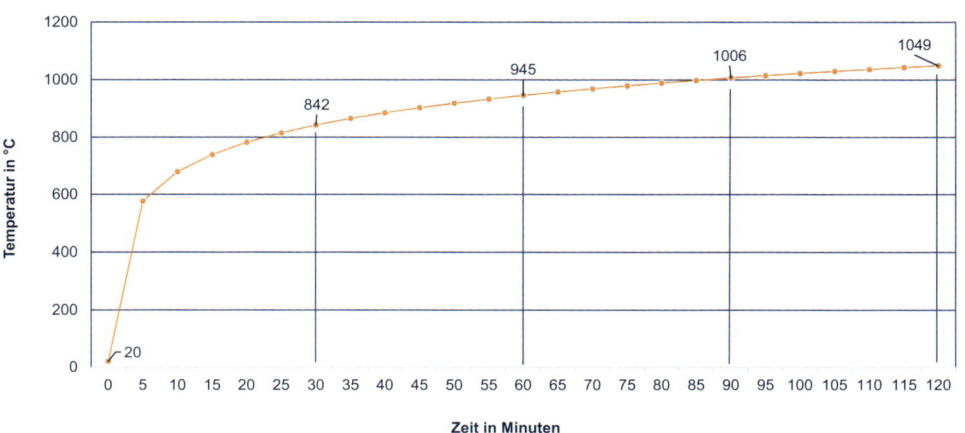

Bild 4: *Einheitstemperaturzeitkurve, erstellt nach DIN 4102-2 (DIN-Normenausschuss Bauwesen (NABau), 1977)*

Wie sich aus der ETK erkennen lässt, wird mit dieser Prüfung zu Beginn ein schneller Anstieg der Temperatur mit anschließenden hohen Temperaturen simuliert, die deutlich über den Temperaturen eines durchschnittlichen Zimmerbrandes liegen.

Während der Prüfung wird mit Thermoelementen kontinuierlich die Temperatur im Brandraum und auf der nicht vom Brand beaufschlagten Bauteilaußenseite gemessen.

Im Schnitt darf die Temperatur auf der Außenseite des Bauteils während der gesamten Prüfdauer um nicht mehr als 140 K ansteigen; einzelne Werte dürfen 180 K nicht überschreiten. Bei einer Starttemperatur von 20°C heißt dies, es dürfen im Schnitt nicht mehr als 160°C und 200°C in Einzelwerten erreicht werden. Sind diese Werte nicht eingehalten, besteht das Bauteil die Prüfung nicht.

In regelmäßigen Abständen werden zudem Wattebäusche auf die Außenseite des Bauteils gehalten. Entzünden sie sich, ist die Prüfung ebenfalls nicht bestanden.

Die Prüfung wird bis zum Versagen des Bauteils oder aber bis zum Erreichen der gewünschten Feuerwiderstandsdauer durchgeführt. Die maximale Prüfzeit beträgt 180 Minuten, also drei Stunden.

Die Bauteile müssen während der ganzen Prüfdauer folgende Kriterien einhalten:
- kein Versagen/Zusammenbrechen,
- bei raumabschließenden Bauteilen (z. B. Wände oder Decken): Wahrung des Raumabschlusses, keine Öffnungen,
- bei nicht raumabschließenden, tragenden Bauteilen (z. B. Stützen): kein Versagen unter der geplanten Gebrauchslast.

Merke:
Feuerwiderstandsprüfungen erfolgen immer für das komplette Bauteil im eingebauten Zustand.

2.2.2 Feuerwiderstandsklassen

Die Bauordnungen der Bundesländer regeln die Abstufungen für den Feuerwiderstand von Bauteilen in 30-Minuten-Schritten (Fachkommission Bauaufsicht der Bauministerkonferenz, 2016). Dort werden nur textliche Bezeichnungen aufgeführt. Die Übersetzung in die in Feuerwehrkreisen öfter verwendeten Buchstaben-Zahlen-Kombinationen erfolgt in den Einstufungsnormen DIN 4102-2 und DIN EN 13501-2.

Wände, Decken, Stützen, Unterzüge und Dächer erhalten nach DIN 4102-2 den Buchstaben F und eine Zahl, die die Feuerwiderstandsdauer in Minuten ausdrückt. Hat

2.2 Bauteilklassen

ein Bauteil während der Prüfung versagt, wird die Feuerwiderstandsklasse auf den nächstniedrigeren 30er-Schritt abgerundet. Ein Bauteil, das bei einer Prüfdauer von 31 Minuten versagt, wird genauso als »feuerhemmend[2] – F 30« eingestuft wie eines, das nach 59 Minuten versagt.

Tabelle 3: *Feuerwiderstandsklassen nach DIN 4102-2 (DIN-Normenausschuss Bauwesen (NABau), 1977)*

Feuerwiderstandsklasse nach DIN 4102-2	Bauaufsichtliche Benennung
F 30	feuerhemmend
F 60	hochfeuerhemmend
F 90	feuerbeständig
F 120/F 180	hochfeuerbeständig

Die Landesbauordnungen stellen zusätzlich zur Feuerwiderstandsdauer in Abhängigkeit von der Gebäudeklasse Anforderungen an die (Nicht-)Brennbarkeit der Baustoffe (siehe Kapitel 2.3). Im Sprachgebrauch der deutschen Brandschutzplanung besteht daher die Möglichkeit, die textlichen Ausführungen zur Kombination von Feuerwiderstand mit Anforderungen an die verwendeten Baustoffe durch weitere Abkürzungen darzustellen. Diese Kombinationen sind mit allen Feuerwiderstandsklassen denkbar und in der folgenden Tabelle beispielhaft für feuerhemmende (F 30) Bauteile aufgeführt; sie gelten aber auch für alle anderen Feuerwiderstandsklassen.

Tabelle 4: *Beispielhafte Kombinationen aus Feuerwiderstandsklassen und Baustoffanforderungen*

Abkürzung	Erläuterung
F 30-A	feuerhemmend, in allen Teilen aus nichtbrennbaren Baustoffen
F 30-AB	feuerhemmend, in den wesentlichen (=tragenden und aussteifenden) Teilen aus nichtbrennbaren Baustoffen, andere Teile können aus brennbaren Baustoffen bestehen
F 30-B	feuerhemmend, in den wesentlichen Teilen aus brennbaren Baustoffen

---

[2] Abweichend von den aktuellen Rechtschreibregeln werden die Feuerwiderstandsklassen weiterhin zusammengeschrieben, weil es sich um genormte Fachbegriffe handelt.

2 Brandschutzanforderungen an Baustoffe und Bauteile

Tabelle 4: *Beispielhafte Kombinationen aus Feuerwiderstandsklassen und Baustoffanforderungen – Fortsetzung*

Abkürzung	Erläuterung
F 30-BA	feuerhemmend, in den wesentlichen Teilen aus brennbaren Baustoffen mit einer allseitig brandschutztechnisch wirksamen Bekleidung aus nichtbrennbaren Baustoffen (Brandschutzbekleidung) und Dämmstoffe aus nichtbrennbaren Baustoffen

Neben den mit ETK-Prüfung eingestuften Bauteilen gibt es noch zahlreiche so genannte Sonderbauteile, die aufgrund ihrer Eigenschaften spezielle Prüfungen benötigen. So werden zum Beispiel Außenwände mit einer bei 723°C »gekappten« ETK geprüft, weil die Brandbelastung im Außenbereich nicht so hoch ist wie bei einem Zimmerbrand.

Zur besseren Unterscheidung wurden diese in den deutschen Normen DIN 4102-3 ff mit anderen Buchstaben versehen.

Tabelle 5: *Benennung von Sonderbauteilen nach DIN 4102*

Buchstabe	DIN 4102 Teil...	Sonderbauteil
W 30, W 60…	3	nichttragende Außenwände, Brüstungen
F 90	3	Brandwände
T 30, T 60…	5	Feuerschutzabschlüsse (Brandschutztüren), Fahrschachttüren
L 30, L 60…	6	Lüftungsleitungen
K 30, K 60…	6	Absperrvorrichtungen für Lüftungsleitungen (Brandschutzklappen)
S 30, S 60…	9	Kabelabschottungen
I 30, I 60…	11	Installationskanäle und -schächte
R 30, R 60…	11	Rohrabschottungen
E 30, E 60…	12	Elektrische Leitungen mit Funktionserhalt
F 30, F 60…	13	Brandschutzverglasungen, undurchlässig für Wärmestrahlung
G 30, G 60…	13	Brandschutzverglasungen, durchlässig für Wärmestrahlung

2.2 Bauteilklassen

2.2.3 Vergleich deutscher und europäischer Bauteilklassen

Nach der europäischen Einstufungsnorm DIN EN 13501-2 wird die Benennung der Feuerwiderstandsklasse mit weiteren Buchstaben unterschieden, die unterschiedliche Eigenschaften getrennt widerspiegeln. Folgende Buchstaben werden hierbei verwendet (NA 005-52-02 AA »Brandverhalten von Baustoffen und Bauteilen - Bauteile«, 2016):

- R: Résistance (Tragfähigkeit)
- E: Étanchéité (Raumabschluss)
- I: Isolation (Wärmedämmung unter Brandeinwirkung)

Daraus ergeben sich für Bauteile, die in Deutschland alle mit »F« bezeichnet sind, ganz unterschiedliche Bezeichnungen nach europäischer Norm:

Tabelle 6: *Feuerwiderstandsklassen nach DIN EN 13501-2 (NA 005-52-02 AA »Brandverhalten von Baustoffen und Bauteilen - Bauteile«, 2016)*

Benennung deutsch	Benennung europäisch		
	tragend ohne Raumabschluss (z. B. Stützen)	tragend mit Raumabschluss (z. B. Decken)	nichttragend mit Raumabschluss (z. B. Trockenbauwände)
F 30	R 30	REI 30	EI 30
F 60	R 60	REI 60	EI 60
F 90	R 90	REI 90	EI 90
F 120	R 120	REI 120	EI 120

Auch nach den europäischen Einstufungsnormen entstehen Zahlen- und Buchstabenkombinationen für die Benennung der Sonderbauteile. Leider wurden bei der Vergabe der Buchstaben einige Doppelverwendungen vorgenommen, so dass es ohne Angabe der zugehörigen Norm durchaus zu Verwirrung kommen kann, um welches Bauteil es sich handelt. Zusätzlich zu den Buchstaben für die eigentliche Feuerwiderstanddauer werden in den europäischen Benennungen auch noch Kriterien wie die Richtung der Brandbelastung angegeben. In der folgenden Tabelle sind die gängigsten Benennungen aufgelistet.

2 Brandschutzanforderungen an Baustoffe und Bauteile

Tabelle 7: **Benennung von Sonderbauteilen nach den europäischen Einstufungsnormen (Deutsches Institut für Bautechnik, 2015)**

Buchstabe	Kriterium	Anwendung
M (mechanical)	Stoßbeanspruchung	Brandwände
W (radiation)	Begrenzung des Strahlungsdurchtritts	Wände, Decken, Sonderbauteile
I_1, I_2 (isolation)	Wärmedämmungskriterien	Türen und Tore
S_{200}, S_{300}	Begrenzung der Rauchdurchlässigkeit bei 200°C/300°C	Türen und Tore
C… (closing)	Selbstschließend Zahl: Anzahl der Schließzyklen	Brandschutztüren
P	Aufrechterhaltung der Energieversorgung und/oder Signalübermittlung	Elektrische Leitungen mit Funktionserhalt
v_e, h_o (vertical, horizontal)	für vertikalen/horizontalen Einbau klassifiziert	Lüftungsleitungen/-klappen
i → o i ← o i ↔ o (in – out)	Richtung der klassifizierten Feuerwiderstandsdauer	Nichttragende Außenwände, Installationsschächte/-kanäle, Lüftungsanlagen/-klappen
a → b a ← b a ↔ b (above – below)	Richtung der klassifizierten Feuerwiderstandsdauer	Unterdecken
U/C	Abdeckung von Rohrenden im Brandversuch (uncapped/capped)	Rohrabschottungen

Zum Vergleich sind hier einige Benennungen für Bauteile nach DIN 4102 und den europäischen Normen aufgelistet:

2.2 Bauteilklassen

Tabelle 8: *Vergleich der Benennung von Sonderbauteilen mit deutschen Bezeichnungen (Deutsches Institut für Bautechnik, 2015)*

Bauteil	Deutsche Benennung	Europäische Benennung
Feuerbeständige Brandschutzklappe für Lüftungsleitungen	K 90	EI 90($v_e h_o$ i↔o)-S
Feuerbeständiger Installationskanal	I 90	EI 90($v_e h_o$ i↔o)-S
Elektroleitungen mit Funktionserhalt	E 90	P 90
Feuerhemmende Rohrabschottung	R 30	EI 30-U
Feuerhemmende Rauchschutztür	T 30-RS	$EI_2$30-CS_{200}

Weitere Ausführungen zu den Anforderungen und Benennungen von Brand- und Rauchschutztüren finden sich in Kapitel 5.10.

Praxis-Tipp:
Feuerwehrpläne sollten zur besseren Verständlichkeit entweder deutsche oder europäische Bezeichnungen für Bauteile enthalten. Eine Mischung aus beiden Bezeichnungsarten kann aufgrund der Doppelbelegung einiger Buchstaben zu Verwechselungen führen.

2.2.4 Heißbemessung von Bauteilen

Während Bauteile früher überwiegend mit praktischen Brandversuchen und den daraus abgeleiteten Dimensionierungsregeln für den Brandfall bemessen wurden, erlaubt es die Forschung in Verbindung mit steigender Rechnerleistung, Bauteile mit Hilfe von Brandsimulationen (die so genannte Heißbemessung) für den Brandfall auszulegen.

Bei diesen Simulationsverfahren werden die Durchwärmung des Bauteils (Stahl, Stahlbeton) oder der Abbrand (Holz) berechnet und so eine Resttragfähigkeit des Bauteils über den Brandverlauf ermittelt (zu den einzelnen Versagenskriterien siehe auch Kapitel 5.1). Übersteigen die Lasten die Resttragfähigkeit, kommt es zum Versagen des Bauteils.

Die Rechenverfahren für eine solche Heißbemessung reichen von einfachen Handrechnungen bis hin zu detaillierten Simulationen für einzelne Bauteile. Für jedes

Bauteil wird die kritische Temperatur bzw. der Versagenszeitpunkt ermittelt, aus der dann »rückwärts« wieder eine Feuerwiderstandsdauer zugeordnet wird. Auch mit den Berechnungen einer Heißbemessung erfolgt eine Einstufung in die Feuerwiderstandsklassen F 30, F 60 usw.

Erreicht ein Bauteil die gewünschte Feuerwiderstandsdauer im Rechenverfahren noch nicht, kann eine Überdimensionierung vorgenommen werden, die die Durchwärmung oder den Abbrand ausgleicht und so die Feuerwiderstandsdauer erhöht.

Genormt sind einige der Rechenverfahren in den so genannten Eurocodes:
- Eurocode 2 (DIN EN 1992-1-2) für Konstruktionen von Stahlbeton- und Spannbetontragwerken,
- Eurocode 3 (DIN EN 1993-1-2) für Konstruktionen von Stahlbauten,
- Eurocode 4 (DIN EN 1994-1-2) für Verbundtragwerke aus Stahl und Beton,
- Eurocode 5 (DIN EN 1995-1-2) für Konstruktionen von Holzbauten,
- Eurocode 6 (DIN EN 1996-1-2) für Konstruktionen von Mauerwerksbauten.

Bei allen Heißbemessungen wird, wie auch in der »kalten« Bauteilbemessung üblich, mit Sicherheitszuschlägen gerechnet.

Merke:
Eine Heißbemessung sieht man einem Bauteil von außen nicht an.

2.3 Brandschutzanforderungen

2.3.1 Wohn- und Bürogebäude

Die Brandschutzanforderungen an Bauteile sind in den jeweiligen Landesbauordnungen festgelegt. Inzwischen sind in allen Bundesländern fünf Gebäudeklassen definiert.

Maßgeblich für die Einstufung eines Gebäudes ist die Höhe der Oberkante des fertigen Fußbodens (OKFF) im höchsten Raum, in dem ein Aufenthaltsraum möglich ist. Dabei wird die Höhe zwischen Geländeoberfläche und der OKFF zu Grunde gelegt. Die tatsächliche Gesamthöhe (First) des Gebäudes bleibt unberücksichtigt (Fachkommission Bauaufsicht der Bauministerkonferenz, 2016).

2.3 Brandschutzanforderungen

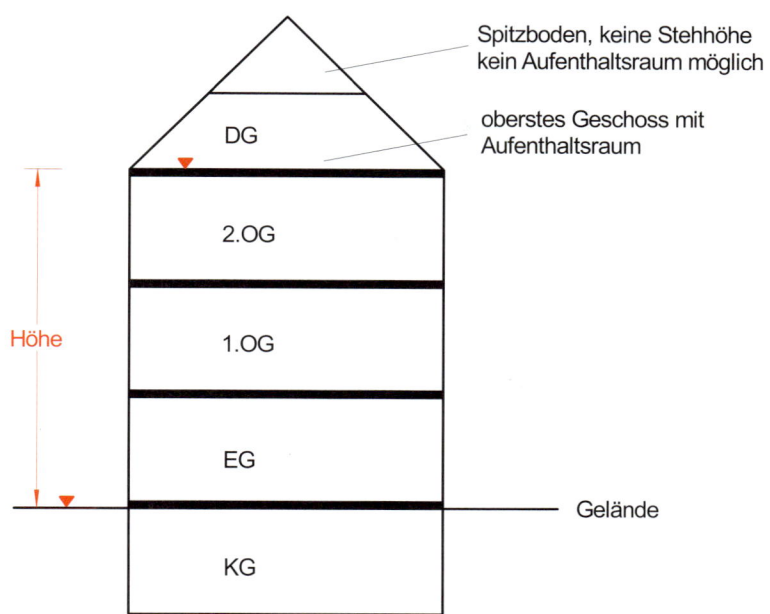

Bild 5: *Ermittlung der Höhe für die Einstufung in Gebäudeklassen*

Die Messung erfolgt mit der »gemittelten Geländehöhe«. Das heißt, hat das Gelände an unterschiedlichen Gebäudeseiten unterschiedliche Höhen, wird der Durchschnitt aller Höhen ermittelt und dieser als Grundlage für den Abstand zwischen Gelände und Fußboden genommen. Zur Problematik dieser gemittelten Geländehöhe bei der Menschenrettung über tragbare Leitern siehe Kapitel 6.4.

Mit diesen Gebäudehöhen werden insgesamt fünf Gebäudeklassen definiert, für die dann wiederum Anforderungen an Feuerwiderstand, Baustoffe und Rettungswege einzeln festgelegt sind. Die Gebäudeklassen 1-3 sind dabei in etwa der Rettungshöhe einer Steckleiter entlehnt.

Gebäudeklasse 1
- freistehende Gebäude
- Höhe < 7 m
- maximal 2 Nutzungseinheiten, Summe der Flächen < 400 m²
- zusätzlich: freistehende Landwirtschafts- oder Forstwirtschaftsgebäude

2 Brandschutzanforderungen an Baustoffe und Bauteile

> **Beispiele:**
> Einfamilienhaus mit Kellergeschoss, Erdgeschoss und einem Obergeschoss;[3]
> Stall eines Bauerhofs

Gebäudeklasse 2
- Höhe < 7 m
- maximal 2 Nutzungseinheiten, Summe der Flächen < 400 m²

> **Beispiele:**
> Doppelhaus mit jeweils Kellergeschoss, Erdgeschoss und einem Obergeschoss;
> Haus mit einer integrierten Arztpraxis

Gebäudeklasse 3
- sonstige Gebäude, Höhe < 7 m

> **Beispiele:**
> Mehrfamilienhaus mit Kellergeschoss, Erdgeschoss und 2 Obergeschossen;
> freistehender, erdgeschossiger Discountermarkt; zweigeschossiger Kindergarten

Für die Gebäudeklasse 4 wurde die ungefähre Rettungshöhe einer Schiebleiter als Maßstab angesetzt (siehe Kapitel 6.4).

Gebäudeklasse 4
- Höhe < 13 m
- Nutzungseinheiten < 400 m²

> **Beispiele:**
> Mehrfamilienhaus mit Kellergeschoss, Erdgeschoss und 3 Obergeschossen;
> Bürogebäude mit mehreren Büroeinheiten < 400 m² und Kellergeschoss, Erdgeschoss und einem Obergeschoss

---

[3] Die Beispiele sind für Gebäude mit durchschnittlichen Deckenhöhen von ca. 2,3 m-2,5 m angegeben. Bei größeren Raumhöhen kann sich natürlich bei gleicher Geschossanzahl eine höhere Gebäudeklasse ergeben.

2.3 Brandschutzanforderungen

Wenn ein Gebäude die Kriterien der Klassen 1-4 nicht erfüllt, fällt es automatisch in die Gebäudeklasse 5.

Gebäudeklasse 5
- sonstige Gebäude einschließlich unterirdischer Gebäude

> **Beispiele:**
> Mehrfamilienhaus mit Kellergeschoss, Erdgeschoss und 6 Obergeschossen; Bürogebäude mit mehreren Büroeinheiten > 400 m² und Kellergeschoss, Erdgeschoss und drei Obergeschossen; unterirdische Garage unterhalb eines Freigeländes

> **Merke:**
> Aus Gebäudeklassen 1-3 kann die Menschenrettung in der Regel mit einer vierteiligen Steckleiter vorgenommen werden, bei der Gebäudeklasse 4 reicht in den meisten Fällen eine dreiteilige Schiebleiter und in der Gebäudeklasse 5 unterhalb der Hochhausgrenze Hubrettungsfahrzeuge mit 23 m Nennrettungshöhe.

Die Brandschutzanforderungen an die Bauteile in den Gebäuden sind in den Landesbauordnungen festgelegt. Zur Orientierung sind hier einige Anforderungen aus der Musterbauordnung (Fachkommission Bauaufsicht der Bauministerkonferenz, 2016) zusammengestellt:

Tabelle 9: *Anforderungen an Bauteile nach MBO (Fachkommission Bauaufsicht der Bauministerkonferenz, 2016)*

Bauteil	Anforderung				
	GK 1	GK 2	GK 3	GK 4	GK 5
Tragwerk und Decken im Kellergeschoss	F 30-B	F 30-B	F 90-AB	F 90-AB	F 90-AB
Tragwerk und Decken	keine	F 30-B	F 30-B	F 60-BA	F 90-AB
Dachtragwerk/oberste Decke[4]	keine	keine	keine	keine	keine

---

4   Wenn an dieses Tragwerk oder die oberste Decke jedoch Wände angeschlossen werden, die einen Feuerwiderstand benötigen, gilt F 30-B.

2 Brandschutzanforderungen an Baustoffe und Bauteile

Tabelle 9: *Anforderungen an Bauteile nach MBO (Fachkommission Bauaufsicht der Bauministerkonferenz, 2016) – Fortsetzung*

Bauteil	Anforderung				
	GK 1	GK 2	GK 3	GK 4	GK 5
Trennwände zwischen Nutzungseinheiten (NE)	nur eine NE zulässig	F 30-B	F 30-B	F 60-BA	F 90-AB
Trennwände zu Räumen mit erhöhter Brand- oder Explosionsgefahr	F 30-B	F 90-AB	F 90-AB	F 90-AB	F 90-AB
Außenwände	B2	B2	B2	B1 oder W 30-B	B1 oder W 30-B

2.3.2 Sonderbauten

Zusätzlich zur Einstufung in die Gebäudeklassen definieren die Bauordnungen noch den Begriff der Sonderbauten. Die Musterbauordnung (MBO) und die Landesbauordnungen gehen bei allen Anforderungen von einem Wohn- oder Bürogebäude aus. Sonderbauten sind Gebäude, die nicht diese Standardnutzung haben und somit separat beurteilt werden müssen. Für diese Sonderbauten können weitergehende Brandschutzanforderungen gefordert oder auch Erleichterungen zugelassen werden.

Merke:
Die Einstufung in die Gebäudeklasse ändert sich nicht, auch wenn ein Gebäude zum Sonderbau wird.

Für die Feuerwehr und deren Einsatztaktik relevante Sonderbauten nach MBO sind derzeit (Fachkommission Bauaufsicht der Bauministerkonferenz, 2016):
- Hochhäuser (Höhe > 22 m),
- Gebäude mit mehr als 1.600 m² Grundfläche des Geschosses mit der größten Ausdehnung, ausgenommen Wohngebäude und Garagen,
- Verkaufsstätten mit mehr als 800 m² Verkaufsfläche,

2.3 Brandschutzanforderungen

- Gebäude mit Großraumbüros über 400 m²,
- Gebäude mit Räumen, die einzeln für die Nutzung durch mehr als 100 Personen bestimmt sind,
- Versammlungsstätten in Gebäuden mit Versammlungsräumen > 200 Besucher oder mit mehreren Räumen > 200 Besucher, wenn diese gemeinsame Rettungswege haben,
- Versammlungsstätten im Freien mit Tribünen > 1.000 Besucher,
- Gaststätten mit mehr als 40 Gastplätzen,
- Beherbergungsstätten mit mehr als 12 Betten,
- Alten- und Pflegeheime ab 6 Intensiv- oder 12 Pflegeplätzen,
- Krankenhäuser,
- Heime und Unterbringungseinrichtungen,
- Tageseinrichtungen für Kinder, Behinderte und alte Menschen,
- Schulen, Hochschulen und ähnliche Einrichtungen,
- Justizvollzugsanstalten,
- Freizeit- und Vergnügungsparks,
- Fliegende Bauten (Zeltbauten),
- Regallager mit einer Oberkante Lagerguthöhe von mehr als 7,50 m,
- alle baulichen Anlagen, deren Nutzung durch Umgang oder Lagerung von Stoffen mit Explosions- oder erhöhter Brandgefahr verbunden ist.

Für diese Sonderbauten können die Bundesländer spezielle Vorschriften erlassen, müssen es aber nicht tun.

Dies führt dazu, dass einige Bundesländer (wie Nordrhein-Westfalen) relativ viele Sonderbauten gesetzlich geregelt haben, einige andere (zum Beispiel Niedersachsen) jedoch nur wenige Vorgaben für Sonderbauten machen. Zudem ist nicht festgelegt, in welcher Form Sonderbauvorschriften erlassen werden müssen. Sie können daher zum Beispiel als

- Verordnung,
- Richtlinie oder
- behördeninterne Handlungsanweisung

ausgegeben werden. Die Verbindlichkeit dieser Vorschriften nimmt von oben nach unten ab. Ist ein Sonderbau nicht in einer Vorschrift beschrieben, nennt man ihn »ungeregelten Sonderbau«. Dann werden die Anforderungen und Erleichterungen im Baugenehmigungsverfahren von der Bauaufsicht individuell festgelegt. Manchmal werden hilfsweise Musterverordnungen oder die Vorschriften anderer Bundesländer herangezogen.

Sonderbauvorschriften regeln hinsichtlich des Brandschutzes mögliche Zusatzanforderungen oder Erleichterungen. Einige wichtige Regeln, die nahezu bundesweit anzutreffen sind:

Für Gebäude mit großen Menschenansammlungen oder besonderen Personengruppen wie **Einkaufszentren, Schulen, Hotels, Behindertenwohnheime, Kindergärten oder Versammlungsstätten** ist eine Rettung über Leitern in der Regel nicht zulässig, weil dies aufgrund der vielen bzw. nicht gehfähigen Personen zu viel Zeit in Anspruch nehmen würde. Daher sind in solchen Gebäuden meistens mehrere Treppenräume zu finden. Zudem sind die Rettungswege auch als Zugangswege für die Feuerwehr sehr gut zu nutzen, da sie zumindest bei neueren Gebäuden großzügig dimensioniert sind.

Merke:
Bei der Erkundung dieser Gebäude unbedingt auf alternative Zugangswege achten und Feuerwehrpläne nutzen; dies kann große Rauchschäden durch geöffnete Brand- und Rauchschutztüren vermeiden.

Für **Hochhäuser** sind in den meisten Bundesländern besonders gesicherte Rettungswege mit Druckbelüftungsanlagen (alternativ mehrere Treppenräume) sowie nichtbrennbare Baustoffe für Bauteile, Fassaden und Rettungswege vorgeschrieben.

Für **Industriebauten** werden die Anforderungen an den Feuerwiderstand der Bauteile besonders beim Vorhandensein von Brandmelde- oder Löschanlagen erheblich reduziert und entfallen zum Teil ganz. Zudem dürfen die Rettungsweglängen bei Industriebauten mit großen Raumhöhen bis zu 105 m im Laufweg betragen. Dies zieht erheblich verlängerte Anmarschwege im Gebäude nach sich.

Achtung:
Erdgeschossige Industriebauten mit einer Löschanlage dürfen Brandabschnitte bis zu 10.000 m² ohne jeden Feuerwiderstand im Tragwerk haben, mit Brandmeldeanlage sind es 2.700 m² (Fachkommission Bauaufsicht der Bauministerkonferenz, 2014). Bei solchen Gebäuden ist das Betreten der Dächer im Brandfall lebensgefährlich.

Krankenhäuser und Pflegeheime haben in der Regel ein horizontales Räumungskonzept. Das bedeutet, dass Patienten nicht über die Treppen oder Leitern gerettet werden, sondern durch Transport in einen anderen Brand- oder Rauchabschnitt in der gleichen Etage.

3 Brennbare Baustoffe und Bauteile

3.1 Holz und Holzwerkstoffe

Das Wichtigste vorweg: Holz ist und bleibt ein brennbarer Baustoff, egal wie es bearbeitet oder behandelt wird.

Für die Entzündung von Holz und Holzwerkstoffen sind einige Faktoren maßgeblich:

- Holzfeuchte: Je feuchter das Holz, desto schwieriger ist es zu entzünden. Der Brand muss das Holz sozusagen »vortrocknen«.
- Rohdichte: Hölzer mit hoher Rohdichte sind schwieriger zu entzünden und verbrennen langsamer.
- Oberfläche: Kompakte Bauteile mit einer kleinen, glatten Oberfläche brennen deutlich schlechter als Bauteile mit großen, rauhen Oberflächen.
- Harzanteil: Harz ist ein organischer Stoff und brennt daher hervorragend. Holze mit hohem Harzanteil lassen sich in der Regel leichter entzünden und verbrennen schneller.

Die Zündtemperatur von Holz liegt je nach Holzart und Feuchte zwischen ca. 250 °C und 350 °C. Fichtenholz entzündet sich zum Beispiel bei ca. 340 °C (Vereinigugung zur Förderung des deutschen Brandschutzes e.V.).

Holz hat eine sehr geringe Wärmeleitfähigkeit. Eichenholz beispielsweise hat eine Wärmeleitfähigkeit von $\gamma = 0{,}17 \ \frac{W}{m \times K}$ (Gieck, 1995).

Im Brandfall zersetzen sich zunächst unter Wärmeeinwirkung einzelne Bestandteile des Holzes, vor allem die Zellulose. Diesen Vorgang nennt man Pyrolyse. Hierbei entstehen brennbare Gase, die aus dem Holz austreten und oberhalb der Holzoberfläche verbrennen. Es brennt also nicht das Holz selbst, sondern die Gasphase oberhalb. Infolgedessen bildet sich an der Oberfläche eine Kohleschicht, durch die weitere Pyrolysegase austreten und verbrennen. Diese Kohleschicht wirkt isolierend und schützt den unverbrannten Kern vor der Verbrennung.

Brennt ein Holzbauteil ab, so sind die oben genannten Eigenschaften ebenfalls maßgeblich für den Abbrand. Je nach Holzsorte verbrennt Holz mit einer Abbrandrate von 0,5 mm/Minute (Laub-Vollholz, Rohdichte $\geq$ 450 kg/m³) bis 0,8 mm/Minute (Nadel-Vollholz, Rohdichte $\geq$ 290 kg/m³) (NA 005-52-22 AA »Konstruktiver baulicher Brandschutz (Spiegelausschuss zu Teilbereichen von CEN/TC 250)«, 2010).

3 Brennbare Baustoffe und Bauteile

Bild 6: *Spitze eines verkohlten Holzbalkens*

Bild 7: *Hölzerne Tragkonstruktion eines Saales nach einem Vollbrand*

Für die Tragfähigkeit einer Holzkonstruktion im Brandfall ist der (unverbrannte) Restquerschnitt maßgeblich. Wird dieser zu gering für die zu tragenden Lasten (Eigengewicht + aufliegende Bauteile sowie Einrichtungen), versagt die Konstruktion. Metallische Verbindungen wie Schrauben und Bolzen können hierbei eine entscheidende Rolle spielen, indem sie die Wärme tief in das Holzbauteil weiterleiten und so

3.1 Holz und Holzwerkstoffe

für ein Verbrennen von »innen heraus« sorgen. Ein weiterer Faktor beim Brandverhalten von Holzbauteilen sind die Fugen zwischen den einzelnen Bauteilen. Über die Fugen kann der Brand ebenfalls auf die Innenseite oder die Stirnseite von Holzbauteilen gelangen und von dort für einen schnelleren Abbrand des Bauteils sorgen. In dicht gestoßene oder sogar zusätzlich abgedeckte Fugen kann Wärme nicht so gut eindringen wie in offene Fugen. Oft versagen Holzbauteile dementsprechend an Verbindungsstellen oder Fugen.

Holz hat neben seiner Brennbarkeit noch einige weitere Eigenschaften, die für die Feuerwehr von Bedeutung sind:
- Trockenes Holz ist elektrisch nicht leitend.
- Holz ist ein schlechter Wärmeleiter, das heißt, innerhalb einer Konstruktion wird Wärme nur sehr langsam transportiert.
- Holz dehnt sich unter Wärmeeinwirkung nur sehr wenig aus.

Holz ist ein vielseitiger Baustoff, der zudem als nachwachsender Rohstoff auch in Zukunft eine große Bedeutung haben wird. Aus Holz können zahlreiche Bauteile gefertigt werden, die sowohl in tragenden als auch in dekorativen Konstruktionen vorkommen können.

Vollholz
Vollholz wird vor allem für Stützen, Träger oder in Dachtragwerken verwendet. Zum Teil werden auch die Verbindungsmittel aus Holz gefertigt.

Bild 8: Tragkonstruktion aus Vollholz mit Holzdübeln als Verbindungsmittel

3 Brennbare Baustoffe und Bauteile

Bild 9: *Tragwerk aus Vollholz mit Metallschrauben*

Brettschichtholz
Brettschichtholz werden Holzbauteile genannt, bei denen mehrere Lagen Holz zu einem einzelnen Bauteil verleimt sind. Dies hat gegenüber Vollholz den Vorteil, dass natürliche Mängel wie Astlöcher ausgeglichen werden können und dass zudem durch die genormten Trocknungsverfahren vor der Herstellung nur mit geringer Verformung gerechnet werden muss. Brettschichtholz wird zum Beispiel für Dachbinder im Hallenbau verwendet, ist aber auch für außergewöhnlich geformte (zum Beispiel gebogene) Holzkonstruktionen geeignet, da durch die Verleimung mehrerer Schichten nahezu jede gewünschte Form erzeugt werden kann.

Brettschichtholz wird meistens mit metallischen Verbindungsmitteln verarbeitet, zum Teil auch mit Nagelplatten.

Spanplatten
Spanplatten oder Flachpressplatten sind Bauplatten aus Holzspänen, die mit Leim verpresst werden. Im Hochbau werden sie vor allem für Wand- und Deckenkonstruktionen sowie Dachkonstruktionen verwendet. Mit diesen Platten können auch feuerwiderstandsfähige Wände und Decken hergestellt werden.

Für sichtbare Bereiche werden Spanplatten auch mit Furnier angeboten. Furnier ist eine dünne Schicht aus Echtholz, die die Platten optisch ansprechend gestalten soll. Damit sind die Platten auf den ersten Blick nicht mehr von Vollholz zu unterscheiden.

3.1 Holz und Holzwerkstoffe

OSB-Platten
OSB-Platten (»oriented strand board/oriented structural board«) sind eine Sonderform der Spanplatten; hier werden die Späne bei der Verarbeitung ausgerichtet. Die Späne sind erheblich gröber. Dies sorgt für eine erhöhte Festigkeit im Vergleich zu normalen Spanplatten.

Das Brandverhalten von Spanplatten hängt wesentlich von der Rohdichte und dem verwendeten Bindemittel ab. Je größer die Rohdichte ist, desto langsamer verbrennen die Platten. Werden die Spanplatten mit Zement als Bindemittel hergestellt, kann sogar die Baustoffklasse A2 – nichtbrennbar – erreicht werden.

Holzfaserplatten
Holzfaserplatten werden aus fein zerfaserten Holzresten hergestellt und in verschiedenen Feinheitsgraden, Dichten und Dekoren angeboten. Im Hochbau finden sie Verwendung bei Bodenaufbauten, im Dachgeschossausbau und als Dämmplatte. Neuerdings finden sich allerdings auch Einfamilienhäuser auf dem deutschen Markt, die fast komplett aus Holzfaserplatten errichtet werden.

Holzfaserplatten verbrennen eher glimmend als mit offener Flamme.

Brandschutzmaßnahmen für Holzbauteile
Holz und Holzwerkstoffe können durch verschiedene Methoden vor dem Versagen bei Bränden geschützt werden.

Bei der so genannten **Heißbemessung** (siehe auch Kapitel 2.2.4) wird der erwartete Abbrand des Bauteils über die gewünschte Feuerwiderstandsdauer einkalkuliert, so dass die Bauteile einen tragfähigen Restquerschnitt behalten und trotz des Brandes nicht versagen. Hierbei muss ein besonderes Augenmerk auf die Verbindungen und Fugen gelegt werden.

Beschichtungen mit **Dämmschichtbildnern** (im Brandfall aufquellende Stoffe) sorgen für verzögerte Zündung. Mit solchen Beschichtungen kann man zum Beispiel einen B2-Baustoff (normalentflammbar) auf B1 (schwerentflammbar) ertüchtigen. Die Erhöhung des Feuerwiderstandes einer Konstruktion (also zum Beispiel Beschichtung eines Tragwerkes ohne Feuerwiderstand zu einer F 30-Konstruktion) mit Dämmschichtbildnern wird derzeit erforscht, ist aber noch nicht bauaufsichtlich zugelassen.

Eine weitere Möglichkeit ist die **Imprägnierung** von Holz mit Flammschutzmitteln. Die Imprägnierung wird meistens mit speziellen Salzen als Kesseldruckimprägnierung vorgenommen. Auch hiermit kann die Baustoffklasse schwerentflammbar (B1) erreicht werden, eine Erhöhung des Feuerwiderstandes jedoch nicht. Ob ein Flammschutzmittel verwendet wurde, sieht man dem Holz nicht von außen an.

3 Brennbare Baustoffe und Bauteile

Merke:
Bei chemischen Brandschutzmaßnahmen für Holz verändert sich nur die Baustoffklasse, aber nicht die Feuerwiderstandsdauer der Konstruktion.

Bekleidungen aus nichtbrennbaren Baustoffen können Holzkonstruktionen ebenfalls wirksam schützen und so Feuerwiderstandsklassen von bis zu F 120 erreichen. Vorwiegend werden hier Brandschutzplatten aus Gipskarton verwendet, aber auch Bekleidungen in Steinwolle sind möglich. Näheres hierzu findet sich im Kapitel 5.6.

3.2 Kunststoffe

Kunststoffe finden als Baustoff vielerlei Verwendung. Dementsprechend gibt es ein breites Spektrum unterschiedlicher Kunststoffe, die eingesetzt werden können. Kunststoffe bestehen aus einem Gerüst aus Kohlenwasserstoffen mit unterschiedlichen chemischen Elementen als »Anhängen«, welche ihre Materialeigenschaften beeinflussen. Kohlenwasserstoffe werden hierbei Verbindungen aus Kohlenstoff (C) und Wasserstoff (H) genannt. Aus Kohlenstoff- und Wasserstoffatomen wird eine Kette gebildet, die man auch Polymer nennt. An dieses Polymergerüst können verschiedene chemische Elemente angehängt werden. Diese »Anhänge« heißen Substituenten, weil sie meistens ein Wasserstoffatom ersetzen (=substituieren).

In der folgenden Abbildung ist ein sehr häufig verwendeter Kunststoff zu sehen, das Polyvinylchlorid. Es handelt sich hierbei um eine lange Kette aus Kohlenstoffatomen, die untereinander und mit zusätzlichen Wasserstoffatomen verbunden sind. Die grün dargestellten Chlor-Atome (Cl) haben jeweils ein Wasserstoffatom ersetzt und sorgen für die speziellen Eigenschaften von PVC, in diesem Fall eine gewisse Härte und Sprödigkeit (Meyers Lexikonredaktion in Zsarb. mit Hans Borucki, 1988).

Die Verbindungen der Kohlenwasserstoffe untereinander müssen nicht unbedingt kettenförmig sein; sie können auch Ringe (»Benzolring«) oder Abzweigungen beinhalten. Auch dies hat Einfluss auf die Eigenschaften der Kunststoffe.

Merke:
Alle am Bau verwendeten Kunststoffe haben ein Kohlenwasserstoffgerüst als Basis und sind grundsätzlich brennbar. Die Brandeigenschaften hängen von ihrem Aufbau und den Substituenten ab.
Die Kunststoffe werden aufgrund ihrer thermischen Eigenschaften in drei wesentliche Klassen unterteilt.

3.2 Kunststoffe

```
    H   H   H   H   H   H
    |   |   |   |   |   |
----C---C---C---C---C---C----
    |   |   |   |   |   |
    H   Cl  H   Cl  H   Cl
```

C   Kohlenstoffatom
H   Wasserstoffatom
Cl   Chloratom (Substituent = ersetzt ein Wasserstoffatom)
——   Bindung
-----   Fortsetzung im gleichen Muster

Bild 10: *Polyvinylchlorid (PVC) (Mortimer, 1996)*

3.2.1 Thermoplaste

Die meisten am Bau verwendeten Kunststoffe sind thermoplastische Baustoffe. Der Begriff setzt sich aus den Wortteilen »thermo« (Wärme) und »plastisch« (verformbar) zusammen. Thermoplastische Kunststoffe sind somit unter Wärmeeinfluss verformbar, ohne dass sich ihre chemische Zusammensetzung ändert. Solange sich der Kunststoff nicht zersetzt (oder verbrennt), ist diese Verformung umkehrbar, zum Beispiel durch Einschmelzen und neue Formgebung.

> **Merke:**
> Das Brandverhalten und die entstehenden Rauchkomponenten von thermoplastischen Kunststoffen hängen stark von der chemischen Verbindung und den verwendeten Zusätzen ab. Grundsätzlich ist mit erhöhter Rauchentwicklung und/oder der Entstehung von giftigen Brandnebenprodukten zu rechnen.

Polyvinylchlorid

Das oben bereits dargestellte Polyvinylchlorid (PVC) ist ein solcher Thermoplast. PVC ist elektrisch isolierend und ohne den Zusatz von Weichmachern ein harter Werkstoff.
PVC findet sich in Gebäuden in vielerlei Form, zum Beispiel als
- Isolierung an Elektroleitungen,
- Dacheindeckung (»Foliendach«),
- Fensterrahmen,

- Bodenbeläge,
- Oberflächenbeschichtung,
- Rohre.

Viele PVC-Baustoffe sind aufgrund des hohen Chlorgehaltes als schwerentflammbar (B1) eingestuft. Schmelzpunkt und Zündtemperatur von PVC-Baustoffen hängen stark von der Verarbeitung und den Zusatzstoffen ab. Weich-PVC zum Beispiel hat eine Schmelztemperatur von 160°C und eine Zündtemperatur von 380°C (esmatec GmbH, 2013). PVC verbrennt unter Bildung von HCl, in Wasser gelöst auch bekannt als Salzsäure, die äußerst korrosiv wirkt. Bei Bränden mit Beteiligung von PVC ist mit starker, rußender Rauchbildung zu rechnen.

Polystyrol (PS)
Polystyrol (PS) ist ebenfalls ein thermoplastischer Kunststoff. Im Gegensatz zu PVC sind in PS keine weiteren Elemente außer Kohlenstoff und Wasserstoff enthalten (Mortimer, 1996). Auch PS ist hart und spröde. Polystyrol kann verschäumt (z. B. zu Styropor®, XPS, EPS) werden und wirkt dann besonders gut isolierend. Polystyrol und verschiedene aufgeschäumte (=extrudierte) Varianten finden im Bauwesen weite Verwendung, zum Beispiel als
- Dachdämmung,
- Fassadenbekleidung (Wärmedämmverbundsystem),
- Schallschutzplatten,
- Kunststoffteile in elektrischen Anlagen.

Polystyrol schmilzt ab ca. 100°C (BASF SE, 2016), zersetzt sich ab ca. 135°C und tropft im Brandfall brennend ab.

Achtung:
Brennend abtropfende Baustoffe können Sekundärbrände verursachen.

Polycarbonat (PC)
Polycarbonat (PC) wird im Bauwesen vor allem für lichtdurchlässige Bauteile verwendet, wenn Glas aus Gewichts- oder Verarbeitungsgründen nicht erwünscht ist. Es findet sich beispielsweise in
- lichtdurchlässigen Fassadenplatten,
- Lichtbändern und -kuppeln,
- Rauch- und Wärmeabzügen.

3.2 Kunststoffe

PC schmilzt bei 148°C (Kern GmbH, 2018), tropft aber nicht brennend ab (Evonik Performance Materials GmbH, 2018). Einige Produkte aus Polycarbonat sind als schwerentflammbar (B1) (Bayer Sheet Europe GmbH, 2010) mit geringer Rauchentwicklung geprüft (Evonik Performance Materials GmbH, 2018).

3.2.2 Duroplaste

Duroplaste (auch bezeichnet als gehärtete Kunstharze) sind Kunststoffe, die nach dem Aushärten nicht mehr durch Wärmeeinwirkung verformt werden können. Sie schmelzen daher nicht. Auch Duroplaste bestehen aus Polymeren, die im Gegensatz zu den Thermoplasten jedoch durch ein dreidimensionales Netz untereinander verbunden sind (Meyers Lexikonredaktion in Zsarb. mit Hans Borucki, 1988).

Polyurethan (PU/PUR)
Bauteile aus dem Baustoff Polyurethan (PU/PUR) finden vor allem als geschäumte Baustoffe Verwendung, da diese eine sehr geringe Wärmeleitung haben. Je nach Zusatzstoffen und Ausformung kann PU sowohl thermoplastische, duroplastische als auch elastomere Eigenschaften haben. Am Bau verwendetes PU in Plattenform ist meistens duroplastisch hergestellt.

PU/PUR in duroplastischer Form wird vor allem als
- Fassadendämmung,
- Dachdämmung
- und Werkstoff für Rohre

verwendet. Polyurethan in duroplastischer Plattenform tropft nicht brennend ab (KARL BACHL GmbH & Co KG, 2011) und verkohlt ähnlich wie Holz an der Oberfläche.

3.2.3 Elastomere

Elastomere sind, wie ihr Name schon sagt, elastische, also kalt verformbare Kunststoffe. Zu finden sind sie vor allem in Dichtungen in Form von Gummi. Sie brennen unter starker Rauchentwicklung, zersetzen sich unter Brandeinwirkung zu öligen Brandzwischenprodukten und erzeugen eine erhebliche Verbrennungswärme (Büthe, 1999).

3.3 Aluminium

Aluminium hat eine geringere Dichte als Stahl und kann in nahezu jede beliebige Form gebracht werden. Daher ist Aluminium für folgende Verwendungen besonders beliebt:

- Profile für Trockenbaukonstruktionen wie Unterdecken, Wände oder Kanäle für Leitungsanlagen wie Elektroleitungen und Rohre,
- als Unterkonstruktion für Wand- und Fassadenverkleidungen,
- als Dacheindeckung,
- für Fenster- und Türen,
- für Fassadenprofile,
- als Fassadenplatte, auch im Verbund mit Dämmstoffen und bei hinterlüfteten Konstruktionen (siehe auch Kapitel 5.9).

Aluminium ist ein Sonderfall unter den Baustoffen. Als Metall wird es oft, zum Beispiel auch in der DIN 4102-4 (DIN-Normenausschuss Bauwesen (NABau), 2016), pauschal als nichtbrennbar eingestuft. Die Muster-Leitungsanlagenrichtlinie (Arbeitskreis Technische Gebäudeausrüstung der Fachkommission Bauaufsicht der BMK, 2016) hingegen setzt Rohre aus Aluminium mit brennbaren Rohren gleich. Insofern sind sich nicht einmal die deutschen Vorschriften »einig«, ob Aluminium als brennbar oder nichtbrennbar betrachtet werden muss.

Ein Blick auf die physikalischen Eigenschaften zeigt, dass Aluminium eher als brennbarer denn als nichtbrennbarer Baustoff betrachtet werden muss. Aluminium hat im Vergleich zu anderen Metallen einen sehr niedrigen Schmelzpunkt von 660°C (Gieck, 1995) (Eisen: ca. 1.500°C) und ist daher schon bei einem »normalen« Zimmerbrand nicht mehr als Feststoff anzutreffen. Die Entzündungstemperatur von Aluminium hängt wie auch beim Holz von der Kompaktheit und der Oberfläche des Bauteils ab. Aluminiumpulver beispielsweise hat eine Zündtemperatur von ca. 400°C (Carl Roth GmbH + Co. KG, 2014).

Immer wieder gab es Brandereignisse, bei denen Aluminium geschmolzen ist oder selbst gebrannt hat, unter anderem der Brand im Grenfell-Tower, bei dem die Aluminiumverkleidung der Fassadenplatten schmolz (Maguire, 2018).

Geschmolzenes Aluminium kann, wenn es auf weitere brennbare Baustoffe tropft, erheblich zur Brandausbreitung beitragen. Aluminium brennt im Vergleich zu anderen Baustoffen mit heller Flamme und sehr hohen Temperaturen (ca. 2.000°C) und spaltet daher Löschwasser in Wasserstoff und Sauerstoff, das explosive so genannte Knallgasgemisch, auf.

3.4 Brennbare Dämmstoffe und Isolierungen

Achtung:
Beim Löschen von Bauteilen aus Aluminium mit Wasser besteht Explosionsgefahr. Aluminiumbrände können daher nur mit trockenem Sand/Zement/Salz oder Metallbrandpulver bekämpft werden.

3.4 Brennbare Dämmstoffe und Isolierungen

Im Hochbau werden zahlreiche unterschiedliche brennbare Dämmstoffe und Isolierungen verwendet. Grundsätzlich gilt, dass leichtentflammbare Baustoffe (Baustoffklasse B3, siehe Kapitel 2.1.1) nach MBO nicht eingesetzt werden dürfen (Fachkommission Bauaufsicht der Bauministerkonferenz, 2016).

Ein Teil der am Markt verfügbaren brennbaren Dämmstoffe und Isolierungen besteht aus Kunststoffen. Sie werden beispielsweise als Wärmedämmung an Außenwänden und als Elektroleitungsisolierung eingesetzt. Weitere Informationen hierzu finden sich in den Kapiteln 3.2 und 5.9.6.

Im Zuge des wachsenden Umweltbewusstseins wird vor allem im Ein- und Mehrfamilienhausbau zunehmend auf nachwachsende Rohstoffe für die Dämmung von Außen- und Innenwänden, Decken und Dächern zurückgegriffen. Nachwachsende Rohstoffe sind organische Stoffe und daher immer brennbar. Beispiele für brennbare Dämmungen aus nachwachsenden Rohstoffen sind:

- Holzwolle,
- Pappe,
- Schafwolle,
- Zellulosefasern,
- Kokosfasern,
- Hanffasern,
- Jute,
- Kork,
- Flachsfasern.

Bei der Verwendung von brennbaren Dämmstoffen innerhalb von Bauteilen besteht die Gefahr eines Schwelbrandes.

4 Nichtbrennbare Baustoffe

4.1 Stahl

Das am häufigsten verwendete Metall im Bauwesen ist der Stahl. Stahl ist eine Legierung aus den Elementen Eisen und Kohlenstoff. Legierungen sind kristalline Gemische aus zwei oder mehreren Metallen, die durch die Mischung andere Eigenschaften (zum Beispiel eine größere Härte) aufweisen als die beteiligten Metalle selbst (Meyers Lexikonredaktion in Zsarb. mit Hans Borucki, 1988). Je nach Kohlenstoffgehalt variieren die Werkstoffeigenschaften dabei erheblich. Grundsätzlich nimmt mit steigendem Kohlenstoffgehalt die Zugfestigkeit des Stahls zu, wohingegen aber die Zähigkeit, Formbarkeit und die Schweißbarkeit abnehmen (Arbeitskreis Fachkunde Metall unter der Leitung von Ulrich Fischer, 1992). Weitere Stähle können zum Beispiel durch Legierungen von Eisen mit Chrom, Molybdän oder Nickel erzeugt werden (Meyers Lexikonredaktion in Zsarb. mit Hans Borucki, 1988). Ein gehärteter Stahl entsteht, indem ein entsprechend hoch erwärmter Stahlkörper in ein kaltes Medium eingetaucht wird.

Baustähle sind in der Regel eher kohlenstoffarme Stähle, da hier vor allem die Eigenschaft der Schweißbarkeit gefragt ist.

Stahl wird zur Erstellung von vielerlei Bauteilen und -konstruktionen verwendet:
- für Stahlstützen,
- für Stahlträger und -unterzüge,
- als Stabtragwerke,
- in Form von Trapezblech für Dachkonstruktionen,
- als Fassadenstützen und -pfosten,
- als Bewehrung in Stahlbeton,
- für Rohre.

Stahl verfügt über eine hohe Festigkeit. Daher wird er oft dort verwendet, wo schlanke Tragstrukturen bei geringem Materialeinsatz gewünscht sind.

Eine weitere Eigenschaft des Stahls ist seine hohe Wärmeleitfähigkeit. Ein Stahlbauteil durchwärmt gerade im Brandfall sehr schnell. Die Wärmeleitfähigkeit von Stahl beträgt je nach Verarbeitung ca. $\gamma = 47 - 58 \ \frac{W}{m \times K}$ (zum Vergleich: Eichenholz: $0{,}17 \ \frac{W}{m \times K}$ (Gieck, 1995)).

4.1 Stahl

Bild 11: *Stahlträger*

Gleichzeitig verliert Stahl unter Wärmeeinwirkung im Vergleich zu anderen Baustoffen recht schnell seine Tragfähigkeit. Je höher die Temperatur steigt, desto geringer ist die Resttragfähigkeit von Stahlbauteilen[5]. Die Versagenstemperatur eines Stahlbauteils ist von folgenden Faktoren abhängig:

- **Tatsächliche Brandtemperatur**

    Nicht jeder Brand verläuft linear oder nach einer festgelegten Temperaturkurve. Maßgeblich für das Versagen ist, welcher Temperatur das Stahlbauteil tatsächlich über welche Zeit hinweg ausgesetzt ist und wie schnell der Temperaturanstieg verläuft.

- **Ausnutzungsgrad des Bauteils**

    Das Verhältnis zwischen möglicher und tatsächlicher Auslastung eines Bauteils nennt man Ausnutzungsgrad. Je höher ein Bauteil im Verhältnis zu seiner tatsächlichen Tragfähigkeit belastet ist, desto schneller versagt es. Ein Stahlträger mit einem Ausnutzungsgrad von 95 % wird also schneller versagen als ein vergleichbarer Träger mit einem Ausnutzungsgrad von 75 %.

---

5   Die oft genannte »Faustformel« von 50 % Resttragfähigkeit bei einer Erwärmung auf 500°C konnte bei den Recherchen für dieses Buch nicht konkret durch Quellen belegt werden. Zwar wird in mehreren Publikationen sowie dem Eurocode 3 die Temperatur von 500°C als »kritische Stahltemperatur« bezeichnet; aber eine feste Resttragfähigkeit kann diesem Wert nicht zugeordnet werden. Zudem vermittelt die Angabe von 50 % Resttragfähigkeit besonders Statik-Unkundigen gegebenenfalls eine falsche Sicherheit, da ein Bauteil mit 50 % Resttragfähigkeit überlastet (und damit bereits eingestürzt) oder akut einsturzgefährdet sein kann.

4 Nichtbrennbare Baustoffe

- **Profilart und U/A-Wert**

    Schlanke Profile durchwärmen schneller als Profile mit einem dickeren Querschnitt. Das Verhältnis von Umfang (U) zur Querschnittsfläche (A) wird U/A-Wert genannt. Bauteile mit einem großen Querschnitt im Verhältnis zum Umfang haben einen kleinen U/A-Wert. Je kleiner der U/A-Wert, desto langsamer durchwärmt sich das Bauteil. Eine langsamere Durchwärmung sorgt für einen späteren Versagenszeitpunkt.

- **Brandbeanspruchung**

    Wird ein Stahlbauteil von drei Seiten mit Wärme beaufschlagt, durchwärmt es schneller als eines, welches nur von einer Seite erwärmt wird.

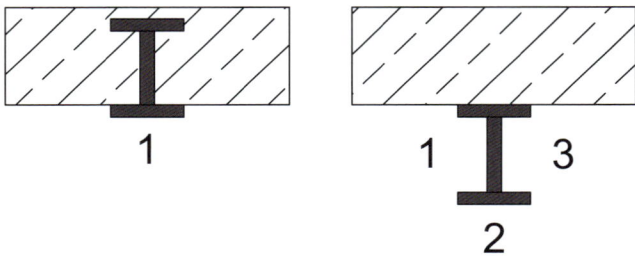

Bild 12: *Stahlträger mit einseitiger und dreiseitiger Brandbeanspruchung*

Achtung:

Ungeschütztes Stahltragwerk ist bei direkter/indirekter Brandbelastung oder starker Erwärmung (auch durch Rauch!) immer als einsturzgefährdet zu betrachten.

Durch Brandeinwirkung verändern sich auch die Materialeigenschaften des Stahls. War ein Stahl beispielsweise kalt verformt, also durch Umformen bei geringen Temperaturen gehärtet, so verliert er diese Härteeigenschaft bei starker Erwärmung und zeigt hinterher die schlechteren Festigkeitseigenschaften von unbehandeltem Stahl (Klement, 1979).

Achtung:

Hoch erhitzte und wieder erkaltete Stahlbauteile erleiden zum Teil hitzebedingte Materialveränderungen und können auch lange nach dem eigentlichen Brandereignis ohne Vorwarnung versagen.

4.2 Nichteisenmetalle

Stahl zeigt eine erhebliche Ausdehnung bei Wärmeeinwirkung. Der Längenausdehnungskoeffizient liegt bei $\alpha = 12 \times 10^{-6}$ K^{-1} (Gieck, 1995).

> **Beispiel:**
> Ein 10 m langer Stahlträger wird von 20°C auf 600°C (also um 580 K) erwärmt. Hier ergibt sich eine Längenausdehnung von
>
> $$\Delta L = \alpha \times L \times \Delta T$$
>
> mit
> ΔL: Längenausdehnung
> α: Längenausdehnungskoeffizient in K^{-1} (12 × 10^{-6} K^{-1})
> L: Länge in m
> ΔT: Temperaturdifferenz in K
>
> $\Delta L = 12 \times 10^{-6}$ K^{-1} × 10 m × 580 K = 0,0696 m = 69,6 mm

Diese Längenausdehnung von knapp 7 cm muss im Brandfall aufgefangen werden. Wird diese Ausdehnung beispielsweise durch einen eingemauerten Träger in eine Wand eingetragen, so kann der Stahlträger die Wand ganz erheblich »schieben« oder zum Versagen bringen.

> **Merke:**
> Angrenzende Bauteile von erwärmten Stahlbauteilen müssen immer mit beobachtet/begutachtet werden.

4.2 Nichteisenmetalle

Nichteisenmetalle und ihre Legierungen werden im Bauwesen vor allem für dekorative Zwecke und in der Haustechnik verwendet.

Reines **Kupfer** bzw. Kupfer in Legierungen mit geringen Anteilen an anderen Metallen findet sich aufgrund seiner guten elektrischen Leitfähigkeit vor allem in Elektroleitungen. Aber auch Rohre (z. B. Gasleitungen), Fensterbankverkleidungen oder Dacheindeckungen werden aus Kupfer gefertigt.

Zink wird (meistens als Legierung mit Titan) ebenfalls als Dacheindeckung und für Fensterbankverkleidungen verwendet. Eisenhaltige Metalle werden durch Verzinken vor dem Rosten geschützt.

4 Nichtbrennbare Baustoffe

Messing ist eine Legierung aus Kupfer und Zink, bei der der Anteil von Zink 30-40 % beträgt (Meyers Lexikonredaktion in Zsarb. mit Hans Borucki, 1988).

Legierungen aus Kupfer mit unterschiedlichen anderen Metallen (im Bauwesen meistens Zink in geringeren Anteilen als bei Messing, aber auch mit Blei) mit einem Kupferanteil von mehr als 60 % werden umgangssprachlich als **Bronzen** (Meyers Lexikonredaktion in Zsarb. mit Hans Borucki, 1988) bezeichnet, wobei man bei korrekter Benennung den mengenmäßig größten Anteil des verwendeten Metalls voranstellt, also zum Beispiel Aluminiumbronze.

Baubronze ist eine Legierung aus Kupfer und Zink (ggf. mit Eisen und Blei), die korrekterweise aufgrund ihres hohen Zinkanteils eigentlich als Messing bezeichnet werden müsste. Baubronze wird unter anderem für Fassadenbekleidungen verwendet.

> **Merke:**
> Alle Nichteisenmetall-Baustoffe sind grundsätzlich nichtbrennbar.

Nichteisenmetalle werden in der Verarbeitung verschraubt, verpresst oder gelötet. Je nach Lötverfahren haben die Lote recht niedrige Schmelzpunkte (z. T. unter 450°C) (Arbeitskreis Fachkunde Metall unter der Leitung von Ulrich Fischer, 1992), so dass bei Brandeinwirkung ein Zusammenhalt nicht mehr gegeben ist.

4.3 Gusseisen

Gusseisen (auch Grauguss genannt) ist ebenfalls eine Eisen-Kohlenstoff-Legierung, jedoch mit einem höheren Kohlenstoffgehalt als Stahl (Arbeitskreis Fachkunde Metall unter der Leitung von Ulrich Fischer, 1992).

Gusseisenbauteile werden bei Neubauten nur noch zu dekorativen Zwecken verwendet. In Bestandsbauten finden sich jedoch nach wie vor tragende Bauteile aus Gusseisen, zum Beispiel formschöne Stützen. Gusseisen alleine weist aufgrund des hohen Kohlenstoffanteils und der damit verbundenen Sprödigkeit keinen Feuerwiderstand auf. Durch Ausgießen mit Beton oder Beschichtungen mit Dämmschichtbildner kann jedoch ein Feuerwiderstand erreicht werden.

Weiterhin findet Gusseisen Verwendung für Rohre in der Haustechnik (so genannte SML-Rohre).

4.4 (Stahl-)Beton

Achtung:
Gusseisen ist spröde und reagiert auf schlagartige, starke Abkühlung, zum Beispiel mit Löschwasser, mit Versagen.

Bild 13: *Stütze aus Gusseisen (lackiert) ohne Feuerwiderstand*

4.4 (Stahl-)Beton

Beton besteht aus Zement, Wasser und Zuschlagstoffen (Sand/Kies). Hierbei fungiert der Zement nach Zugabe von Wasser als Bindemittel. Bei der Aushärtung (Abbindung) verdunstet ein Teil des Wassers. Nach dem Aushärten entstehen feste Bauteile. Betone können durch Verwendung von verschiedenen Zementsorten, Zuschlagstoffen und ggf. weiteren chemischen Zusätzen in unterschiedlichen Qualitäten hergestellt werden und sind so vielseitig einsetzbar. Auch das Mischungsverhältnis der einzelnen Bestandteile beeinflusst die Werkstoffeigenschaften von Beton maßgeblich. Beton ist somit ein künstlich (vor Ort) hergestellter Stein.

Betone haben je nach Zusammensetzung hohe Druckfestigkeiten von mehr als 20 N/mm^2 (DIN-Normenausschuss Bauwesen (NABau), 2011) und eine Dichte von etwa

2 t/m³ (Gieck, 1995). Die Wärmeleitfähigkeit von Betonen liegt bei etwa $\gamma = 1 \ \frac{W}{m \times K}$ (Gieck, 1995) und damit über der von Holz, aber deutlich unterhalb der von Stahl.

Im Gegensatz zu seiner hohen Druckfestigkeit verfügt Beton nur über eine relativ geringe Zugfestigkeit. Aus diesem Grunde werden Betone im Hochbau fast ausschließlich mit Einlagen aus Stahlstäben oder -matten, der so genannten Bewehrung, hergestellt. Unbewehrte Betone finden sich am Bau nur in Form von Zementestrichen als Bodenbelag bzw. als Untergrund für Bodenbeläge.

Stahl hat im Gegensatz zu Beton eine hohe Zugfestigkeit und gleicht so diesen »Mangel« aus. Die Bewehrung wird vollständig in den Beton eingelegt und so vor Korrosion und Durchwärmung geschützt. Der so entstehende Stahlbeton kann für nahezu alle Arten von tragenden und nichttragenden Bauteilen verwendet werden (siehe Kapitel 5.3), zum Beispiel für:

- Fundamente,
- Decken,
- Stützen, Unterzüge,
- Wände,
- Treppen,
- Brandwände,
- Fertigteile.

(Stahl-)Beton ist grundsätzlich als nichtbrennbarer Baustoff einzustufen.

Das Brandverhalten von Stahlbeton hängt wesentlich davon ab, wie schnell sich der eingelegte Stahl erwärmt. Damit ist maßgeblich, wie dick die Betonschicht über bzw. unter der Bewehrung ist. Je mehr Beton sich zwischen Brand und Bewehrung befindet, desto langsamer erfolgt die Durchwärmung des Stahls. Erreicht der Stahl seine kritische Temperatur und verliert damit seine Tragfähigkeit, versagt in der Regel auch das Betonbauteil, da die Zugkräfte nicht mehr aufgenommen werden können. Die Durchwärmung der Bewehrung kann durch großflächige Abplatzungen beschleunigt werden, da dann die Betonüberdeckung nicht mehr gegeben ist.

Je mehr Betondeckung abplatzt, desto schneller erwärmt sich wiederum der Stahl im Inneren, so dass hier eine Art Kaskadeneffekt eintreten kann.

Merke:

Das komplette Versagen von Stahlbetonkonstruktionen mit anschließendem Einsturz im Brandfall ist äußerst selten, tritt aber meist ohne jede Vorwarnung und schlagartig ein.

Bild 14: *Punktuelle Abplatzungen an einer Stahlbetondecke (Pfeile) durch einen Brand*

4.5 Natursteine

Als Natursteine werden Steine bezeichnet, die unverändert aus der Natur gewonnen werden können. Sie werden in Steinbrüchen abgebaut oder aus Findlingen gewonnen. Man unterscheidet Natursteine in
- Eruptivgesteine (vulkanischen Ursprungs): z. B. Granit, Basalt, Tuff,
- Ablagerungsgesteine (aus Sedimenten): z. B. Sandstein, Kalkstein, Schiefer und
- Umwandlungsgesteine (unter Druck und/oder Temperatureinwirkung entstanden): z. B. Marmor, Gneis, kristalliner Schiefer (Günter Pfeifer, 2001).

Früher war Naturstein neben Ziegeln der einzige verfügbare Massivbaustoff. Neben kompletten Häusern aus Naturstein finden sich in historischen Bauwerken Natursteine zum Beispiel in Konstruktionen von
- Kellergewölben,
- Tunneln (z. B. der Simplon-Tunnel in der Schweiz),
- Sockeln und Fundamenten,
- tragenden Wände, Stützen und Decken (Beispiel: Kirchen)
- Mauern,
- Kaminen und Kaminzügen.

In historischen und älteren Bauten findet sich Naturstein aber auch mit dekorativer Verwendung. Auch heutzutage wird Naturstein weiterhin als Baustoff eingesetzt, zum Beispiel

- als Bodenbelag,
- als Fliesen,
- als Wandbekleidung,
- für Fassadenbekleidungen,
- als Arbeitsplatte,
- für Sanitärobjekte.

Kalkstein ist zudem in gemahlener Form ein Grundstoff für Zement.

Natursteine können bearbeitet und dabei in Form geschnitten oder gehauen werden. Auch eine Verwendung im natürlich vorgefundenen Format ist möglich.

Natursteine müssen nicht homogen sein und können über Einschlüsse verfügen. Einige Natursteine (z. B. Bims) können Wasser speichern und wieder abgeben (Günter Pfeifer, 2001).

Das Brandverhalten von Naturstein ist dementsprechend schwierig vorherzusagen. Grundsätzlich sind die am Bau verwendeten Natursteine nichtbrennbar. Im Brandfall muss aber mit Abplatzungen und einem Versagen gerechnet werden.

Merke:
Konstruktionen mit nachgewiesenem Feuerwiderstand gibt es aus Naturstein nicht. Das heißt jedoch nicht, dass alle Konstruktionen aus Naturstein im Brandfall versagen.

Ein Beispiel für einen Brand mit Beteiligung von Natursteinkonstruktionen:
Im schweizerischen Simplontunnel brannte 2001 ein Güterzug aus. Durch den bis zu 800°C heißen, vier Tage andauernden Brand wurde der aus Natursteinen gemauerte Tunnel auf einer Länge von 300 m stark beschädigt (Tagesanzeiger, 2011). Die Steine wiesen Abplatzungen von bis zu 20 cm Tiefe auf, versagten jedoch nicht. Der Tunnel wurde aufwändig saniert und ist nach wie vor in Betrieb (Schweizerische Bundesbahnen SBB, 2017).

Achtung:
Abplatzender Naturstein kann aufgrund hoher Geschwindigkeiten wie ein Geschoss wirken und hat in der Regel scharfe Kanten.

4.6 Künstliche Steine

Als künstliche Steine werden Steine bezeichnet, die von menschlicher Hand erschaffen werden. Hierbei unterscheidet man zwischen gebrannten und nicht gebrannten Steinen. Mauerziegel sind gebrannte Steine, wohingegen Kalksandsteine, Porenbetonsteine und Betonsteine nicht gebrannt werden.

Die Größen vieler Mauersteine beziehen sich auf das Standardformat DF (Dünnformat). Ein Stein im Format DF hat eine Länge von 24 cm, ist 11,5 cm breit und 5,2 cm hoch. Größere Steine werden in Vielfachen des Steinvolumens benannt.

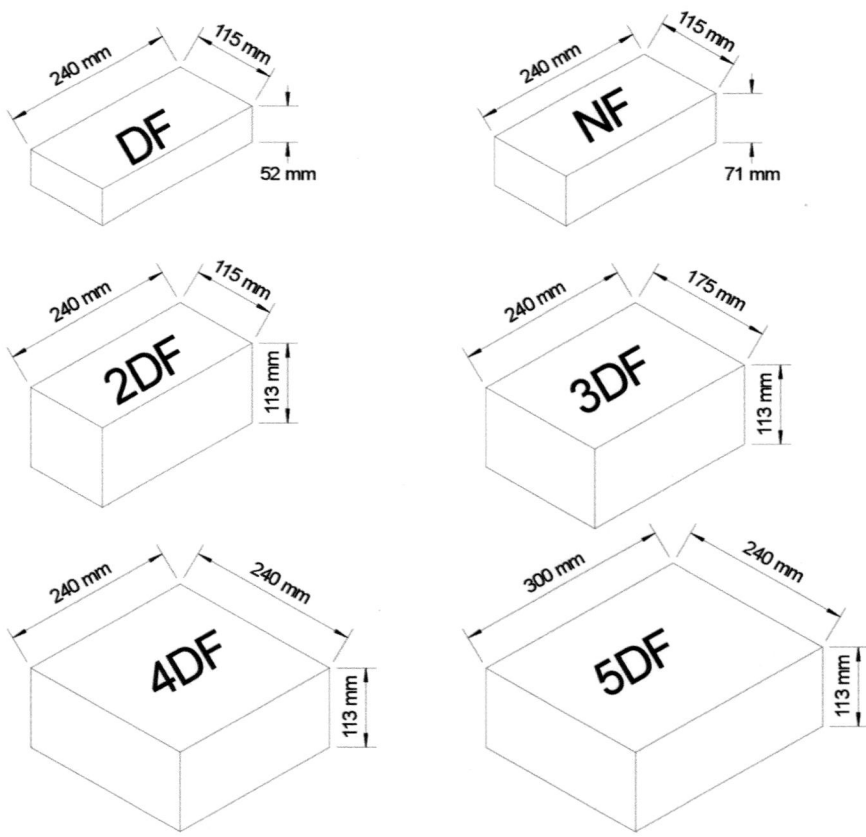

Bild 15: *Steinformate DF (Dünnformat) und NF (Normalformat)*

4 Nichtbrennbare Baustoffe

Mauerziegel

Mauerziegel gibt es bereits seit tausenden von Jahren. Sie werden aus Mischungen aus Ton und Lehm hergestellt. Die ersten Ziegel wurden von Hand geformt und in der Sonne getrocknet. Bei der heutigen Herstellung werden durch verschiedene Verfahren homogene Mischungen hergestellt, welche dann zunächst geformt, vorgetrocknet und schließlich bei 900°C-1.100°C gebrannt werden. Zum Teil werden den Ziegeln brennbare Körnchen (Sägemehl oder Kunststoff) beigemischt, die beim Brennvorgang rückstandslos verbrennen und kleine Poren zurücklassen, die das Wärmedämmverhalten verbessern (Günter Pfeifer, 2001).

Mauerziegel gibt es in unterschiedlichen Formen, zum Beispiel als Vollziegel, Lochziegel und Klinker(riemchen). Durch die vielen unterschiedlichen Formen haben Mauerziegel unterschiedliche Rohdichten von ca. 1 t/m³ bis 1,9 t/m³. Die Wärmeleitfähigkeit von Mauerziegeln hängt von der Rohdichte und der gespeicherten Feuchtigkeit ab und liegt bei ca. $\gamma = 0{,}2 \ \frac{W}{m \times K}$ bis $1{,}7 \ \frac{W}{m \times K}$ (Günter Pfeifer, 2001). Feuchte Steine mit hoher Rohdichte leiten Wärme besser als trockene Steine mit geringer Rohdichte.

Mauerziegel wurden und werden für unterschiedliche Bauteile verwendet, zum Beispiel:
- Wände,
- Decken,
- Außenwände,
- Stützen,
- Treppen,
- Fassadenbekleidung (»Verklinkerung«).

Bild 16: *Vormauerziegel (Klinkersteine) in verschiedenen Formaten*

4.6 Künstliche Steine

Durch das Brennen haben Mauerziegel bereits einen Brand »überstanden« und verfügen über hervorragende Eigenschaften im Brandfall. Sie sind grundsätzlich nichtbrennbar. Mit Mauerziegeln lassen sich hohe Feuerwiderstandsdauern für verschiedene Bauteile erreichen. Viele Brandwände (siehe Kapitel 5.8) in älteren Gebäuden sind dicken Mauerziegeln hergestellt und weisen Wanddicken von 24 cm - 48 cm auf.

Kalksandstein

Kalksandsteine sind Mauersteine, die aus einem Gemisch aus erdfeuchtem Kalk (Branntkalk) und Sand in feuchter Atmosphäre in so genannten Autoklaven bei einem Druck von ca. 16 bar und Temperaturen um die 200 °C gehärtet (aber nicht gebrannt) werden (Günter Pfeifer, 2001).

Kalksandsteine gibt es wie Mauerziegel auch in vielen unterschiedlichen Formaten, zum Beispiel

- als Vollsteine,
- mit Lochungen,
- mit Nuten und Federn,
- als Verblendsteine.

Bild 17: *Kalksandstein-Plansteine im Format DF (links) und 3DF. Das Loch dient nur zum Greifen. Die Fugen werden in Normalmörtel ausgeführt.*

So unterschiedlich die Steinformen sind, sind auch die Rohdichteklassen, sie liegen zwischen 0,6 und 2,2. Grundsätzlich gilt auch hier: Je leichter und trockener der Stein ist, desto weniger Wärmeleitung ist zu beobachten. Die Wärmeleitfähigkeit von Kalksandsteinen liegt zwischen bei ca. $\gamma = 0{,}2\ \frac{W}{m \times K}$ bis $1{,}3\ \frac{W}{m \times K}$ (Günter Pfeifer, 2001).

4 Nichtbrennbare Baustoffe

Kalksandstein ist wie alle Mauersteine nichtbrennbar. Durch das oben beschriebene Härtungsverfahren wird in den Steinen so genanntes Kristallwasser chemisch gebunden. Dieses wird im Brandfall durch die Erwärmung der Steine langsam freigesetzt. Dadurch ergibt sich im Temperaturbereich von 300°C-500°C zunächst eine Festigkeitserhöhung. Ab 600°C verändert sich die Struktur der Steine und es sind Festigkeitsverluste zu beobachten. Diese führen in der Regel jedoch nicht zum Bauteilversagen, da die Durchwärmung der Steine aufgrund der schlechten Wärmeleitfähigkeit äußerst langsam von statten geht. In Versuchen mit Wänden einer Rohdichte von 2.140 kg/m^3 wurde beispielsweise eine Temperatur von 600 °C in einer Tiefe von 10 mm erst nach einer Branddauer von ca. 50 Minuten erreicht, in einer Tiefe von 30 mm sogar erst nach ca. 120 Minuten (Hahn, 2014).

Mit Kalksandsteinen lassen sich somit Konstruktionen wie
- Wände,
- Stützen oder
- Pfeiler

mit hohem Feuerwiderstand errichten.

Betonsteine

Betonsteine werden genau wie andere Betonbauteile (siehe Kapitel 4.4) aus Zement, Wasser und Zuschlagstoffen hergestellt. Die Grundstoffe werden gründlich vermischt und dann in die gewünschte Form gegossen. Die Steine werden an der Luft gehärtet (Günter Pfeifer, 2001).

Bei den Betonsteinen werden verschiedene Sorten unterschieden.

»Normale« Betonsteine bestehen aus Zement, Wasser und Sand als Zuschlagstoff. Normalbetonsteine werden vor allem für dekorative Bauteile wie
- Fassadenbekleidungen,
- Bodenbeläge (Terrazzo) oder
- Pflasterung

verwendet, seltener aber auch in tragenden und nichttragenden Wänden.

Leichtbetonsteine erhalten Zuschlagstoffe, die so genannte porige Gefüge haben (z. B. Bims oder Blähton). Sie haben somit eine geringere Rohdichte und eine schlechtere Wärmeleitfähigkeit.

Bei **Porenbetonsteinen** wird dem Rohstoffgemisch ein metallisches Pulver (oft Aluminium) zugesetzt, das während der Aushärtung mit dem Kalk aus dem Zement reagiert und gasförmigen Wasserstoff freisetzt. Dieser gasförmige Wasserstoff treibt die Mischung auf, so dass unzählige winzige Poren im Beton entstehen. Diese Poren sorgen wiederum für eine geringere Rohdichte und eine schlechtere Wärmeleitfähigkeit.

4.6 Künstliche Steine

Bild 18: *Porenbetonstein, Detail der Poren*

Leichtbeton- und Porenbetonsteine gibt es in verschiedenen Formen, zum Beispiel als Vollsteine, Hohlblocksteine oder als Wandbauplatten. Auch Steine mit Nut und Feder werden angeboten. Leicht- und Porenbetonsteine werden zum Beispiel für
- tragende und nichttragende Wände,
- Stützen und Pfeiler,
- Wärmedämmmaßnahmen,
- Außenwände oder
- Schachtabmauerungen

verwendet.

Die Wärmeleitfähigkeit von Betonsteinen hängt wesentlich von den Lufteinschlüssen im Stein und der Steinfeuchte ab. Je mehr Poren der Stein hat, desto schlechter leitet er Wärme, wohingegen eine größere Steinfeuchte durch die gute Leitfähigkeit von Wasser die Wärmeleitfähigkeit heraufsetzt. Im Folgenden sind einige Beispiele für Wärmeleitfähigkeitswerte unterschiedlicher Steinarten zusammengestellt (Günter Pfeifer, 2001):

4 Nichtbrennbare Baustoffe

Normalbetonstein, Rohdichte 0,9 t/m³: $\gamma = 0{,}45 \; \frac{W}{m \times K}$

Leicht(bims)betonstein, Rohdichte 0,9 t/m³: $\gamma = 0{,}28 \; \frac{W}{m \times K}$

Porenbetonstein, Rohdichte 0,9 t/m³: $\gamma = 0{,}28 \; \frac{W}{m \times K}$

Das Brandverhalten von Betonsteinen entspricht dem Brandverhalten von Beton, ist also neben der Nichtbrennbarkeit vor allem von langsamer Durchwärmung geprägt. Vor allem mit Leichtbetonsteinen und Porenbetonsteinen können Bauteile mit hohen Feuerwiderstandsdauern errichtet werden.

Hüttensteine/Schlackesteine

Hüttensteine, auch bekannt als Schlackesteine, werden aus Hochofenschlacken (z. B. aus der Eisengewinnung) mit Bindemitteln wie Zement und Kalk hergestellt (Günter Pfeifer, 2001).

In alten Gebäuden sind Wände aus Hüttensteinen vor allem in der Nähe zu Gebieten mit Hochofenbetrieben recht häufig zu finden. Hüttensteine spielen in modernen Bauten so gut wie keine Rolle mehr, erlebten aber in der Nachkriegszeit aufgrund des Baustoffmangels eine Renaissance, so dass zum Beispiel in Gebieten mit Bombenschäden Wände aus diesen Steinen neu errichtet oder mit diesen Steinen repariert wurden.

Merke:
Einen nachgewiesenen Feuerwiderstand haben Wände aus Hüttensteinen nicht.

4.7 Trockenbauplatten

Trockenbauplatten haben in den letzten Jahrzehnten vor allem im Innenausbau erheblich an Bedeutung gewonnen, da sie im Gegensatz zu allen Massivbaustoffen ohne Mörtel – also trocken – verarbeitet werden können. Daher stammt auch der Name »Trockenbau«. Trockenbauplatten sind auf Gips- oder Zementbasis erhältlich.

Alle nachfolgend genannten Werkstoffe haben gemeinsam, dass sie in unterschiedlichen Plattengrößen und -stärken erhältlich sind. Mit diesen Platten können hohe Feuerwiderstandsdauern erreicht und somit viele unterschiedliche Anwendungsbereiche abgedeckt werden (siehe auch Kapitel 5.6 und 5.8), zum Beispiel:

4.7 Trockenbauplatten

- Wände,
- Deckenbekleidungen von oben und unten,
- Unterdecken,
- Dachbekleidungen von innen,
- Außenwände,
- Brandwände,
- Brandschutzkanäle,
- nachträgliche Ertüchtigungen von Massivbauteilen,
- Bekleidungen für Stahl- und Holzbauteile.

Gipskartonplatten
Die bekanntesten Gipsplatten sind die Gipskartonplatten, die aus einer Gipsplatte mit außenseitiger Kaschierung aus Karton bestehen. Dieser Karton sorgt für den Zusammenhalt und die Biegefestigkeit der Platte. Im Brandschutz unterscheidet man zwischen **Gipskartonbauplatten** (GKB) und **Gipskartonfeuerschutzplatten** (GKF). GKF-Platten haben mit ca. 800-900 kg/m^3 eine höhere Rohdichte als GKB-Platten (ca. 680 kg/m^3) und sind zusätzlich mit Glasfasern für einen besseren Verbund versehen. Sie ermöglichen somit Konstruktionen mit hoher Feuerwiderstandsdauer (Knauf Gips KG, k.A.).

Gipskartonplatten haben je Sorte unterschiedliche Wärmeleitfähigkeiten. Sie liegen bei ca. $\gamma = 0{,}2 - 0{,}25 \ \frac{W}{m \times K}$ (Knauf Gips KG, k.A.).

Die meisten Gipskartonplatten sind in die Baustoffklasse A2 eingestuft und somit nichtbrennbar. Im Brandfall verdampft das im Gips eingelagerte Kristallwasser und »kühlt« so die Plattenoberfläche. Im weiteren Brandverlauf trocknet der Gips aus und bildet eine Schutzschicht für das Innere der Konstruktion (Bundesverband der Gipsindustrie e.V., 2013). Ein Versagen der Platten tritt ein, wenn der Gips vollständig durcherhitzt ist und zerrieselt oder wenn über nicht richtig verarbeitete Fugen Wärme in das Bauteil eindringt.

Gipsfaserplatten
Gipsfaserplatten bestehen aus einer Mischung aus Gips und Zellulosefasern. Dadurch ist eine Kaschierung mit Karton nicht erforderlich, weil die Zellulosefasern für den inneren Zusammenhalt sorgen. Gipsfaserplatten gibt es ähnlich wie die Gipskartonplatten als Bauplatten und als Feuerschutzplatten mit höherer Rohdichte und zusätzlicher Faserverstärkung (Fermacell GmbH, 2015).

4 Nichtbrennbare Baustoffe

Gipsfaserplatten haben je nach Rohdichte eine Wärmeleitfähigkeit von ca. $\gamma = 0{,}3 - 0{,}35 \; \frac{W}{m \times K}$ (Fermacell GmbH, 2015). Sie sind als nichtbrennbarer Baustoff eingestuft (A1 oder A2) und verhalten sich im Brandfall ähnlich wie Gipskartonplatten.

Zementgebundene Leichtbetonplatten
Zementgebundene Leichtbetonplatten werden ebenfalls im Trockenbau genutzt und sind daher in diesem Kapitel aufgeführt. Sie bestehen aus einem Glasfasergewebe, welches eine Leichtbetonplatte ähnlich wie eine Stahleinlage beim Stahlbeton armiert. Diese Platten sind für den Innen- und Außenbereich geeignet und haben je nach Ausführung Rohdichten zwischen ca. 625 kg/m³ und 965 kg/m³. Die Wärmeleitfähigkeit liegt bei ca. $\gamma = 0{,}21 \; \frac{W}{m \times K}$ (Fermacell GmbH, 2015) Zementgebundene Leichtbetonplatten sind nichtbrennbar (meist A1) und verhalten sich im Brandfall ähnlich wie Betone.

4.8 Estriche

Zementstriche sind Gemische aus Zement, Wasser und Zuschlagstoffen, die als Untergrund zwischen Rohfußböden und dem Bodenbelag eingebracht werden. Technisch handelt es sich bei den Estrichen also um Betone. In Industriebauten werden Estriche oft auch ohne zusätzlichen Bodenbelag verwendet. Für schwere Lasten oder besonders ebene Böden können Kunstharze beigemischt werden.

Eine weitere Form der Estriche sind die so genannten Anhydridestriche. Das Bindemittel ist bei diesen Estrichen Calciumsulfat (»Anhydrit«), also Gips. Diese Estriche sind für Feuchträume nicht geeignet.

In Estrichen können haustechnische Installationen wie Elektroleitungen oder Leitungen für Fußbodenheizungen »eingegossen« werden. Für die Feuerwehr sind diese Leitungen in der Regel unproblematisch, da sie durch das Fehlen von Sauerstoff im Estrich nicht brennen können. Die Verlegung im Estrich ist daher auch ein Weg, den Funktionserhalt von Elektroleitungen (siehe Kapitel 7.1) sicherzustellen.

4.9 Mörtel, Putze und Gipse

Mörtel ist das »Bindeglied« zwischen Mauersteinen. Je nach Anwendungsbereich bestehen Mörtel aus Sand, Wasser und einem Bindemittel, das zum Beispiel Zement, Kalk, Kalkzement oder Gips sein kann (Günter Pfeifer, 2001).

Die Einsatzbereiche von Mörtel sind neben dem Verbinden von Mauersteinen vielfältig.

So genannter **Brandschutzmörtel** ist ein Zementmörtel, der zum Verschluss von Öffnungen für Leitungsanlagen wie Rohre und Elektroleitung genutzt wird.

Mit **Putzmörteln** (z. B. Kalkzement- oder Gipsmörtel) kann die Außenseite von Mauerwerkswänden gegen Feuchtigkeit geschützt werden, man kann den Feuerwiderstand von Wänden erhöhen oder auch die Stoßfestigkeit verbessern. Zum Aufbringen von Putz kann je nach Putzdicke ein Putzträger erforderlich sein. Putzträger können aus Rippenstreckmetall, Drahtgitter oder auch aus Holzfaserplatten bestehen.

Gips ist eine abgebundene Mischung als Calciumsulfat und Wasser (Meyers Lexikonredaktion in Zsarb. mit Hans Borucki, 1988). Gipse werden vor allem im Trockenbau eingesetzt, da sie wasserlöslich sind. Sie dienen zum Verspachteln von Schraubenköpfen, Fugen und Anschlüssen von Trockenbauwänden, als Ausgleichsmasse und zum Ausbessern. Zudem werden aus Gips dekorative Elemente gefertigt, zum Beispiel Stuckelemente.

4.10 Glas

Glas ist ein durchsichtiger Baustoff, der aus der Schmelze von Siliciumdioxid (SiO_2, Quarzsand) gewonnen wird. Je nach gewünschten Eigenschaften (z. B. Farbe) können weitere Grundstoffe beigemengt werden (Meyers Lexikonredaktion in Zsarb. mit Hans Borucki, 1988). Durch Gießen oder Blasen kann das Glas in nahezu jede gewünschte Form gebracht werden.

Glas wird im Hochbau vor allem für Fenster eingesetzt. Um eine bessere Wärmedämmung zu erreichen, sind in modernen Fenstern mehrere Glasscheiben hintereinander mit zwischenliegenden Luft- oder Gasschichten eingesetzt; Standard sind derzeit Dreischeibenverglasungen.

In der modernen Architektur spielen Glasfassaden eine herausragende Rolle. Auch im Fassadenbau kann mit durchsichtigen oder nicht durchsichtigen Glasplatten gearbeitet werden. Weiterführende Informationen zu Brandschutzverglasungen finden sich in Kapitel 5.13.

4 Nichtbrennbare Baustoffe

Glas behält im Brandfall bei langsamer Durchwärmung seine Form. Problematisch sind große Temperaturunterschiede innerhalb einer Scheibe sowie schlagartige Abkühlung von Teilbereichen. Dies führt in der Regel zum Platzen und damit zu Scherben an der Einsatzstelle. Die größte Gefahr geht von diesen Scherben aus, wenn sie in Kontakt mit Schlauchleitungen kommen. Dies kann zur Unterbrechung der Wasserversorgung führen und somit Rettungs- und Löscharbeiten erheblich verzögern. Beim tödlichen Atemschutzunfall in Marne am Nikolaustag 2015 waren zwei nacheinander durch Glasscherben zerstörte Schlauchleitungen mit ursächlich für erhebliche Verzögerungen in der Personensuche durch die Sicherheitstrupps (Hanseatische Feuerwehr-Unfallkasse Nord (HFUK), 2016).

Achtung:
Vorsicht bei der Schlauchverlegung direkt vor noch intakten Glasfenstern und Fassaden. Auch diese Verglasungen können im Verlauf des Einsatzes zerstört werden und so zur Beschädigung der Schläuche führen.

In älteren Bauten finden sich oft noch Bauteile mit **Drahtspiegelglas**. Diese Gläser sind nicht verspiegelt, sondern haben ein eingelegtes Drahtgitter innerhalb der Scheiben. Damit sollte die Temperaturbeständigkeit der Scheibe erhöht werden. Diese Verglasungen waren in alten Bauordnungen als Konstruktion beschrieben und finden sich auch heute noch in älteren rauchdichten Türen.

Verbundglas (auch »Verbundsicherheitsglas« - VSG) besteht aus mehreren Lagen Glasscheiben, die durch Klebefolien miteinander verbunden sind. Sie splittern bei Beschädigung nicht und behalten ihren Verbund. VSG wird zum Beispiel als absturzsichernde Verglasung oder in hohen Gebäuden als Fensterglas eingesetzt, aber auch für Überkopfverglasungen.

Je nach verwendeter Folie und Glasdicke lässt sich VSG nicht mehr durch Einschlagen zerstören. Es kann mit der Glassäge (»Glasmaster«) oder der Säbelsäge geschnitten werden

Achtung:
Beim Schneiden von VSG Augen- und Mundschutz tragen – Glasstaub ist lungengängig.

4.11 Nichtbrennbare Dämmstoffe und Isolierungen

Die wichtigste nichtbrennbare Dämmung im Hochbau ist die **Steinwolle**. Steinwolle wird aus einer Schmelze von Steinen, Bindemitteln und Imprägnieröl gesponnen und hat einen Schmelzpunkt von mehr als 1000°C (DEUTSCHE ROCKWOOL GmbH & Co. KG, 2017). Durch den hohen Schmelzpunkt ist Steinwolle prädestiniert für Dämmungen mit Brandschutzfunktion, zum Beispiel bei:

- Trockenbau-Decken und -Wänden mit Feuerwiderstand,
- Abschottungen für Elektroleitungen und Rohre,
- Dämmungen in Rettungswegen,
- dem Verschluss von Bauteilfugen.

Steinwolle gibt es als lose Stopfwolle, als Matten mit unterschiedlicher Rohdichte und als Formschalen.

Im Brandfall reagiert Steinwolle nicht auf die Erwärmung und behält somit ihre Form.

Glaswolle wird ähnlich gesponnen wie Steinwolle, besteht jedoch aus Glasresten mit Sand, Natriumcarbonat und Kalk. Glaswolle hat einen Schmelzpunkt von ca. 700° C (SAINT-GOBAIN ISOVER G+H AG) und ist daher für Brandschutzanwendungen nur dann geeignet, wenn die Anforderung »nichtbrennbar« ausreichend ist und die Glaswolle zusammen mit dem entsprechenden Bauteil keinen Feuerwiderstand erreichen muss. Für die Verwendung in Abschottungen oder als brandschutztechnisch notwendige Dämmschicht darf Glaswolle nicht eingesetzt werden. Glaswolle findet sich vor allem im Innenausbau als Dämmstoff, zum Beispiel als Zwischensparrendämmung im Dachgeschossausbau.

Foamglas (Schaumglas) ist ein fester geschäumter Dämmstoff. Er wird aus Altglas unter Zugabe von Treibmitteln im Ofen hergestellt. Foamglas wird vor allem als Dach- und Perimeterdämmung (im Sockelbereich und unter der Erde) an Gebäuden eingesetzt, seltener auch zur Dämmung von Rohrleitungen. Foamglas ist nichtbrennbar, wird aber oft mit Bitumen verklebt.

5 Konstruktionen

5.1 Statische Systeme und Versagenskriterien

Der Begriff »Statik« leitet sich vom griechischen Begriff »statike« ab, der »Lehre vom Gleichgewicht« bedeutet. Als »Statik« bezeichnet man somit die Lehre von den in ruhenden Körpern wirkenden Kräften (Konradin Medien GmbH, 2014-2017). Umgangssprachlich wird auch der rechnerische Nachweis der Tragfähigkeit eines Gebäudes als »Statik« bezeichnet.

Die Baustatik befasst sich also im weiteren Sinne mit der Sicherheit des Gebäudes, indem sie nachweist, dass ein Einsturz nicht zu befürchten ist. Allen statischen Systemen ist gemein, dass die durch Lasten auftretenden Kräfte innerhalb des Systems aufgefangen und abgeleitet werden müssen, bei Gebäuden in der Regel über die Fundamente ins Erdreich. Zu den Lasten eines Tragsystems in Bauwerken gehören:

- ständige Lasten wie das Eigengewicht der Konstruktion,
- Nutz- und Verkehrslasten wie Möbel, Einrichtungen oder Maschinen,
- dynamische Lasten, zum Beispiel aus Wind oder Vibrationen.

Diese Lasten erzeugen Kräfte, die über die einzelnen Bestandteile des Tragsystems abgeleitet werden müssen. Hierbei sind unterschiedliche Krafteinwirkungen zu betrachten, die auch gleichzeitig auftreten können:

- Zugbeanspruchung,
- Druckbeanspruchung,
- Biegebeanspruchung,
- Verdrehung (Torsion),
- Knicken.

Im statischen Nachweis werden alle Lasten und die daraus resultierenden Kräfte mit Sicherheitszuschlägen berechnet. Im Vergleich mit der Tragfähigkeit der Bauteile wird der Nachweis geführt, dass das Gebäude bei normalem Gebrauch, aber auch bei ungewöhnlichen Lastfällen, zum Beispiel durch Stürme, Schnee oder eben auch Brand, standfest bleibt. In einem Teilbereich der Gesamtstatik, dem so genannten konstruktiven Nachweis des Brandschutzes, werden für die einzelnen Bauteile die geforderten Feuerwiderstandsdauern nachgewiesen (siehe Kapitel 2.3).

5.1 Statische Systeme und Versagenskriterien

Merke:
Das Versagen eines Bauteils hängt immer davon ab, wann die Last auf diesem Bauteil die vorhandene Tragfähigkeit übersteigt.

Während eines Brandes nimmt die Tragfähigkeit der Bauteile durch Erwärmung (Stahl, Stahlbeton) oder Abbrand (Holz) ab. Gleichzeitig bleiben aber die Lasten in der Regel unverändert oder steigen sogar an, zum Beispiel durch zusätzlich eingebrachtes Löschwasser. Daher müssen brandbelastete Bauteile immer beobachtet werden, um Anzeichen von Überlastung oder Einsturz rechtzeitig zu erkennen. Gegebenenfalls ist ein Statiker zur Beurteilung heranzuziehen.

Merke:
Es gibt keine Bauteile, die ihr Tragverhalten unter Brandeinwirkung verbessern.

Aber auch ohne ein Brandereignis können Bauteile versagen. Mögliche Ursachen für ein Bauteilversagen, das sich während eines Feuerwehreinsatzes ereignen oder einen Feuerwehreinsatz nach sich ziehen kann, sind beispielsweise:

- Stürme und starke Schneefälle,
- Konstruktionsfehler,
- Überalterung und Korrosion von Bauteilen,
- Druckwellen von Explosionen (Einwirkung auf Nachbargebäude),
- Erdbeben und Erdrutsche,
- Absackungen im Erdreich,
- Überschwemmungen,
- Unfälle mit Verkehrsmitteln,
- umgestürzte Bäume,
- Manipulation/Sabotage.

Zur Vermeidung der Einsatzstellengefahr »Einsturz« muss seitens aller eingesetzten Kräfte daher bei Brand und den o.a. Ereignissen zum Beispiel auf folgende Gefahrenzeichen geachtet werden:

- Verformung von Bauteilen wie durchhängende Träger, verbogene Stützen und Ausbeulungen in Wänden,
- Risse und Abplatzungen,
- freiliegende Bewehrung bei Stahlbetonbauteilen,

5 Konstruktionen

- fehlende Teile von Konstruktionen (z. B. abgefallene Nagelplatten, fehlende Verbindungsmittel),
- Verschiebungen und Versätze im Bauwerk,
- Geräusche wie Knacken oder Knirschen,
- Korrosionszeichen,
- provisorische Abstützungen,
- nachträglich veränderte/manipulierte Bauteile.

Achtung:
Einstürze kündigen sich nicht immer durch die o.a. Gefahrenzeichen an. Der Aufenthalt in einsturzgefährdeten, nicht gesicherten Bereichen und unterhalb von ungesicherten Lasten ist unbedingt zu vermeiden.

5.2 Stahlkonstruktionen

5.2.1 Stahltragwerke

Tragwerke aus Stahl sind vor allem im Hallenbau und in obersten Geschossen von Gebäuden beliebt, weil sie im Vergleich zu massiven Konstruktionen leicht und relativ schlank ausgeführt werden können.

Stahlbauteile können auf verschiedene Weise kraftschlüssig zu statischen Systemen verbunden werden. Die wichtigsten Verbindungsmöglichkeiten sind das Verschrauben und das Verschweißen. Alte Stahlkonstruktionen können auch genietet sein.

Stahltragwerke gibt es in vielerlei Formen. Sie reichen von der einfachen, rechtwinklig montierten Rahmenbauweise (Skelettbauweise) bis hin zu komplexen Tragsystemen, die als Raumtragwerke in verschiedenen Richtungen miteinander verbunden sind und so zum Beispiel auch Belastungen durch starke Erdbeben auffangen können. Auch gebogene und geschwungene Konstruktionen sind mit Stahl möglich.

Unbekleidete Stahltragwerke haben grundsätzlich keinen Feuerwiderstand, sondern können nur als nichtbrennbar eingestuft werden. Allerdings besteht die Möglichkeit einer so genannten Heißbemessung nach Eurocode 3 (Arbeitsausschuss NA 005-52-22 AA »Konstruktiver baulicher Brandschutz« (Spiegelausschuss zu Teilbereichen von CEN/TC 250), 2010), bei der die Durchwärmung der Stahlbauteile in Form von Überdimensionierung einkalkuliert wird. Solche Stahltragwerke können

5.2 Stahlkonstruktionen

Bild 19: *Stahltragwerk mit Trapezblechdach*

die Feuerwiderstandsklasse F 30-A erreichen, bei größeren Feuerwiderstandsdauern wird die Überdimensionierung in der Regel unwirtschaftlich. Das Problem daran ist, dass man unbekleideten Tragwerken nicht ansehen kann, ob sie für den Brandfall bemessen wurden oder nicht.

Die Brandeigenschaften von Stahltragwerken ohne Feuerwiderstand lassen sich direkt aus den Materialeigenschaften des Stahls ableiten (siehe Kapitel 4.1):

- schnelle Durchwärmung,
- große Längenausdehnung,
- Verlust der Tragfähigkeit.

Achtung:

Bei Stahltragwerken ohne Feuerwiderstand ist aufgrund der schnellen Durchwärmung und der abnehmenden Resttragfähigkeit immer mit einem Einsturz zu rechnen.

5 Konstruktionen

Bild 20: *Verformter Stahlträger einer Förderbahn nach einem Brand*

5.2.2 Trapezblech

Trapezblech ist ein beliebter Baustoff, wenn leichte und zugleich tragfähige Dach- oder Deckenkonstruktionen oder Außenwandbekleidungen geplant werden.

Trapezbleche sind trapezförmig »gefaltete« Stahlbleche mit relativ geringer Materialstärke von unter einem bis zu wenigen Millimetern. Durch die Faltung entsteht ein sehr stabiles Bauteil, welches sich insbesondere im Industriebau großer Beliebtheit erfreut (vgl. Bild 25).

Als Dachkonstruktion ist das Trapezblech meistens brandschutztechnisch ungeschützt vorzufinden.

Dies führt im Brandfall aufgrund der geringen Materialstärke und der daraus folgenden Erwärmung zu einem raschen Versagen des Bauteils, zum Teil innerhalb von wenigen Minuten Branddauer.

Verfüllt man das Trapezblech von oben mit einem so genannten Aufbeton und bekleidet es an der Unterseite, können Feuerwiderstandsdauern von 90 Minuten erreicht werden.

5.2 Stahlkonstruktionen

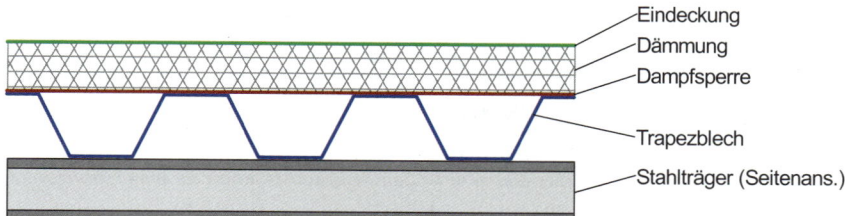

Bild 21: *Schematische Darstellung eines Trapezblechdaches*

Bild 22: *Trapezblechdach auf einer hölzernen Tragkonstruktion. Gut zu sehen ist die Längenausdehnung des Materials zwischen den Bindern (rote Pfeile) und an den Seiten (gelbe Pfeile), wo aufgrund des Versagens der Außenwand sogar der Boden berührt wird.*

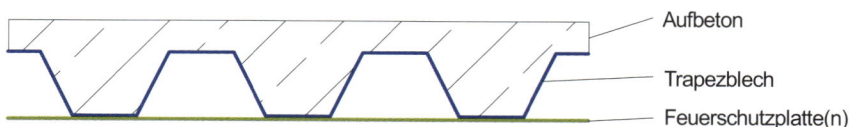

Bild 23: *Schematische Darstellung einer bekleideten Trapezblechdecke mit Feuerwiderstand*

Bei Außenwänden werden Trapezbleche oft als gedämmte Konstruktionen mit einem inneren und einem äußeren Blech als so genannte »Sandwichelemente« eingesetzt.

5 Konstruktionen

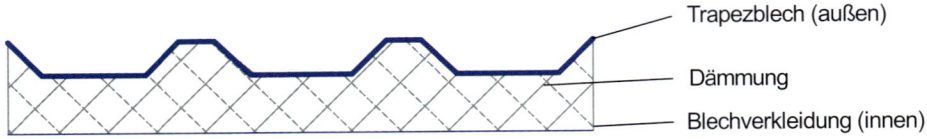

Bild 24: *Schematische Darstellung einer Sandwichkonstruktion als Wand (horizontaler Schnitt)*

Diese Elemente können brennbar oder nichtbrennbar gedämmt sein. Solche Sandwichelemente werden auch im Dachbereich eingesetzt.

5.3 Stahlbetonkonstruktionen

Betone für Stahlbetonkonstruktionen werden entweder in speziellen Betonwerken hergestellt und mit Lkw an den Bestimmungsort transportiert (»Transportbeton«) oder bei größeren Bauvorhaben auch direkt vor Ort produziert (»Ortbeton«). Zur Herstellung von Stahlbetonkonstruktionen wird die gewünschte Form mit einer Schalung aus Holz oder Kunststoffelementen hergestellt, in der dann zunächst die Bewehrung eingelegt und später der Beton eingefüllt wird. Nach Aushärten des Betons wird heutzutage die Schalung meist wieder entfernt, wohingegen bei älteren Gebäuden die Schalung zum Teil auch am Bauteil verblieb (»verlorene Schalung«).

Eine weitere Möglichkeit ist die Herstellung von Fertigteilen (z. B. Decken, Wände, Stützen, Treppen), die auf der Baustelle nur noch wie in einem Baukastensystem zusammengesetzt werden müssen.

Stahlbetonkonstruktionen können in jeder gewünschten Feuerwiderstandsdauer von F 30-F 180 hergestellt werden. Maßgeblich für den Feuerwiderstand ist neben dem Ausnutzungsgrad vor allem die Betonüberdeckung der Bewehrung.

Stützen, Träger, Unterzüge

Stützen, Träger und Unterzüge aus Stahlbeton bieten hohe Tragfähigkeiten und Spannweiten bei relativ geringen Querschnitten und sind daher sowohl im Wohnungs- als auch im Gewerbe- und Industriebau außerordentlich beliebt.

Während in Industrie und Gewerbe Stahlbetonbauteile häufig sichtbar bleiben, werden sie vor allem im Wohnungsbau oft mit Gipskarton oder Holzkonstruktionen verkleidet.

5.3 Stahlbetonkonstruktionen

Bild 25: *Tragwerk aus Stahlbeton in einer Industriehalle*

Wände

Wände aus Stahlbeton werden überwiegend als tragende Wände hergestellt. Auch hier sind Feuerwiderstandsdauern bis 180 Minuten erreichbar. Mit Stahlbeton können auch relativ schlanke Brandwände (siehe Kapitel 5.8) errichtet werden, die in der Regel geringere Wandstärken haben als Brandwände aus Mauerwerk.

Decken

Stahlbetondecken gibt es sowohl als Fertigteile als auch als vor Ort errichtete Bauteile. Diese Decken ermöglichen je nach Auslegung auch große Spannweiten bei vergleichsweise geringer Stärke. Stahlbetondecken können in verschiedenen Bauformen errichtet werden, zum Beispiel als

- Flachdecken,
- Rippendecken,
- Hohlkammerdecken.

Bei Fertigteildecken ist ein besonderes Augenmerk auf die Fugen zu richten. Die fertigen Deckenplatten werden auf der Baustelle aneinandergefügt. Werden die Fugen nicht ordnungsgemäß verschlossen, besteht hier die Gefahr einer Brandweiterleitung in der Schwachstelle.

Maßgeblich für das Brandverhalten von Stahlbetondecken ist die unterseitige Betonüberdeckung der Bewehrung, da sich die heißesten Bereiche eines Brandes immer unter der Decke befinden.

5 Konstruktionen

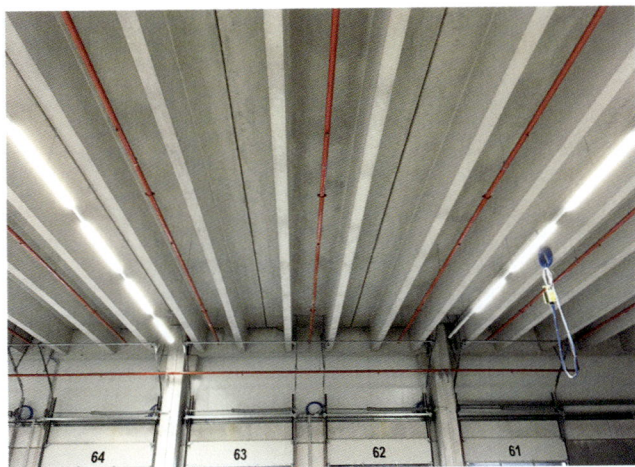

Bild 26: *Stahlbetonrippendecke mit Sprinklerleitungen (rot) in einer Industriehalle*

Decken (aber auch Unterzüge) können auch als Spannbetonkonstruktionen hergestellt werden. Dabei wird die Konstruktion in Gegenrichtung der erwarteten Kraft vorgespannt und erst durch das Aufbringen der Lasten erfolgt ein »Absenken« in die gewünschte Form.

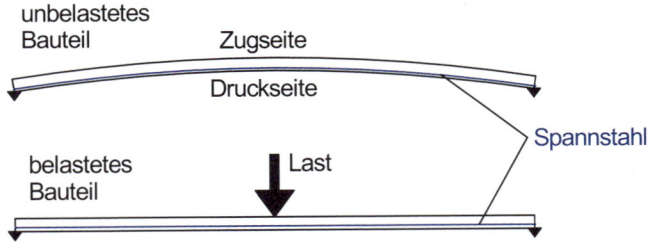

Bild 27: *Vereinfachte Darstellung eines Spannbetonbauteils im unbelasteten und belasteten Zustand*

Spannbetonbauteile unterliegen bei Erwärmung des Spannstahls der besonderen Gefahr des spontanen Versagens.

Eine gewisse Vorsicht ist bei alten Stahlbetondecken geboten. Zum einen gab es bis in die 1950er Jahre hinein mehrere Bauweisen mit verlorener Schalung, die gleichzeitig eine brandschutztechnische Bekleidung darstellte, zum Beispiel so genannte Strohputzdecken. Mit dieser Bauweise wurde damals ein Feuerwiderstand von bis zu 90 Minuten erreicht.

Dabei wurden Strohmatten als verlorene Schalung verwendet, auf die die Bewehrung mehr oder weniger direkt aufgelegt wurde. Die verlorene Schalung wurde nach Erstellung der Decke verputzt und stellte so den unterseitigen Schutz der Bewehrung dar. Bei unbedachten Sanierungen werden diese Strohputzbekleidungen oftmals entfernt, da deren Bedeutung für den Brandschutz selten erkannt wird und die raue Struktur nicht mehr erwünscht ist. Ähnliche Decken gab es auch mit Holzplatten als verlorene Schalung. Nach der Entfernung der verlorenen Schalung mit dem Putz liegt die Bewehrung an der Unterseite nahezu frei. Bei solchen Decken ist eine schnelle Durchwärmung der Bewehrung nicht auszuschließen. Sie müssen durch unterseitiges Aufbringen von Putz, Gipskartonplatten, Unterdecken oder Steinwollematten wieder ertüchtigt werden.

Bei alten Stahlbetondecken beträgt die unterseitige Betonüberdeckung jedoch auch ohne verlorene Schalung teilweise weniger als 1 mm, da der Brandschutz erst in den vergangenen Jahrzehnten an Bedeutung gewann.

Achtung:
Bei Stahlbetondecken in alten Gebäuden ist aufgrund möglicher geringer Betonüberdeckung der Bewehrung an der Unterseite grundsätzlich besondere Vorsicht geboten.

5.4 Holzkonstruktionen

Stützen, Träger und Unterzüge (Skelett- oder Fachwerkbau)
In der klassischen Fachwerkbauweise besteht die Konstruktion aus Holzbalken, dem Fachwerk, und einer Ausfüllung der Zwischenräume mit unterschiedlichen Baustoffen. Zum Teil verbleiben auch einzelne Stützen oder Träger offen im Raum. Eine solche Bauweise nennt man Skelettbau. Der überwiegende Baustoff für Fachwerkhäuser ist Eichenholz. Bei der Errichtung wird zunächst das komplette Holztragwerk (»Skelett«) errichtet und anschließend werden die Zwischenräume verfüllt. Die Zwischenräume (Gefache) können beispielsweise mit Mauerwerk, Lehm auf unterschiedlichen Trägerstoffen (Stroh, Weide) oder – in moderneren Gebäuden – auch mit Dämmstoffen unterschiedlichster Art oder Glasscheiben ausgefüllt werden. Fachwerkhäuser können bei guter Instandhaltung mehrere hundert Jahre alt werden.

5 Konstruktionen

Das Brandverhalten von Fachwerkkonstruktionen hängt von vielerlei Faktoren ab, die sich nicht generell bewerten lassen:
- verwendetes Holz,
- Verbindungsmittel,
- Ausfüllung der Gefache.

Merke:

Während in modernen Gebäuden aus Fachwerk Feuerwiderstandsklassen bis F 60-B nachgewiesen werden können, ist eine definierte Feuerwiderstandsklasse bei alten Fachwerkgebäuden nicht zu erwarten.

Wände
Sowohl in Alt- als auch in Neubauten sind tragende und nicht tragende Wände aus Holz und Holzwerkstoffen zu finden.

Hölzerne Trennwände sind sowohl in modernen als auch in älteren Gebäuden oft anzutreffen. Meistens handelt es sich um nicht tragende Wände, also zum Beispiel Trennwände zwischen einzelnen Wohneinheiten oder innerhalb von Wohnungen. Grundsätzlich sind aber auch tragende Wände möglich. Hölzerne Trennwände können in verschiedenen Ausführungen vorkommen:

- Blockbalkenwände
  Blockbalken (umgangssprachlich auch: Blockbohlen) sind Bauteile aus Vollholz, die meistens mit Nut und Feder versehen sind und ineinander gesteckt werden können. Mit diesen Bohlen können Wände mit und ohne Feuerwiderstand errichtet werden – oder sogar ganze Häuser, die so genannten Blockbalken- oder Blockbohlenhäuser.
- Ständerwände
  Bei diesen Wänden wird ein Ständerwerk aus hölzernen Pfosten und Riegeln errichtet, das dann mit den unterschiedlichsten Baustoffen bekleidet werden kann, zum Beispiel mit brennbaren OSB-Platten oder nichtbrennbaren Gipskartonplatten. Innerhalb der Wände können brennbare oder nichtbrennbare Dämmstoffe verwendet werden und Installationen verlegt sein. Ständerwände gibt es sowohl im Innen- als auch im Außenbereich.

Hölzerne Trennwände kommen in modernen Häusern vor allem im Fertighausbau in so genannter Holzrahmenbauweise vor. Hierbei wird das Ständerwerk bei der Baufirma bereits vorgefertigt, bekleidet und mit Installationen versehen. Die fertigen Wände werden dann zur Baustelle transportiert und dort wie bei einem Baukasten zusammengesetzt.

5.4 Holzkonstruktionen

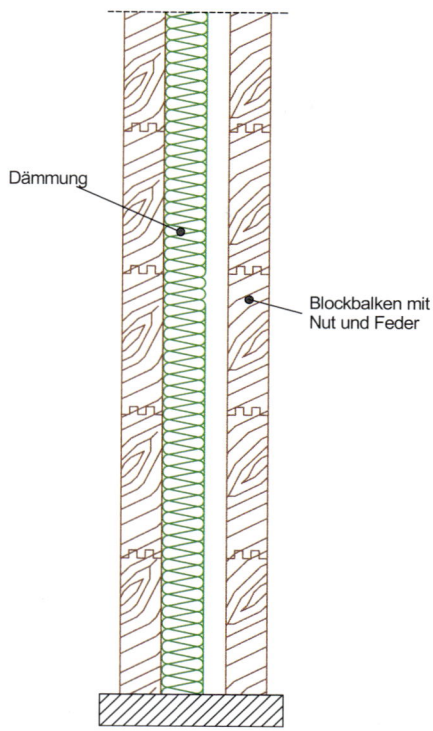

Bild 28: *Senkrechter Schnitt durch eine Blockbalkenwand, vereinfacht nach DIN 4102-4:2016-05 (DIN-Normenausschuss Bauwesen (NABau), 2016)*

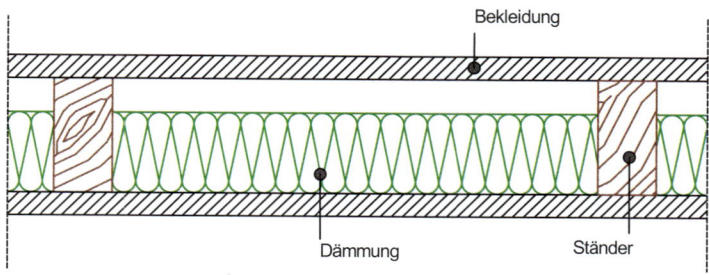

Bild 29: *Waagerechter Schnitt durch eine Holzständerwand, vereinfacht nach DIN 4102-4:2016-05 (DIN-Normenausschuss Bauwesen (NABau), 2016)*

Bei diesen Systemen können Feuerwiderstandsdauern von 30-60 Minuten erreicht werden.

Oft ist es nicht möglich, einer Leichtbauwand aus Holz von außen anzusehen, dass sie aus brennbaren Baustoffen besteht, weil sie zum Beispiel geputzt oder tapeziert sein kann.

Achtung:
Einer hölzernen Trennwand kann man ihren voraussichtlichen Versagenszeitpunkt im Brandfall nicht ansehen.

Decken
Holzdecken gibt es bereits seit Jahrhunderten. So vielfältig wie Holzhäuser sind auch die anzutreffenden Konstruktionen. Alle Holzdecken bestehen aus einen »Grundgerüst« aus Holzbalken, die in Längsrichtung die Lasten auf Wände oder Stützen abtragen. Problematisch bei Holzdecken ist in der Regel ein Brand von der Unterseite, da unterhalb der Decke die höchsten Temperaturen auftreten und somit ein schneller Abbrand der Deckenbekleidung möglich ist. Brände auf Holzdecken sind in der Regel aufgrund der niedrigeren Temperaturen am Boden eher unkritisch.

Holzdecken mit sichtbaren Holzbalken sind an der Unterseite nur teilweise bekleidet und lassen so die tragenden Teile, nämlich die Balken, sichtbar. Hierbei ist es möglich, dass entweder nur die Unterseite sichtbar bleibt oder aber auch der Balken aus der Decke »herausragt«. Diese Decken sind in vielen Fachwerkhäusern anzutreffen, erfreuen sich aber auch im modernen Holzbau großer Beliebtheit.

Im Brandfall wird durch das Freiliegen der Balken direkt beflammt und ist nicht durch eine überdeckende Konstruktion geschützt. Ist der Abbrand des Balkens nicht durch eine Heißbemessung oder eine Bemessung nach DIN 4102-4 (DIN-Normenausschuss Bauwesen (NABau), 2016) einkalkuliert, ist hier besonders bei kleinen Balkenquerschnitten mit einem raschen Versagen der Konstruktion zu rechnen. Ein Versagen kann ebenfalls auftreten, wenn die untere Verschalung durchbrennt und so ein Segment der Decke seinen Zusammenhalt verliert. Bei entsprechender Dimensionierung dieser Decken sind Feuerwiderstandsdauern von bis zu F 60-B zu erreichen.

Holzdecken mit verdeckten Holzbalken haben an der Unterseite der Decke noch eine Bekleidung. Die Bekleidung kann aus den unterschiedlichsten Stoffen bestehen (Holzplatten, Gipskarton, Putz) und entweder direkt an der Balkenunterseite montiert sein oder als abgehängte Bekleidung einen Hohlraum haben.

5.4 Holzkonstruktionen

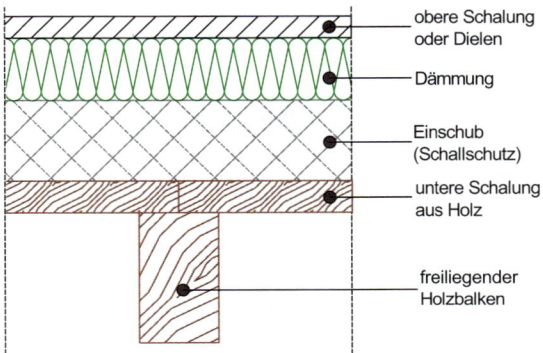

Bild 30: *Waagerechter Schnitt durch eine Holzbalkendecke mit freiliegendem Holzbalken an der Unterseite, vereinfacht nach DIN 4102-4:2016-05 (DIN-Normenausschuss Bauwesen (NABau), 2016)*

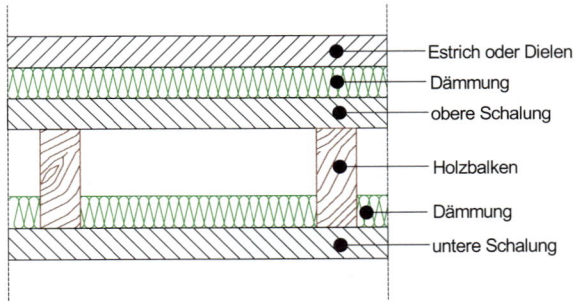

Bild 31: *Waagerechter Schnitt durch eine Holzbalkendecke mit verdeckten Holzbalken an der Unterseite, vereinfacht nach (DIN-Normenausschuss Bauwesen (NABau), 2016)*

Der Balken ist bei dieser Deckenbauweise dem Brand nicht direkt ausgesetzt. Je nach Wahl der Bekleidung lassen sich hier Feuerwiderstandsdauern von bis zu F 90-B erreichen.

Im Brandfall wirkt das Feuer zunächst auf die Unterseite bzw. auf die Oberseite der Decke ein, kann aber nach dem Versagen der unteren Bekleidung auch in die Decke eindringen.

5 Konstruktionen

Achtung:
Beim Durchbrennen von Bekleidungen oder offenen Fugen muss mit einer Brandausbreitung innerhalb der Decke gerechnet werden. Besonders bei direkter Brandeinwirkung auf die Balken ist mit einem Einsturz zu rechnen.

Besonderes Augenmerk muss im Brandfall bei Holzbalkendecken nicht nur auf die Brandeinwirkung, sondern auch auf die verwendeten Dämmstoffe (»Einschub«) innerhalb der Decke gelegt werden. Hier sind die verschiedensten Materialien möglich, zum Beispiel:

- Sand,
- Lehm,
- Stroh,
- Mineralwolle,
- Holzspäne oder Holzwolle,
- Wolle,
- Vermiculite-Körnchen (Blähton),
- Papierschnipsel,
- Zellulosefasern
- sowie diverse Mischungen aus den o. g. Stoffen.

Bild 32: *Strohputzdecke (geöffnet zur Bestandsbeurteilung)*

5.4 Holzkonstruktionen

Ein Teil dieser Stoffe nimmt Wasser in großen Mengen auf oder quillt sogar unter Wassereinwirkung. Dies erhöht die Lasten innerhalb der Decke und kann zum Einsturz führen.

Auch im Holzbau gibt es Decken mit unterseitigem Strohputz, wie in Kapitel 5.3 für Stahlbetondecken schon beschrieben.

Achtung:
Holzbalkendecken müssen im Brandfall nicht nur auf Brände innerhalb der Decke kontrolliert werden, sondern auch hinsichtlich Wasseraufnahme.

Dachkonstruktionen
Vor allem im Wohnungsbau besteht immer noch ein großer Teil der Dachstühle aus Holz. Mit dem Baustoff Holz können die unterschiedlichsten Dachformen in leichter Bauweise konstruiert werden. Daher sind hölzerne Dachkonstruktionen auch bei nachträglichen Aufstockungen außerordentlich beliebt.

Die zwei häufigsten Dachkonstruktionen aus Holz sind im Wohnungsbau das Sparren- und das Pfettendach.

Das **Sparrendach** wird nur an den Fußpunkten und am First gehalten. Die Lasten des Daches werden über die Sparren in die Decke abgeleitet ((VBZH), 2000). In manchen Fußpunkten sind zur Lastabtragung in die Decke so genannte Zugeisen verbaut, die bei Versagen auch zum Versagen der gesamten Dachkonstruktion führen können.

Eine Sonderform des Sparrendachs ist das Kehlbalkendach. Bei größeren Spannweiten wird ein Kehlbalken zur Aussteifung der Sparren eingesetzt.

Die Sparren werden in Längsrichtung des Daches entweder über kreuzweise angebrachte Latten (Windrispen) oder über eine flächige Beplankung ausgesteift. Ein Versagen des Sparrendachs tritt ein, wenn das Kräftedreieck Auflager-First-Auflager nicht mehr gewährleistet ist.

Merke:
Ein Versagen eines Sparrendachs muss immer dann befürchtet werden, wenn Fußpunkte, Kehlbalken, der First oder einzelne Sparren geschwächt oder nicht mehr vorhanden sind. Außerdem muss die Verbindung in Längsrichtung (Windrispen, Beplankung) intakt bleiben. Die Sparren rutschen im Versagensfall nach außen ab.

5 Konstruktionen

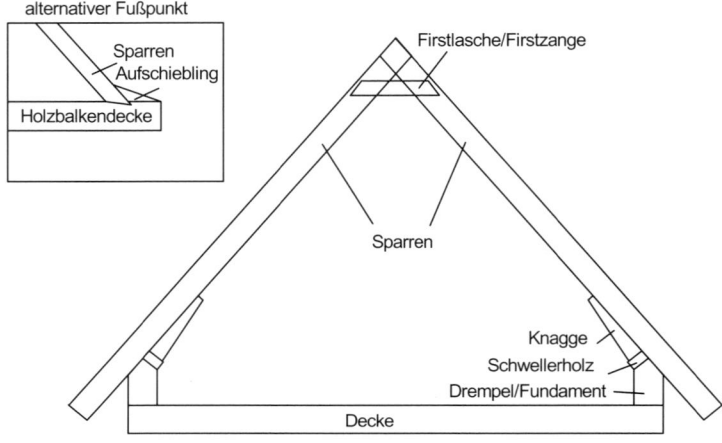

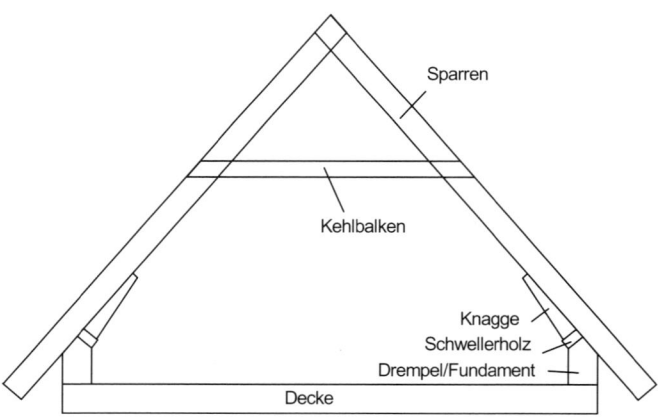

Bild 33: *Schematische Darstellung von Sparrendächern ohne und mit Kehlbalken sowie unterschiedlichen Fußpunkten (nach ((VBZH), 2000))*

Beim **Pfettendach** sind – wie der Name schon sagt – die Pfetten das wesentliche Tragelement. Pfetten sind in Längsrichtung verlaufende Holzbalken, auf denen die Sparren aufliegen. Die Pfetten können entweder auf den Giebelwänden aufliegen oder durch Stiele (auch als Stützen bezeichnet) abgestützt werden. Zusätzlich

5.4 Holzkonstruktionen

können die Sparren durch Zangen gegeneinander gesichert werden (Martin H. Kessel, 2016).

Je nachdem, wie viele Pfetten das Dach tragen, spricht man von einfach stehenden (1 Firstpfette), zweifach stehenden (2 Mittelpfetten) oder dreifach stehenden (Firstpfette + 2 Mittelpfetten) Pfettendächern.

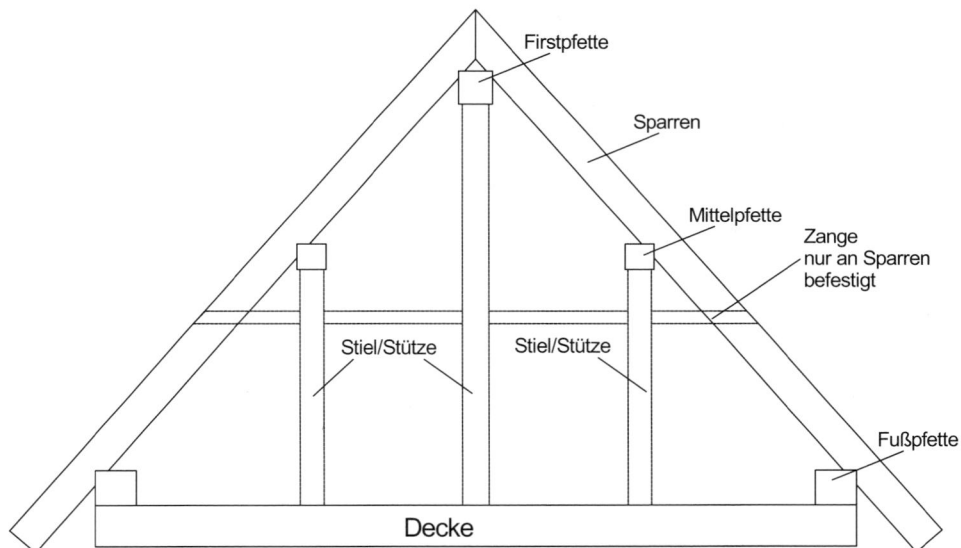

Bild 34: *Schematische Darstellung eines Pfettendachs mit möglichen Abstützungen und Aussteifungen (nach ((VBZH), 2000))*

Nicht alle im Bild dargestellten Pfetten und Stiele müssen auch zwingend vorhanden sein.

Im Brandfall sind die Pfetten und ihre Unterstützungen entscheidend für das Tragverhalten des Pfettendachs. Da die Pfetten in der Regel größere Querschnitte als die Sparren haben, versagen oft zuerst die Sparren (vgl. Bild 35).

Es gibt aufgrund der regionalen und architektonischen Unterschiede in Deutschland noch eine Vielzahl weiterer Dachkonstruktionen aus Holz.

Vor allem im eingeschossigen Gewerbe- und Industriebau werden oft **Binderdächer** konstruiert, um große Spannweiten zu erreichen. (Fachwerk-)Binder sind zusammengesetzte Bauteile, die Kräftedreiecke bilden, um die anfallenden Lasten des Daches in die Stützen oder Außenwände abzuleiten.

5 Konstruktionen

Bild 35: *Pfettendach in einem Altbau, links Firstpfette mit Stiel und Kopfbändern, rechts Fußpunkt mit Aufschieblingen*

Für die Verbindungen werden dabei oft Nagelplatten aus Stahl (= guter Wärmeleiter) verwendet. Solche Konstruktionen sind in nahezu allen freistehenden Discountermärkten vorzufinden. Diese Dächer haben in der Regel einen sehr hohen Ausnutzungsgrad, also wenig Reserven bei Abbrand. Zusätzlich versagen die Nagelplatten aufgrund von schneller Durchwärmung im Brandfall besonders rasch, weil sie nur eine geringe Materialdicke aufweisen.

Bild 36: *Dachtragwerk aus Fachwerkbindern mit Nagelplatten*

5.5 Mauerwerk

Achtung:
Bei ungeschützten Holzkonstruktionen mit Nagelplatten ist im Brandfall mit einem Einsturz innerhalb weniger Minuten zu rechnen.

Sollen hölzerne Dachkonstruktionen von innen gegen einen Brand geschützt werden, so kann das Dach in Trockenbauweise bekleidet werden. Dies ist zum Beispiel erforderlich, wenn unterhalb der Dachkonstruktion Wände mit Feuerwiderstand stehen, die das Dach als oberen Anschluss benötigen (siehe Kapitel 2.3.1).

Eine solche Bekleidung wird meistens direkt an der Innenseite des Daches angebracht und nicht abgehängt. Mit solchen Bekleidungen können Feuerwiderstandsdauern von bis zu 90 Minuten erreicht werden.

Achtung:
Für die meisten Dachkonstruktionen von Wohnungs- und Bürogebäuden unterhalb der Hochhausgrenze ist kein Feuerwiderstand im Tragwerk erforderlich. Vorsicht daher beim Betreten solcher Dächer im Falle eines darunterliegenden Brandes.

Alle Dachkonstruktionen eint: Ein Einsturz ist immer dann zu befürchten, wenn
- statisch erforderliche Teile aufgrund von Abbrand ihre Tragfähigkeit verlieren oder
- Verbindungen versagen oder
- Aussteifungen versagen.

Merke:
Bei allen Dachkonstruktionen sind die Verbindungen und die Auflager die kritischen Stellen für ein Versagen. Sie sind besonders zu beobachten.

5.5 Mauerwerk

Eine Schichtung aus Mauersteinen unter Verwendung von Bindestoffen wie Mörtel bezeichnet man als Mauerwerk. Mauerwerk wird bereits seit mehr als 5000 Jahren zum Errichten von Gebäuden genutzt und ist damit die älteste Massivbauweise (Günter Pfeifer, 2001).

5 Konstruktionen

Mauerwerksbauteile erhalten ihren Zusammenhalt durch einen Versatz der Fugen in den einzelnen Lagen. Bauteile mit direkt übereinanderliegenden Fugen würden schnell versagen, da die Steine dann die Kräfte aus den einzelnen Lagen nicht mehr aufnehmen könnten. Die unterschiedlichen Arten, diesen Versatz auszuführen, werden als Verband bezeichnet.

Sind die langen Seiten der Mauersteine zu sehen, nennt man die Bauweise Läuferverband, sind die kurzen Seiten zu sehen, nennt man die Bauweise Binderverband.

Bild 37: *Mauerwerk mit Läuferverband (links) und schleppendem Läuferverband (rechts). Mauerwerk im Blockverband (unten)*

Auch eine Kombination aus Läufer- und Binderverband ist innerhalb eines Bauteils möglich, hierbei werden dann lagenweise Läufer- und Binderverband abgewechselt.

Aufgrund der zahlreichen Mauersteinarten und Bauweisen können aus Mauerwerk nahezu alle Bauteile hergestellt werden, die im Hochbau zu finden sind. Gemauerte Bauteile zeichnen sich in der Regel durch eine hohe Druckfestigkeit bei eher geringer Zugfestigkeit aus.

Stützen/Pfeiler

Stützen aus Mauerwerk finden sich vor allem in historischen Gebäuden. Die Sonderform eines Pfeilers bezeichnet eine rechteckige Stütze. Sie können aus allen Arten von Mauersteinen errichtet werden. Die meisten Mauerwerksstützen sind tragende Bauteile, es gibt jedoch auch zu dekorativen Zwecken errichtete Stützen.

5.5 Mauerwerk

Wände

Gemauerte Wände werden sowohl als tragende als auch als nicht tragende Bauteile ausgeführt. Oft sind Mauerwerkswände verputzt und auf den ersten Blick nicht von anderen Konstruktionen zu unterscheiden. In vielen Altbauten sind die Außenwände als tragende Mauerwerkswände ausgeführt. Auch viele Brandwände (siehe Kapitel 5.8) und Treppenraumwände in älteren Gebäuden bestehen aus Mauerwerk.

Bild 38: *Treppenraumwand aus Ziegelmauerwerk nach einem Brand. Die Steine erscheinen weiß statt rötlich, weil sich vermutlich die Calcium-Bestandteile des Putzes hineingebrannt haben.*

Merke:
Den Unterschied zwischen tragender und nicht tragender Mauerwerkswand kann ein Laie im Brandeinsatz nicht erkennen.

Mit Mauerwerk können Wände mit sehr hohen Feuerwiderstandsdauern und relativ schlanken Querschnitten errichtet werden. Das Aufbringen von Putzen kann bei einigen Steinsorten die Feuerwiderstandsdauer weiter erhöhen.

Einige Beispiele für den Feuerwiderstand nicht tragender Wände finden sich in der folgenden Tabelle:

5 Konstruktionen

Tabelle 10: *Beispielhafte Wandstärken für Mauerwerkswände mit Feuerwiderstand nach (DIN-Normenausschuss Bauwesen (NABau), 2016)*

Mauerstein	Erforderliche Wandstärke in mm für			
	F 30-A (mit Putz)	F 30-A (ohne Putz)	F 90-A (mit Putz)	F 90-A (ohne Putz)
Porenbeton-Bauplatten	50	75	75	100
Mauersteine aus Normalbeton	95	95	95	95
Leicht-Langlochziegel	70	115	115	140
Kalksandstein-Plansteine	50	70	70	100

Bei Verwendung von Dünnbettmörtel statt Normalmörtel verringert sich die Breite und Höhe der Fugen, die im Vergleich zu den Steinen oft die Schwachstelle darstellen. Eine Verkleinerung der Fugenfläche wiederum erhöht den Feuerwiderstand zum Teil erheblich. Beispielsweise kann eine Wand aus Porenbeton-Bauplatten mit Dünnbettmörtel auch ohne Putz schon mit einer Wandstärke von 50 mm als F 30-A eingestuft werden, bei Verwendung von Normalmörtel sind unverputzt mindestens 75 mm Wandstärke erforderlich (siehe Tabelle 10).

Von entscheidender Bedeutung für den Feuerwiderstand von Mauerwerkswänden sind dicht verschlossene Fugen.

Bild 39: *Verschluss einer Restöffnung mit Kalksandstein-Mauerwerk mit nicht fachgerecht ausgeführten Fugen. Im Brandfall würde dies zur Bildung einer Öffnung führen.*

5.5 Mauerwerk

Auch die seitlichen und oberen Anschlüsse der Wände sind von erheblicher Bedeutung für den Feuerwiderstand. Wird eine Wand nicht mit den angrenzenden Bauteilen (zum Beispiel Stützen) kraftschlüssig verbunden, kann die Standfestigkeit im Brandfall gefährdet sein. Eine solche Verbindung kann zum Beispiel durch das Einmauern von Mauerankern geschaffen werden.

Bild 40: *Wand aus Kalksandstein-Mauerwerk mit Dünnbettmörtel. Die Wand wurde seitlich nicht an die Stütze angeschlossen. Im Brandfall käme es hier zu einer Übertragung von Feuer und Rauch.*

Die erforderlichen Wandstärken von tragenden Mauerwerkswänden hängen von den Lasten ab, die diese Wände ableiten müssen und können daher nicht ohne statische Berechnungen bemessen werden. Die Wandstärken liegen in der Regel über denen von nicht tragenden Wänden.

Es gibt jedoch auch Mauerwerkswände ohne nachweisbaren Feuerwiderstand: Wände aus Natursteinmauerwerk und Hüttensteinen können nicht klassifiziert werden. Natursteinmauerwerk kann zudem durch verschiedene Steingrößen sehr unregelmäßig mit wechselnden Fugenstärken ausgeführt sein.

Decken

Decken aus Mauerwerk gibt es in unterschiedlichen Formen, zum Teil als historische Decken, aber auch als moderne Elementdecken.

5 Konstruktionen

In alten Gebäuden finden sich vor allem in Kellergeschossen **Kappendecken** aus Mauerwerk. Sie bestehen aus Stahlträgern, die in den umliegenden Wänden aufgelagert sind und in Bögen ausgemauert werden. Auf der Oberseite der Decke befindet sich meistens ein Aufbeton oder ein Estrich. Die Stahlträger liegen meistens frei, können aber auch verputzt sein.

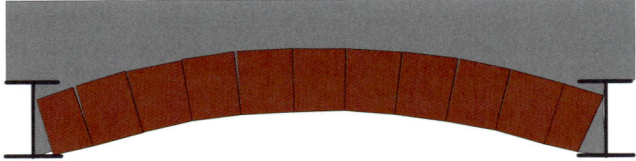

Bild 41: *Prinzipieller Aufbau einer Kappendecke*

Bild 42: *Decke aus Ziegelmauerwerk mit freiliegendem Unterflansch des eingelegten Stahlträgers*

Einen tatsächlich nachgewiesenen Feuerwiderstand haben solche Decken aufgrund der freiliegenden Stahlträger nicht. Ihnen wird durch die Materialprüfanstalt Leipzig eine Standfestigkeit von ca. 30 Minuten im Brandfall zugeordnet (Nause, 2013). Durch eine unterseitige Bekleidung oder einen Putz kann die Feuerwiderstandsdauer erhöht werden.

Weitere Decken aus Mauerwerk in historischen Bauten finden sich zum Beispiel als Gewölbedecken in Kirchen und öffentlichen Gebäuden. Die Formen der Gewölbe reichen von einfachen Tonnengewölben bis hin zu komplexen Ausbildungen, z. B. als Kreuzgewölbe.

5.6 Trockenbau

> **Merke:**
> Historische Mauerwerksdecken haben keinen nachgewiesenen Feuerwiderstand.

Eine moderne Form von Mauerwerksdecken sind die so genannten **Ziegeldecken**. Bei diesen Decken handelt es sich um flache Decken aus Ziegelelementen, die auf eine Tragkonstruktion aufgelegt und an der Oberseite meist mit Ortbeton vergossen werden. Diese Decken können Feuerwiderstandsdauern von bis zu 90 Minuten erreichen.

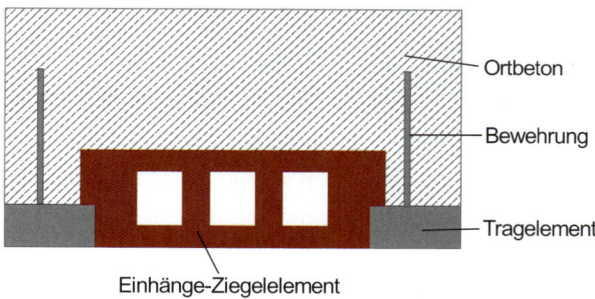

Bild 43: *Prinzipieller Aufbau einer Ziegeldecke*

5.6 Trockenbau

Wände

Wände in Trockenbauweise sind vor allem im Innenausbau beliebt, weil sie schnell, trocken (im Vergleich zu gemauerten Wänden) und sauber montiert und wieder abgebaut werden können, wenn sich Grundrisse ändern. Darüber hinaus haben sie ein geringes Eigengewicht und belasten Decken und Tragwerk nicht so sehr wie massive Wände.

Trockenbauwände bestehen aus einem Ständerwerk aus Stahlprofilen, Aluminiumprofilen oder Holz und sind ein- oder beidseitig mit Gipskarton-, Gipsfaser- oder zementgebundenen Leichtbetonplatten beplankt. Zum Thema Leichtbauwände aus Holz siehe auch Kapitel 5.4.

5 Konstruktionen

Bild 44: *F 90-Trockenbauwand (noch ohne Beplankung) mit eingelegter Dämmung aus Steinwolle; blauer Pfeil: Deckenanschlussprofil, gelbe Pfeile: Ständer*

In Trockenbauweise lassen sich Wände mit Feuerwiderstandsdauern von bis zu 120 Minuten errichten; sogar Brandwände (siehe Kapitel 5.8) sind möglich.

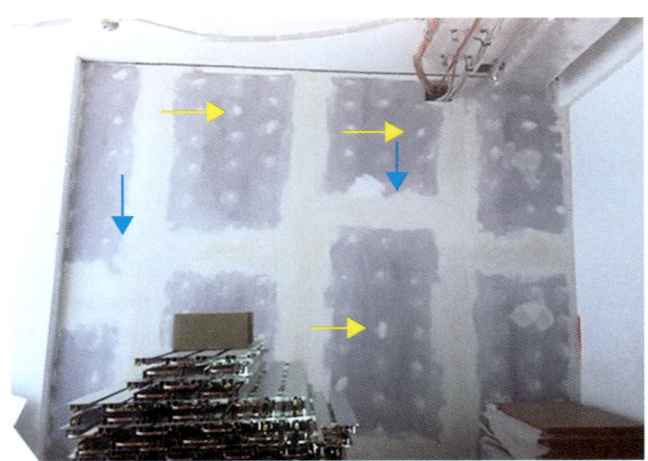

Bild 45: *Fertig beplankte Trockenbauwand mit gespachtelten Plattenfugen (blaue Pfeile) und gespachtelten Schraubenköpfen (gelbe Pfeile)*

Wenn ein Metallständerwerk verwendet wird, beträgt der Abstand der senkrechten Ständer in der Regel 62,5 cm, bei Brandwänden und einseitig beplankten Schachtwänden sind es 31,25 cm. Die Wände erfüllen die Anforderungen von beiden Seiten, das heißt, es ist egal, auf welcher Seite der Wand der Brand auftritt. Jedoch wird nicht davon ausgegangen, dass die Wand von beiden Seiten gleichzeitig vom Brand beaufschlagt wird.

Es gibt eine Vielzahl von unterschiedlichen Wandaufbauten für verschiedene Anwendungen, von denen im Folgenden einige typische Konstruktionen beispielhaft beschrieben werden.

F30-Wände werden meistens mit Gipskarton-Bauplatten (GKB) hergestellt.

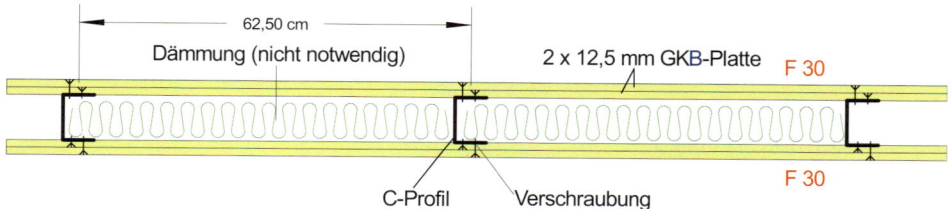

Bild 46: *Beispielhafter Aufbau einer F 30-Trockenbauwand (Längsschnitt), vereinfacht nach (Knauf Gips KG, 2015)*

F 90-Wände sind mit GKB-Platten nicht mehr wirtschaftlich zu errichten. Daher wird hier mit Gipskarton-Feuerschutzplatten (GKF) oder speziellen Platten (Herstellerentwicklungen, oft mit höherer Rohdichte) gearbeitet. Am prinzipiellen Wandaufbau ändert sich durch die Verwendung anderer Platten nichts.

Wenn man die genormten Aufbauten nach DIN 4102-4 (DIN-Normenausschuss Bauwesen (NABau), 2016) mit den einzeln geprüften Aufbauten der Hersteller vergleicht, fällt auf, dass die einzeln geprüften Wände oft keine brandschutztechnisch notwendige Dämmschicht benötigen. Oft wird eine Dämmschicht daher eher aus Schallschutz- denn aus Brandschutzgründen eingebracht. Dies liegt daran, dass die heute am Markt erhältlichen Platten deutlich bessere Leistungen erbringen als es in den jeweiligen Plattennormen gefordert ist. Da die Dämmschicht aus brandschutztechnischer Sicht nicht notwendig ist, kann sie auch aus brennbaren Baustoffen (z. B. Zellulose, Wolle, Kokosfasern) bestehen.

Möglich ist es auch, einseitig beplankte Wände zu bauen, die von beiden Seiten einen Feuerwiderstand aufweisen. Das bedeutet, die Ständer liegen auf einer Seite frei. Aufgrund von speziellen Platten mit verbesserten Brandeigenschaften ist es möglich, dass auch auf der Seite mit den freiliegenden Ständern der Feuerwiderstand erreicht wird. Solche Wände werden oft bei Schächten eingesetzt, bei denen auf der Innenseite keine Bekleidung möglich ist.

5 Konstruktionen

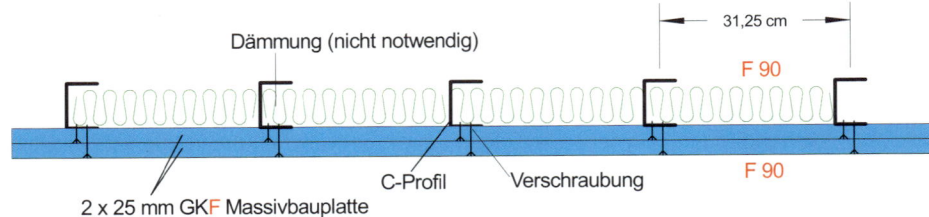

Bild 47: *Beispielhafter Aufbau einer F 90-Schachtwand (Längsschnitt), vereinfacht nach (Knauf Gips KG, 2015)*

In vielen Trockenbauwänden ist die Verlegung von (Elektro-)Leitungen innerhalb der Wände zulässig, so dass sich zum Beispiel Schwelbrände auch innerhalb dieser Wände entwickeln können.

 Achtung:
Bei Bränden von elektrischen Anlagen an und in Trockenbauwänden: Kontrolle mit Wärmebildkamera, ggf. großzügige Öffnung der Wand.

Solange Trockenbauwände im Brandfall nicht mechanisch beschädigt werden, halten sie hohe Brandtemperaturen und sogar Durchzündungen nahezu ebenso gut aus wie massive Bauteile.

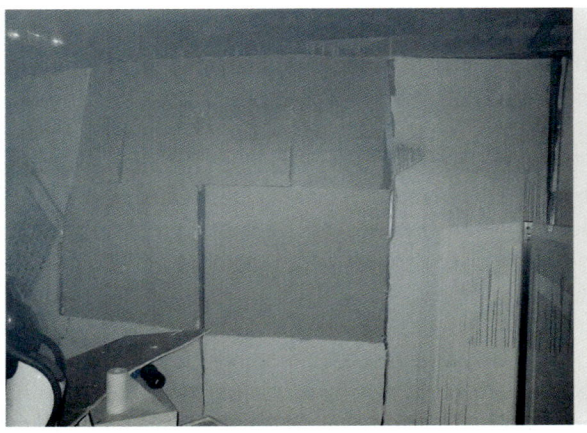

Bild 48: *Trockenbauwand (brandabgewandte Seite) nach einem längeren Vollbrand und zwei Durchzündungen und (Foto: Feuerwehr Osnabrück)*

5.6 Trockenbau

Bekleidungen für Stahlbauteile

Ungeschützter Stahl kann im Brandfall schnell versagen. Je schlanker das Profil, desto schneller durchwärmt es sich und desto schneller erreicht es im Brandfall seine Belastungsgrenze.

Eine Möglichkeit zur Erhöhung des Feuerwiderstandes ist eine Bekleidung mit Trockenbauplatten. Je größer der gewünschte Feuerwiderstand ist, desto dicker muss die Bekleidung sein.

Feuerwiderstand	Bekleidung
F 30-A	12,5 mm GKF oder 18 mm GKB
F 60-A	9,5 mm GKF + 12,5 mm GKF
F 90-A	3 x 15 mm GKF

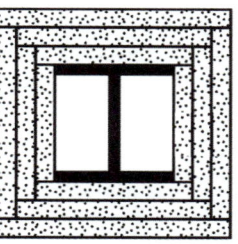

Bild 49: *Vierseitige Bekleidung von Stahlstützen nach DIN 4102-4 (DIN-Normenausschuss Bauwesen (NABau), 2016); hier abgebildet die Bekleidung für die Feuerwiderstandsklasse F 90-A*

Mit Trockenbausystemen ist es möglich, komplette Stahltragwerke bis zu einer Feuerwiderstandsdauer von 120 Minuten zu bekleiden.

An bekleidete Stahltragwerke können wiederum Trockenbauwände und -decken angeschlossen werden.

Unterdecken/unterseitige Deckenbekleidungen

Unterdecken und Deckenbekleidungen in Trockenbauweise können aus zwei verschiedenen Gründen errichtet werden. Zum einen werden solche Bekleidungen vorgesehen, wenn der Feuerwiderstand einer Bestandsdecke nicht ausreichend ist. Zum anderen sind Unterdecken mit Feuerwiderstand eine Möglichkeit, Rettungswege vor

5 Konstruktionen

Brandlasten in Form von brennbaren Elektroleitungen oder Rohrleitungen zu schützen.

Man unterscheidet die Konstruktionen in direkte Bekleidungen, freitragende und abgehängte Unterdecken.

Direktbekleidungen in Trockenbauweise werden zum Beispiel bei Trapezblechdächern (siehe Kapitel 5.2.2) oder auf der Innenseite von hölzernen Dachstühlen oder bei Holzbalkendecken (siehe Kapitel 5.4) vorgenommen, aber auch als Ersatz für fehlende Betondeckung bei Stahlbetondecken.

Freitragende Decken haben ein eigenes Tragsystem, meist aus Stahlprofilen, und spannen von Wand zu Wand. An diesem Tragsystem befindet sich unterseitig die brandschutztechnisch wirksame Bekleidung. Diese Decken haben den Vorteil, dass an die Rohdecke keine weiteren Lasten angehängt werden müssen.

Abgehängte Unterdecken können in Trockenbauweise mit Feuerwiderstandsdauern von bis zu 90 Minuten errichtet werden und so fehlenden Feuerwiderstand bei Decken ausgleichen oder Rettungswege vor Brandlasten schützen.

Unterdecken mit Feuerwiderstand gibt es in zwei Kategorien:

- für eine Brandbelastung nur von unten (Schutz von Bauteilen gegen Brand von unten)
- für eine Brandbelastung von oben oder unten (z. B. Schutz von Rettungswegen)

Merke:

In Gebäuden mit Brandmeldeanlagen müssen bei geschlossenen Unterdecken in den meisten Fällen eigene Melder in den Unterdecken vorhanden sein. Sie erkennt man an einer Leuchte mit Melderschild unterhalb der Decke.

Aber auch Unterdecken ohne Feuerwiderstand können im Brandeinsatz relevant sein: Gerade Unterdecken mit lose eingelegten Platten haben einem Brand, aber auch einem Strahl Löschwasser, nicht viel entgegenzusetzen.

Achtung:

Unterdecken in Brandräumen müssen immer kontrolliert und gegebenenfalls (großflächig) geöffnet werden, damit sich Brände dort nicht weiter ausbreiten können. Vorhandene Revisionsöffnungen sind zu nutzen.

5.6 Trockenbau

Bild 50: *abgehängte Unterdecke mit lose aufgelegten Platten ohne Feuerwiderstand*

Bild 51: *Geschlossene, abgehängte Unterdecke in einem Flur, im Vordergrund (Pfeil) eine Revisionsklappe, die durch kurzen Druck an der Kante geöffnet werden kann.*

5 Konstruktionen

Trockenestriche

In der Altbausanierung werden oft aus Gewichtsgründen so genannte Trockenestriche statt der vor Ort hergestellten nassen Estriche (siehe Kapitel 4.8) eingesetzt. Trockenestriche sind in der Regel von Hand zu verlegende Gipsfaserplatten und können unterseitig zur Verbesserung des Schallschutzes gedämmt sein.

Trockenestriche bilden ebenso wie die »nassen« Estriche den Untergrund für Bodenbeläge. Mit einem Trockenestrich kann die Feuerwiderstandsfähigkeit einer Decke von oben auf bis zu 90 Minuten verbessert werden.

5.7 Brandschutzputze

Putzmörtel kann auch zur Verbesserung des Feuerwiderstandes von massiven Decken, Wänden und Stahltragwerken verwendet werden.

Bild 52: *Wand mit Putzträger aus Rippenstreckmetall. Mit dem anschließend aufgebrachten Putz wurde die Wand auf F 90 ertüchtigt.*

Hierbei kann der Putz direkt oder an abgehängten Putzträgern aufgebracht werden. Dem Putz können dabei Bestandteile aus Blähton beigemischt werden (Vermiculite).

Das Prinzip der abgehängten Decken zum Schutz von Bauteilen ist schon sehr alt. Auch hier kann neben Trockenbauplatten Putz zum Einsatz kommen. Historische Decken mit Putz können bereits Feuerwiderstandsdauern von bis 90 Minuten aufweisen.

5.7 Brandschutzputze

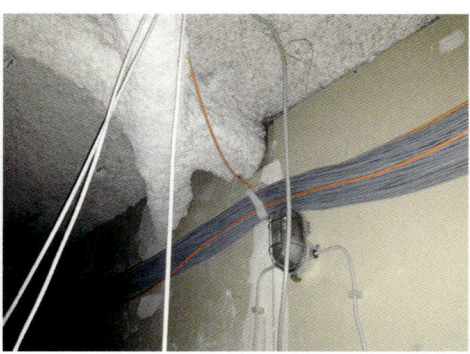

Bild 53: *Stahltragwerk und Stahlbetondecke mit Vermiculite-Spritzputz zur Erlangung der Feuerwiderstandsklasse F 90-A*

Ein Beispiel für historische Putzdecken ist die **Rabitzdecke**, die als abgehängte Decke den Feuerwiderstand von Rohdecken verbessert. Hierbei wird ein Putzträger (»Kaninchendraht«) mit Drahtschlaufen von der Rohdecke abgehängt und anschließend von unten mit ca. 1,5-4 cm Zementmörtel verputzt. Abhängehöhen von bis zu einem Meter sind keine Seltenheit.

Bild 54: *Rabitzdecke mit Auflage aus Glaswolle (links: Abhängung von oben, rechts: Deckenstärke und Putzträger)*

5 Konstruktionen

5.8 Brandwände

Brandwände sind eine Sonderform der feuerbeständigen Wände. Sie sind so konzipiert, dass sie nicht nur mindestens 90 Minuten einem Brand standhalten und aus nichtbrennbaren Baustoffen bestehen (F 90-A), sondern zusätzlich auch noch eine Stoßbelastung aushalten, die zum Beispiel bei einem (Teil-)Einsturz einer Decke oder eines Daches entstehen kann. Die Prüfung von Brandwänden ist in der DIN 4102-3 geregelt und beinhaltet neben der F 90-Prüfung noch einen Stoßversuch mit einem 200 kg schweren Bleischrotsack, der nach bestandener Brandprüfung gegen die Wand prallt (DIN-Normenausschuss Bauwesen (NABau), 1977).

Brandwände können aus Mauerwerk, Stahlbeton oder – wenn sie nicht tragende Wände sind – auch in Trockenbauweise hergestellt werden. Türen in Brandwänden müssen mindestens die gleiche Feuerwiderstandsdauer haben, also T 90 entsprechen.

Bild 55: *Brandwand in Trockenbauweise (teilweise beplankt) mit Einlage aus Stahlblech zur Aufnahme der Stoßbelastung zwischen den Gipskartonplatten*

Brandwände werden als Gebäudeabschlusswände und als Gebäudetrennwände in Gebäuden der Gebäudeklasse 5 (Höhe von mehr als 13 m) eingesetzt.

Gebäudeabschlusswände sind Wände, die ein Nachbargebäude vor einem Brand in einem anderen schützen sollen. Sie werden errichtet, wenn ein Gebäude mit einem Abstand von weniger als 2,5 m an der Grundstücksgrenze steht oder weniger als 5 m Abstand zum Nachbargebäude hat (siehe Kapitel 9).

Als Gebäudetrennwände bezeichnet man die Wände, die ein großes Gebäude im Inneren in mehrere Brandabschnitte unterteilen. In normalen Wohn- und Bürogebäuden sind solche Gebäudetrennwände alle 40 m erforderlich.

5.8 Brandwände

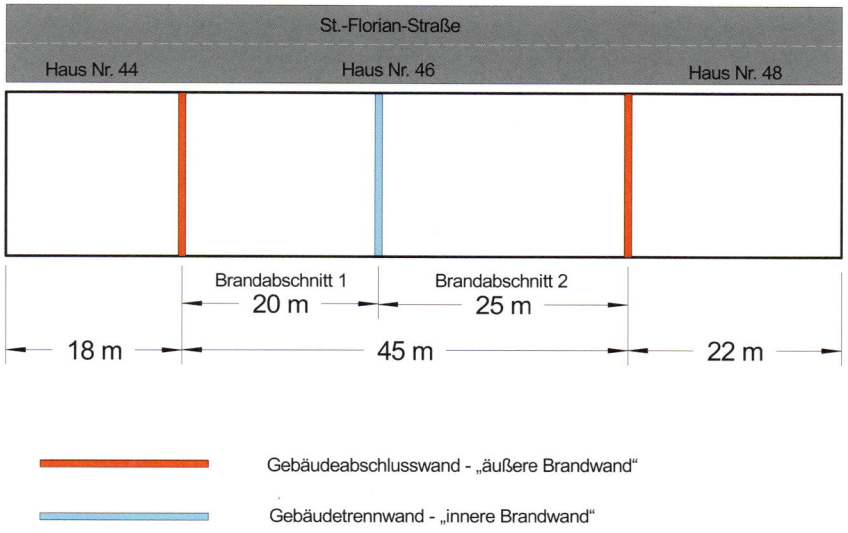

Bild 56: *Beispiel für Gebäudeabschluss- und Gebäudetrennwände bei Wohngebäuden*

Merke:
Gebäudeabschlusswände werden auch als »äußere Brandwände«, Gebäudetrennwände als »innere Brandwände« bezeichnet.

Gebäudeabschluss- und Gebäudetrennwände sollen den Brand auf einen Brandabschnitt begrenzen. Sie dürfen daher an Außenwänden und im Dach nicht mit brennbaren Baustoffen »überbrückt« werden. Das heißt, dass brennbare Wandbekleidungen an den Außenwänden vor Kopf einer Brandwand durch einen Streifen aus nichtbrennbaren Baustoffen ersetzt werden müssen (Fachkommission Bauaufsicht der Bauministerkonferenz, 2016).

Im Dachbereich müssen Gebäudeabschluss- und Gebäudetrennwände entweder 30 cm (bei Industriebauten 50 cm) über Dach geführt oder an ein feuerbeständiges (F 90) Dach angeschlossen werden. So wird ausgeschlossen, dass ein Brandüberschlag im Dach auf den benachbarten Brandabschnitt stattfinden kann (Fachkommission Bauaufsicht der Bauministerkonferenz, 2014 und 2016). Eine über Dach geführte Brandwand ist von außen gut zu erkennen:

5 Konstruktionen

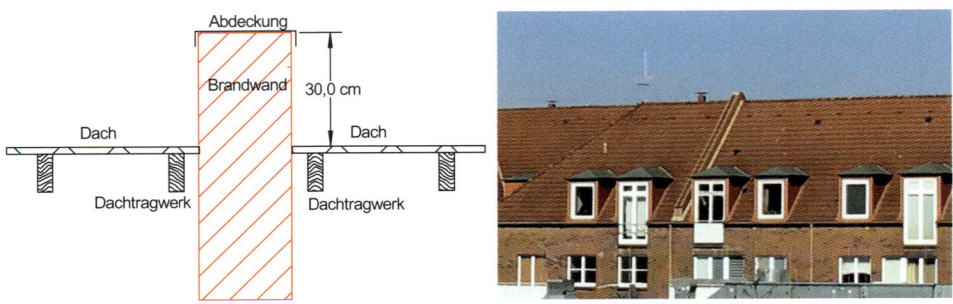

Bild 57: *Über Dach geführte Brandwand als Skizze und an einem Wohngebäude*

Brandwände, die an feuerbeständige Bauteile angeschlossen sind, können nur von unten oder aber durch den Wechsel in der Eindeckung erkannt werden.

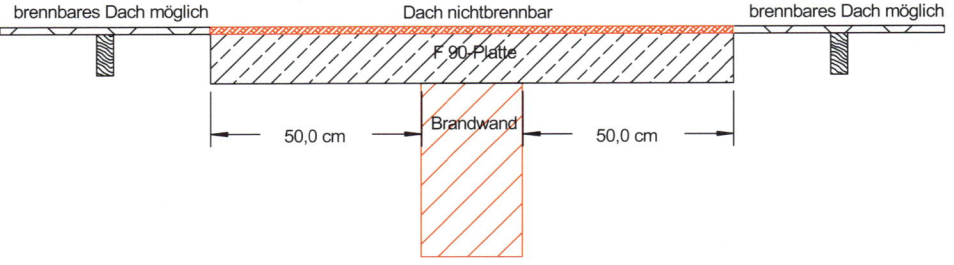

Bild 58: *Skizze einer Brandwand mit F 90-Platte im Dachbereich*

Bild 59: **Dach eines Produktionsgebäudes mit über Dach geführter Brandwand (blauer Pfeil) und einer zweiten Brandwand mit F 90-Platte und nichtbrennbarer Kiesabdeckung (gelber Pfeil)**

5.8 Brandwände

Manchmal werden Gebäudeabschluss- oder Gebäudetrennwände im Eckbereich von Gebäuden angeordnet. In solchen Innenecken besteht die Gefahr eines Brandüberschlages, wenn sich dort Fenster befinden. Schlagen die Flammen eines Brandes aus einem Fenster, können sie das Fenster im benachbarten Brandabschnitt zerstören und so eine Brandausbreitung in den anderen Brandabschnitt verursachen.

Um einen solchen Brandüberschlag sicher zu verhindern, sehen die MBO (Fachkommission Bauaufsicht der Bauministerkonferenz, 2016) und inzwischen auch alle Landesbauordnungen einen »Brandüberschlagsweg« von mindestens 5 m vor, in dem Außenwände in Innenecken als F 90-Wände weitergeführt werden müssen.

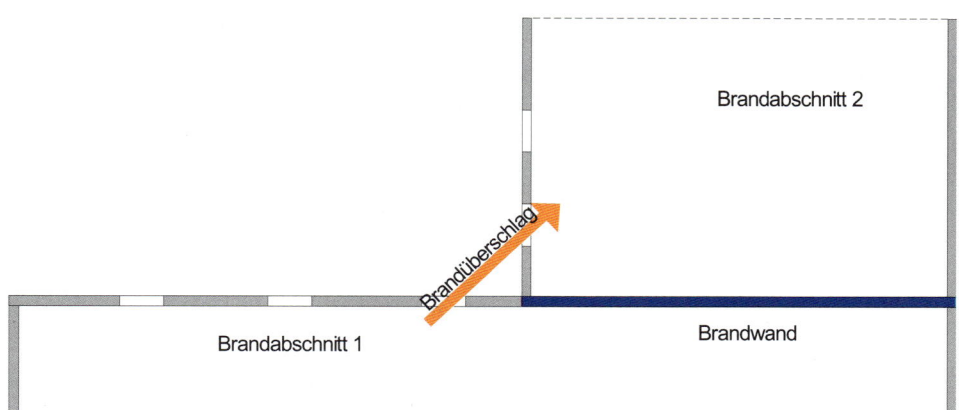

Bild 60: *Möglicher Brandüberschlag über Fenster in der Innenecke*

5 Konstruktionen

Für die konkrete Ausführung gibt es mehrere Möglichkeiten: Der komplette Verschluss einer Außenwand kann sowohl in Verlängerung als auch über Eck der Brandwand erfolgen. Sind auf beiden Seiten der Brandwand Fenster gewünscht, darf der verschlossene Bereich auch diagonal ermittelt werden.

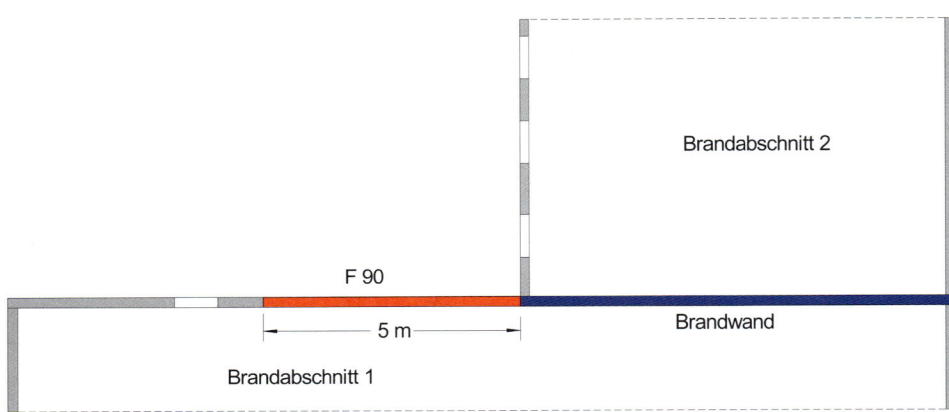

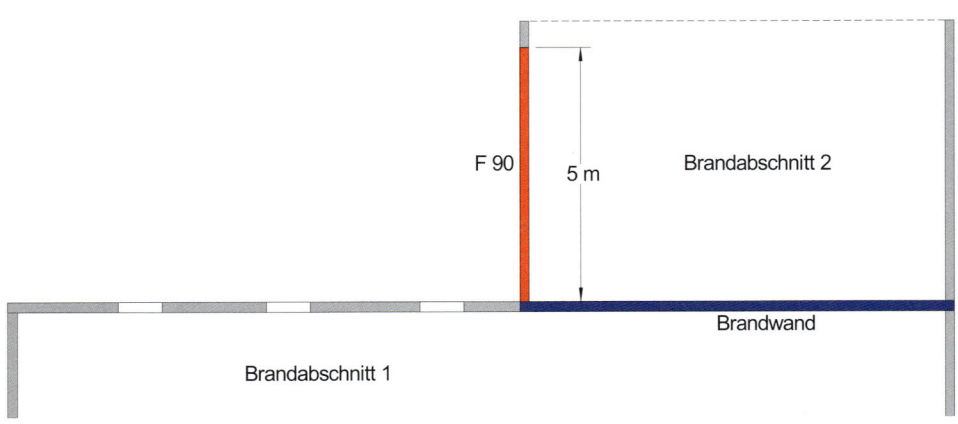

Bild 61: *Möglichkeit 1 – Verschluss einer Außenwand auf 5 m (in beiden Brandabschnitten möglich)*

5.8 Brandwände

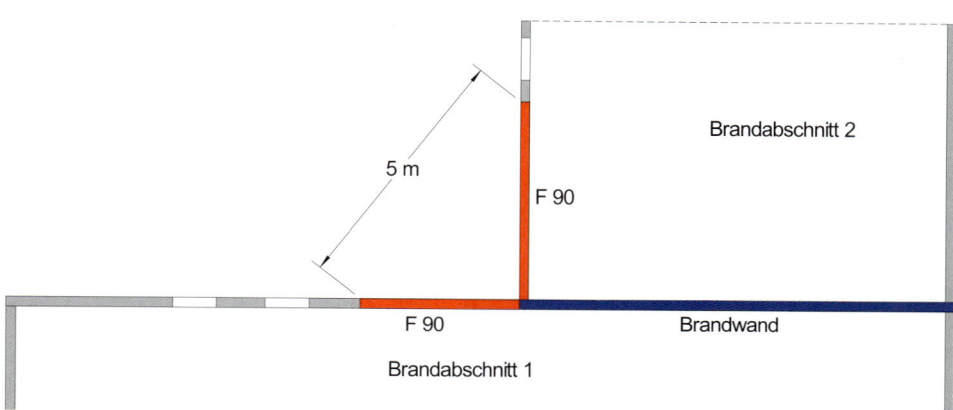

Bild 62: *Möglichkeit 2 – Sicherstellung des 5 m-Brandüberschlagsweges in der Diagonalen*

Die einfachste Möglichkeit ist jedoch das Herausrücken der Brandwand aus der Innenecke des Gebäudes heraus. Dann können in beiden Außenwänden Fenster angeordnet werden.

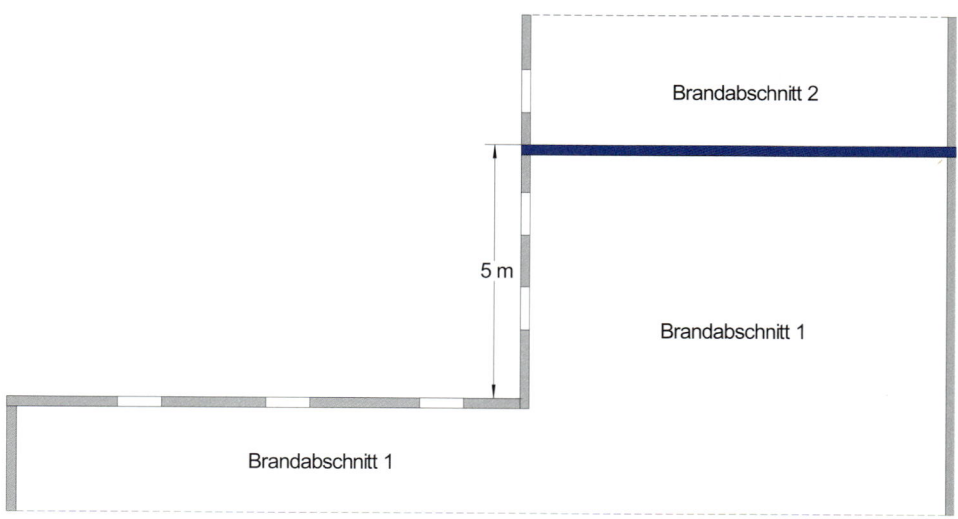

Bild 63: *Möglichkeit 3 – Verlegung der Wand aus der Innenecke heraus*

5 Konstruktionen

Bei einem Winkel von mehr als 120° in der Innenecke muss nicht mehr von einem Brandüberschlag ausgegangen werden:

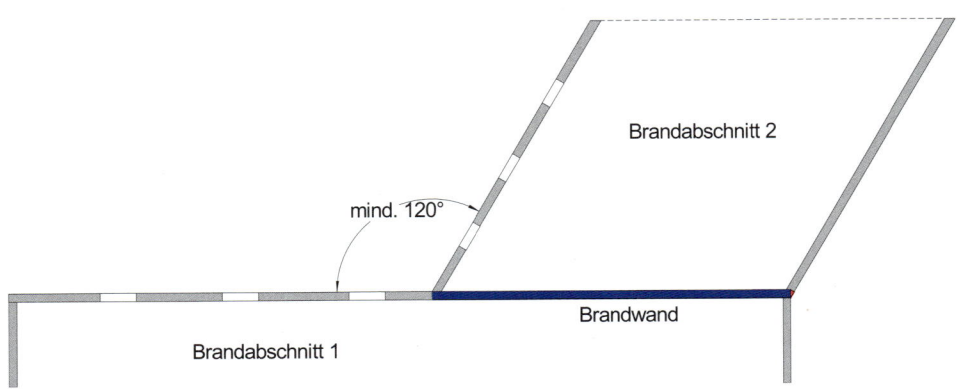

Bild 64: *Innenecke mit Winkel > 120° ohne Brandüberschlagsgefahr*

Gebäudeabschluss- und Gebäudetrennwände müssen nur in Gebäudeklasse 5 (siehe Kapitel 2.3) tatsächlich als Brandwand (also in F 90-A mit Nachweis einer Stoßbelastung) ausgeführt werden. In den Gebäudeklassen 1-4 dürfen die Wände auch weniger Feuerwiderstand aufweisen:

- Gebäudeklasse 4: F 60-A mit Nachweis der Stoßbelastung
- Gebäudeklasse 1-3 entweder
  - F 60-A (ohne Stoßbelastung) oder
  - F 30-A von innen nach außen und F 90-A von außen nach innen.

Diese Wände werden im Baurecht auch als Brandwände bezeichnet, auch wenn sie die Anforderung nach DIN 4102-3 überhaupt nicht erfüllen.

5.9 Außenwände und Fassaden

Außenwände und Fassaden dienen dazu, Wettereinflüsse aus dem Gebäude fernzuhalten. Während sich in alten Gebäuden schlichte, ungedämmte Steinmauern oder Fachwerke als Außenwände finden, handelt es sich bei heutigen Außenwänden oft um mehrschichtige, hoch gedämmte Bauteile.

5.9 Außenwände und Fassaden

5.9.1 Fassaden: Einfluss auf Brandereignisse

Fassaden sind für die Feuerwehr oft ein Hindernis, wenn es darum geht, genügend Wasser zum Brand zu bekommen. Daher kann ein detailliertes Wissen über mögliche Fassadenaufbauten helfen, den Löschangriff zu verbessern und die berühmt-berüchtigte »Fassadenwäsche« zu vermeiden.

Stark gedämmte Fassaden und Fassaden aus mehreren geschichteten Werkstoffen erhalten nicht nur hervorragend die Wärme im Gebäude, sondern sind auch besonders luftdicht. Das führt dazu, dass die Häuser nur noch wenig Heizenergie benötigen (Niedrigenergiehäuser/Passivhäuser). Stark gedämmte Häuser haben daher oft Lüftungsanlagen mit Wärmerückgewinnung, damit Lüftungswärmeverluste reduziert werden und trotzdem ein angenehmes Raumklima herrscht. Brände innerhalb solcher Außenwände sind aufgrund der großen Wanddicken von 30-45 cm oft nur schwer zu lokalisieren und nur durch großflächige und rasche Öffnung des Materials zu bekämpfen.

Achtung:
Bei stark gedämmten Häusern steigt die Gefahr von unterventilierten Bränden und damit auch von Phänomenen der raschen Brandentwicklung. Zudem verfügen solche Gebäude in der Regel über Lüftungsanlagen, die den Rauch innerhalb des Gebäudes verteilen können.

Mehrschichtige Fassaden sind für die Feuerwehr von außen schwierig einzuschätzen und in der Brandbekämpfung aufwändig zu händeln. Zudem versperren brennende Fassaden den Rettungsweg über Feuerwehrleitern. Bei Beteiligung von brennbaren Dämmungen ist mit einer starken Rauchentwicklung zu rechnen.

Merke:
Bei Bränden innerhalb von Fassaden(dämmungen) großflächige Öffnungen schaffen, Kontrolle mit Wärmebildkamera und ggf. Brandwachen/Nachkontrollen organisieren. Der Außenangriff muss mit ausreichend Wasser/Schaum in die Dämmebene vorgetragen werden, zusätzlich können Fognails oder Cobra zum Einbringen von Wasser in die Fassade hilfreich sein.

5 Konstruktionen

5.9.2 Hinterlüftete Fassaden

Hinterlüftete Fassaden haben hinter der sichtbaren Bekleidung, die oft dekorativen Zwecken dient, eine Unterkonstruktion mit einem Luftspalt. Schlagen Flammen in diesen Luftspalt, besteht die Gefahr der Ausbreitung über den Kamineffekt. Der heiße Rauch und die Flammen haben eine geringere Dichte als die Umgebungsluft und steigen daher im Luftspalt nach oben. Dabei wird von unten Frischluft angesogen, was wiederum die Verbrennung beschleunigt und die Flammen vergrößert. Daher kann sich die Flammenlänge von aus dem Fenster schlagenden oder von außen auftretenden Flammen in einem Hinterlüftungsspalt vervielfachen. Zudem kann über heißen Rauch und Flammen eine Brandausbreitung in die darüber liegenden Geschosse auftreten. Daher werden in neueren hinterlüfteten Fassaden Brandsperren aus Blech vorgesehen, die eine Flammenausbreitung unterbinden. Ein Beispiel hierfür findet sich in Kapitel 5.9.4.

Merke:
Tritt ein Kamineffekt auf, muss parallel der ursprüngliche Brand bekämpft werden. Alleinige Löschversuche an oder in der Fassade sind in der Regel nicht zielführend, solange der Ursprungsbrand nicht unter Kontrolle ist.

5.9.3 Nichtbrennbare Fassadenbekleidungen

In den folgenden Abschnitten werden unterschiedliche Arten von Außenwänden und Fassaden vorgestellt.

Merke:
Nichtbrennbare Fassadenbekleidungen können auch vor brennbaren Dämmstoffen angebracht sein.

Metallfassaden
Metallische Fassadenbekleidungen haben den Vorteil einer langen Lebensdauer und werden daher in modernen Gebäuden – vor allem im Industrie- und Gewerbebau – gerne verwendet.
Als Werkstoffe können beispielsweise
- Aluminium,
- Edelstahl,

5.9 Außenwände und Fassaden

- Baubronze,
- Kupfer,
- Titan,
- Blei,
- Zink

sowie diverse weitere Legierungen aus metallischen Werkstoffen verwendet werden.

Grundsätzlich sind zwei verschiedene Konstruktionen möglich: Werden die **Metalle in Plattenform** als Wetterschutz oder dekoratives Element verwendet, sind sie in der Regel als hinterlüftete Konstruktion auf einer Unterkonstruktion montiert. Die eigentliche Abdichtung und Dämmebene befinden sich hinter der Unterkonstruktion. Auch wenn Unterkonstruktion und Fassadenplatten nichtbrennbar sind, kann bei einer solchen Fassade der Kamineffekt auftreten.

Metallplatten in Verbindung mit einer Dämmschicht werden umgangssprachlich auch »**Sandwichelemente**« genannt, da sie wie ein Sandwichbrot die weiche Füllung umschließen. Sie können gleichzeitig zur Abdichtung, Dämmung und Dekoration genutzt werden. Sandwichelemente gibt es mit brennbarer und nichtbrennbarer Dämmung; ein Beispiel findet sich in Kapitel 5.2.2. Sandwichelemente mit brennbarer Dämmung sind im Brandfall ein Problem, wenn die relativ dünne Metallschicht aufgrund von Hitzeeinwirkung die Dämmung freigibt und die Fassade großflächig oder auch durch Schwelen im Inneren am Brandgeschehen teilnimmt.

Bild 65:
Innenansicht der Außenwand einer Halle als Sandwichkonstruktion mit Tragkonstruktion aus Stahlbetonstützen und Stahlriegeln

5 Konstruktionen

Putzfassaden

Ein auf die Außenwand aufgebrachter Putz kann neben dem Wetterschutz auch das Gebäudeklima beeinflussen, da er die Luftfeuchtigkeit regulieren kann.

Putze auf mineralischer Basis haben als Grundstoff entweder Kalk, Gips oder Zement. Mineralische Putze sind nichtbrennbar.

Kunstharz-Putze bestehen, wie der Name schon sagt, aus einem Gemisch aus Wasser, Zuschlagstoffen und Kunstharzen. Kunstharze sind organische Stoffe und damit brennbar. Die Einstufung in die Baustoffklasse hängt vom organischen Anteil ab; viele Kunstharzputze sind als schwerentflammbar klassifiziert.

Wärmedämmputze enthalten Blähton oder andere lufteinschließende Bestandteile und haben durch den verhältnismäßig hohen Luftanteil eine dämmende Wirkung.

Natursteinfassaden

Naturstein ist ein sehr alter Fassadenwerkstoff und wird seit Jahrtausenden eingesetzt, um Fassaden flächig zu verkleiden oder auch mit dekorativen Elementen zu versehen. Neben Sandstein und Granit sind in West- und Süddeutschland auch viele Fassaden mit Schiefer bekleidet.

Bild 66: *Natursteinfassade eines historischen Gebäudes in Hamburg*

Bei Natursteinfassaden muss unter Brandeinwirkung mit Abplatzungen gerechnet werden, die wie Geschosse wirken können. Bei vorgehängten Fassaden können ganze Fassadenteile herabfallen.

5.9 Außenwände und Fassaden

Klinkerfassaden

Klinker und Klinkerriemchen sind vor allem in Norddeutschland eine weit verbreitete Form des Wetterschutzes für Gebäude.

Klinker sind Ziegelsteine, die besonders hart gebrannt sind und somit kaum Wasser aufnehmen. Sie sind frostbeständig. Klinkerfassaden sind sehr wartungsarme, dauerhafte Bauteile (Günter Pfeifer, 2001). Klinkermauerwerk wird als so genanntes Vormauerwerk oder Verblendmauerwerk verwendet, das heißt, vor die Außenwände wird eine zweite »Schicht« aus Klinkermauerwerk gesetzt. Die Zwischenräume können gedämmt sein.

Klinkerriemchen hingegen sind Ziegelstreifen und werden auf eine Wärmedämmschicht geklebt. Sie sehen für den Laien von außen aus wie Mauerwerk und verbinden die Wünsche nach hochgedämmten Fassaden mit klassischem Aussehen. Hier besteht bei der Verwendung von brennbaren Baustoffen als Dämmung die Gefahr eines Schwelbrandes innerhalb der Gebäudehülle (siehe auch Kapitel 5.9.6).

Bild 67: *Klinkerriemchen auf nichtbrennbarer Dämmung, im Geschoss darüber: WDVS*

Fassadenbekleidungen aus Glas

Fassadenplatten aus Glas sind in der Regel auf metallischen Unterkonstruktionen aufgebracht und als hinterlüftete Konstruktion oder Doppelfassade ausgeführt.

Neben dem Risiko eines Kamineffektes besteht die Gefahr des Zerberstens der Glasscheiben unter Hitzeeinwirkung.

5 Konstruktionen

Fassadenbekleidungen aus Faserzementplatten

Faserzementplatten sind landläufig auch unter dem Markennamen Eternit® bekannt, auch wenn es selbstverständlich noch andere Hersteller gibt. Faserzementplatten sind nichtbrennbar, werden aber in Fassaden auch in Kombination mit brennbarer Dämmung verwendet. Sie sind mit vielen unterschiedlichen Oberflächen erhältlich.

Achtung:

Alte Faserzementplatten (von vor 1993) können asbestbelastet sein (Umweltbundesamt, 2014). Bei Bränden mit Asbestverdacht gilt: Eigenschutz und umfassende Dekontamination von Feuerwehrkräften, Kleidung und Gerät in Abstimmung mit einem Asbestsachkundigen. Asbestfasern sind lungengängig und krebserregend.

Faserzementplatten können im Brandfall zerbersten. Dokumentiert sind Flugweiten von bis zu 20 m für einzelne Teile der Platten (feuerwehrleben.de, 2009).

Merke:

Ausreichenden Abstand und Schutz der Einsatzkräfte vor herumfliegenden Splittern gewährleisten!

5.9.4 Brennbare Fassadenbekleidungen

Fassadenbekleidungen aus Holz

Fassadenbekleidungen aus Holz finden sich sowohl in alten als auch in neuen Gebäuden. Meistens handelt es sich bei diesen Bekleidungen um hinterlüftete Konstruktionen, da auch behandeltes Holz ohne Luftumspülung zum Verrotten neigt. Hölzerne Fassadenbekleidungen können zum Beispiel aus Lärche oder Douglasie hergestellt sein. Grundsätzlich sind solche Bekleidungen normalentflammbar (B2) und damit für Gebäude der Gebäudeklasse 4 und 5 nicht zulässig. Mit Hilfe von Flammschutzmitteln können die Holzbekleidungen jedoch auch auf die Baustoffklasse B1 ertüchtigt werden und so für Gebäude über 7 m zugelassen werden.

Neuere Holzfassaden haben in der Regel horizontale Brandsperren aus Stahlblech, um den Kamineffekt einzudämmen. Meistens finden sich diese Bleche in jedem zweiten Geschoss und sind von außen anhand einer überstehenden Aufkantung erkennbar. Alternativ können die Brandsperren auch durch eine Hinterfütterung der Bekleidung mit Steinwolle hergestellt werden. Diese sind dann nicht sichtbar.

5.9 Außenwände und Fassaden

Merke:
Brände in oder an hinterlüfteten Holzfassaden erfordern eine ständige Kontrolle mit der Wärmebildkamera und großflächige Öffnung rund um die betroffenen Bereiche. Geschieht dies nicht, droht eine weitere Ausbreitung über die Fassade.

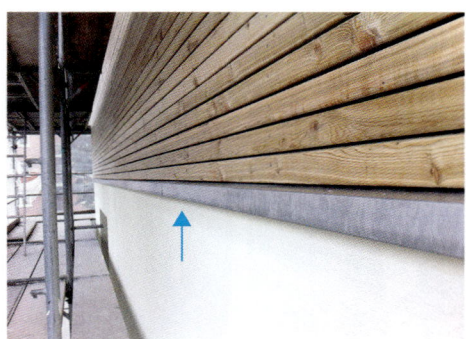 

Bild 68: *Hinterlüftete Holzfassade mit Brandsperre aus Stahlblech (Pfeile). Im linken Bild ist ein bereits verkleideter Bereich zu sehen, im rechten Bild die Unterkonstruktion ohne Bekleidung. Die schwarze Folie ist eine Dampfsperre.*

Fassadenbekleidungen aus Kunststoffen

Fassadenbekleidungen aus Kunststoffen bestehen meistens, wie hinterlüftete Holzfassaden auch, aus einer Unterkonstruktion (brennbar oder nichtbrennbar) mit darauf angebrachten Fassadenelementen in Form von mehr oder weniger großflächigen Platten.

Kunststoffplatten sind in vielfältiger Oberflächengestaltung zu haben. Durchsichtige Platten, Holzoptik, Steinoptik und spiegelnde Flächen sind möglich, so dass man das Material auf den ersten Blick eventuell gar nicht erkennt. Möglich ist es auch, Kunststofffolien als »zweite Haut« in Form einer Doppelfassade (siehe Kapitel 5.9.7) zu verwenden.

Bei der Verwendung von Kunststoff als Fassadenbekleidung ist maximal die Baustoffklasse B1 zu erreichen.

Merke:
Nichtbrennbare Kunststofffassaden gibt es nicht.

5 Konstruktionen

5.9.5 Pfosten-Riegel-Fassaden

Pfosten-Riegel-Fassaden ermöglichen großflächige Verglasungen und werden vor allem für Bürogebäude und bei repräsentativen Bauten eingesetzt.

Diese Fassaden bestehen aus senkrechten Pfosten, die in meist regelmäßigen Abständen Riegel als Querverbindungen haben. In den daraus entstehenden Fassadenfeldern befinden sich Fenster oder auch undurchsichtige Fassadenelemente.

Bild 69: *Details einer Pfosten-Riegel-Fassade aus Aluminium (von innen fotografiert)*

Als Werkstoff für die Profile solcher Fassaden werden vor allem nichtrostender Stahl und Aluminium verwendet, aus denen rechteckige, hohle Profile gefertigt werden. Die Profile, aus denen Pfosten und Riegel bestehen, können innen gedämmt sein. Möglich sind aber auch Profile aus Holz. Da Pfosten-Riegel-Fassaden nur sich selbst, aber keine weiteren Lasten des Gebäudes tragen, gelten sie als »nicht tragende Bauteile«. Damit müssen sie nicht für eine Brandbelastung mit Feuerwiderstand ausgelegt werden wie zum Beispiel eine tragende Stütze. Für das Brandverhalten einer Pfosten-Riegel-Fassade ist somit nur das Material der Profile maßgeblich.

Zu den Versagenskriterien eines ungeschützten Stahlprofiles gelten die Ausführungen in Kapitel 4.1 – je schlanker das Profil, je dünner die Wandstärke, desto schneller erfolgen Durchwärmung und Versagen. Wie in Kapitel 3.3 beschrieben, hat Aluminium einen Schmelzpunkt von ca. 660°C, eine Temperatur, die bei einem voll entwickelten Zimmerbrand binnen weniger Minuten erreicht ist, so dass nicht nur mit

5.9 Außenwände und Fassaden

Versagen, sondern auch mit Sekundärbränden durch abtropfendes, heißes Metall gerechnet werden muss.

Achtung:
Beim Versagen eines Pfostens oder Riegels durch Brandeinwirkung muss mit dem Absturz großer Fassadenteile gerechnet werden. Trümmerschatten beachten, ausreichend Abstand halten.

5.9.6 Wärmedämmverbundsysteme

Brennbare Wärmedämmverbundsysteme (WDVS) sind aufgrund mehrerer schwerer Brandereignisse als Risiko für den Brandfall bekannt geworden.

WDVS werden nicht nur bei Neubauten, sondern auch bei energetischen Sanierungen verwendet. Sie bestehen aus einer auf der Außenwand angebrachten Dämmschicht, deren Dicke mehr als 15 cm betragen kann sowie einer darauf aufgebrachten Putzschicht oder Klinkerriemchen. Die Dämmung kann beispielsweise aus

- Polystyrol,
- Holzfaserdämmplatten,
- Steinwolle oder Glaswolle (nichtbrennbar)

bestehen (Gesamtverband der deutschen Versicherungswirtschaft e.V. (GDV), 2015).

Bild 70: *Fassade mit verputztem Wärmedämmverbundsystem. Von außen ist nicht erkennbar, ob die Dämmung darunter brennbar oder nichtbrennbar ist (in diesem Fall nichtbrennbar).*

5 Konstruktionen

Merke:
Bei einer nichtbrennbaren Dämmschicht stellen WDVS kein Problem im Brandfall dar. Lediglich der Wärmestau hinter der Konstruktion kann eine Öffnung erforderlich machen.

WDVS mit brennbaren Dämmstoffen sind je nach verwendeter Dämmung entweder als normal- (B2) oder schwerentflammbar (B1) klassifiziert. Schwerentflammbar bedeutet jedoch nur, dass ein Baustoff einer Entzündung durch einen Kleinbrand für kurze Zeit widerstehen kann. Den Flammen eines voll entwickelten Zimmer- oder Mülltonnenbrandes leistet eine solche Fassade bei ungünstigen Bedingungen jedoch kaum Widerstand.

Bei einem Mülltonnenbrand 2013 in einem Hamburger Innenhof breitete sich das Feuer über die WDVS-Hoffassade in das Gebäude aus. Neun Menschen mussten über Drehleitern gerettet werden, es gab acht Verletzte (Fengler, 2013). Eine ausführliche Erläuterung zur Bedeutung von »schwerentflammbar« als Baustoffklasse findet sich in Kapitel 2.1.3.

In den vergangenen Jahrzehnten wurden aufgrund dieser schweren Brandereignisse die Anforderungen an brennbare WDVS weiter heraufgesetzt. So müssen inzwischen so genannte »Brandriegel« aus nichtbrennbaren Baustoffen eingesetzt werden:
- über einer brennbaren Sockeldämmung,
- oberhalb des Erdgeschosses,
- umlaufend alle zwei Geschosse und
- an der Attikakante zum Dach.

Alternativ zu den umlaufenden Brandriegeln können auch die Fenster einzeln am Sturz und den Seiten Brandriegel erhalten; diese Variante wird aus Kostengründen jedoch selten umgesetzt. Brandriegel haben üblicherweise eine Breite von 20 cm und bestehen aus Steinwolle; aber auch diese behindern eine Brandausbreitung nur.

Achtung:
Ältere Wärmedämmverbundsysteme haben zum Teil keine Brandriegel.

In Duisburg brannte 2016 ein Zimmer im Erdgeschoss eines Mehrfamilienhauses. Die bereits ältere, gedämmte Fassade war mit einem WDVS ohne Brandriegel versehen, was zum Zeitpunkt der Errichtung noch zulässig war. Der Brand breitete sich über die Fassade bis in das Dachgeschoss aus, wo drei Menschen infolge des Brandes verstarben (Ernst, 2016).

5.9 Außenwände und Fassaden

Merke:
Bei Bränden unter Beteiligung von WDVS ist ein aggressiver und umfassender Löschangriff mit ausreichend Wasser unter Öffnung der Putzschicht, je nach Dämmstoff auch mit Schaum, erforderlich.

5.9.7 Doppelfassaden

Im Gegensatz zu hinterlüfteten Fassaden, die einen Spalt von wenigen Millimetern bis hin zu Zentimetern haben, sind Doppelfassaden eine Kombination aus zwei eigenständigen Hüllen, zwischen denen ein eigenes Mikroklima herrscht. Oft werden solche Fassaden aus Schallschutzgründen und aufgrund von Energiesparaspekten geplant. Doppelfassaden sind in der Regel luftdurchströmt und können wenige Fenster bis hin zum gesamten Gebäude einhüllen. Diese Fassadentypen werden unterschieden in Kastenfassaden (einzelne Elemente vor den Fenstern), Vorhangfassaden (komplette Fassade vorgehängt), Korridorfassade (Ausführung als begehbarer Korridor) oder Schachtfassade (vertikale Schächte innerhalb der Fassade).

Bild 71: *Hochhaus mit einer Doppelfassade in Form einer Kastenfassade. Die äußeren Verglasungen der Kästen sind nicht öffenbar.*

5 Konstruktionen

Die meisten Doppelfassaden bestehen aus Glaselementen; einige Fassaden sind jedoch auch mit Kunststoffhüllen versehen.

Oft sind bei Doppelfassaden Fenster zur Belüftung in der inneren Hülle vorhanden. Die in der äußeren Hülle zirkulierende Luft kann somit zur Raumlüftung genutzt werden, wohingegen die direkte Schallübertragung reduziert wird. Innerhalb der Zwischenräume kann zudem ein Sonnenschutz in Form von Lamellen oder Jalousien untergebracht sein.

Bild 72: *Doppelfassade vor einem Bürogebäude; unten und oben zu sehen sind die Öffnungen für die Belüftung (Foto: Matthias Friedrich, HafenCity Universität)*

Jede Doppelfassade wird individuell für das entsprechende Gebäude geplant. Daher lässt sich das Brandverhalten solcher Fassaden nicht generell voraussagen. Grundsätzlich kann bei moderneren Fassaden davon ausgegangen werden, dass Maßnahmen gegen die Brand- und Rauchausbreitung getroffen werden. Dies können zum Beispiel sein:

- Verwendung nichtbrennbarer Baustoffe,
- Brandsperren aus Blech oder Mineralwolle,
- Gitter zur Störung von Flammenausbreitung,

- Fassadensprinklerung oder verdichteter Sprinklerschutz vor den Fenstern,
- Brüstungen oder Kragplatten zur Verhinderung der Brandausbreitung.

Praxis-Tipp:
Objekte mit Doppelfassaden sollten zur Einsatzvorbereitung besichtigt werden. Gegebenenfalls ist ein Einsatzplan mit Auflistung der Befestigungspunkte und Zugänglichkeiten hilfreich.

5.10 Brand- und Rauchschutztüren/-tore (Feuerschutzabschlüsse)

Jede Wand oder Decke mit Feuerwiderstand hält nur so lange wie die schwächste Stelle – und dies sind in der Regel die Öffnungen. Neben Durchführungen für die Haustechnik sind Türöffnungen dementsprechend eine wesentliche Schwachstelle in jedem Bauteil mit Feuerwiderstand, wenn sie nicht fachgerecht verschlossen werden.

Brandschutztüren und -tore heißen im Normendeutsch »Feuerschutzabschlüsse«. Die Prüfungen für diese Türen sind in Deutschland in der DIN 4102-5, in Europa in der DIN EN 1634-1 geregelt. Brandschutztüren und -tore gibt es in den gleichen Feuerwiderstandsklassen wie Wände und Decken; sie werden in Deutschland mit dem Buchstaben »T« bezeichnet, also T 30, T 60 usw.

Brandschutztüren gibt es in vielerlei Ausführungen, zum Beispiel:
- aus Holz,
- aus Stahl,
- als Glastür mit Holz- oder Stahlrahmen.

Den Feuerwiderstand generieren diese Türen entweder über einen definierten Abbrand (Holz) oder über eine gedämmte Konstruktion z. B. aus Stahlblech mit Gipskarton- oder Mineralwolleinlage. Zur Funktionsweise von Türen mit Verglasungen siehe Kapitel 5.13.

Das Prüfverfahren für Brandschutztüren und -tore sieht eine Brandprüfung nach ETK (siehe Kapitel 2.2.1) sowie einen Dauerfunktionstest mit 200.000 Öffnungen vor. Die Türen werden im eingebauten Zustand mit Zarge, Schloss und Beschlägen geprüft. Im Brandfall halten fachgerecht eingebaute und geschlossene Türen einen Brand daher genauso auf wie die umliegenden Wände.

5 Konstruktionen

Bild 73: *T 30-RS-Tür mit verglastem Seitenteil (F 30-Verglasung) an einem Treppenraum*

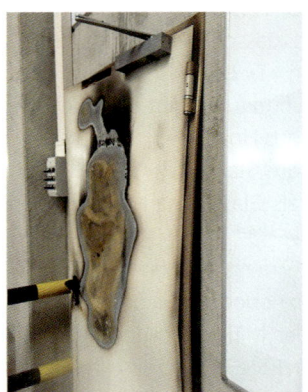

Bild 74: *T 90-Brandschutztür in einem kunststoffverarbeitenden Betrieb nach mehrstündigem Vollbrand und Kühlung mit Löschwasser. Links: Frontalansicht, rechts: seitliche Ansicht mit verzogener Zarge. Die Tür hat trotz der hohen Brandbelastung weder nennenswert Rauch noch Feuer »durchgelassen«. Fotos: Feuerwehr Hörselgau*

5.10 Brand- und Rauchschutztüren/-tore (Feuerschutzabschlüsse)

Bild 75: *Brandzugwandte Seite einer T 30-Tür nach ca. 60 Minuten Vollbrand. Die Korrosion (Rost) ist erst während des Brandes durch die Rauchbestandteile entstanden. Der Durchtritt des Brandes wurde durch die Tür verhindert.*

Brandschutztore werden überwiegend in Garagen und Industriebauten verwendet und bestehen meistens aus Stahl mit innenliegender Mineralwolldämmung. Auch hier gibt es viele unterschiedlichen Ausführungen, zum Beispiel:
- Rolltore,
- Schiebetore,
- Sektionaltore oder
- Segmenttore.

Bild 76: *T 90-Schiebetor mit Schlupftür*

5 Konstruktionen

Ein Sonderfall sind Rauchschutztüren (Abkürzung RS). Sie werden nach einer eigenen Norm, der DIN 18095-1, geprüft, weil sie keinen definierten Feuerwiderstand haben müssen. Rauchschutztüren müssen folgende Anforderungen erfüllen:
- Leckrate maximal 20 m³/h bei einflügeligen Türen,
- Leckrate maximal 30 m³/h bei zweiflügeligen Türen,
- Prüfung mit kalter und 200°C heißer Luft und einem Druck von 50 Pa (DIN-Normenausschuss Bauwesen (NABau), 1988).

Bei einem Entstehungsbrand kann eine einflügelige Tür also in den ersten 10 Minuten bis zum Eintreffen der Feuerwehr mehr als 3 m³ Rauch »durchlassen«, so dass auch auf der brandabgewandten Seite der Tür eine erhebliche Sicht- und Atembehinderung auftreten kann.

Merke:
Rauchschutztüren sind nicht vollständig rauchdicht.

Die Rauchschutz-Funktion kann mit einem Feuerwiderstand kombiniert werden; in diesem Fall müssen die Türen oder Tore allerdings beide Prüfverfahren durchlaufen. Solche Abschlüsse werden dann beispielsweise als T 30-RS-Türen/-Tore benannt.

Brand- und Rauchschutztüren erkennt man am Typenschild in der Türfalz (neuere Türen) oder auf dem Türblatt (ältere Türen).

Bild 77: *Typenschild einer T 30-RS-Tür in der Türfalz*

5.10 Brand- und Rauchschutztüren/-tore (Feuerschutzabschlüsse)

Merke:
Brand- und Rauchschutztüren können beim Löschangriff nur in geschlossener Form ihre Funktion wahren. Im ungünstigsten Fall lassen sich einmal geöffnete Türen aufgrund von Verformungen nicht mehr schließen. Zugangswege müssen daher sorgfältig gewählt werden.

Ein nicht fachgerechter Einbau kann die gewünschte Funktion einer Brandschutztür oder eines Tores genauso behindern wie ein Keil unter der Tür. Wird dies bei der Erkundung während eines Brandereignisses rechtzeitig bemerkt, kann eine entsprechende Riegelstellung zum Schutz der Öffnung aufgebaut werden. Häufige Bau- und Betriebsmängel sind:

- Nicht verfüllte Zargen: Die meisten Zargen von Brandschutztüren müssen vermörtelt werden; es gibt nur einige wenige Modelle, bei denen eine Hinterlegung mit Steinwolle ausreichend ist. Hohle Zargen versagen deutlich schneller als verfüllte.
- Entfernte, nicht genutzte oder freiliegende Befestigungen: Die meisten Zargen müssen an den Umfassungsbauteilen mit Ankern oder Verschraubungen befestigt werden. Fehlen diese Befestigungen, ist mit erheblichen Verformungen der Zarge und damit dem Versagen der Tür zu rechnen.
- Aufkeilen, Festbinden oder Feststellen: Eine offene Tür kann keinen Brand abhalten. Bei Rauchschutztüren kann ein Keil die Bodendichtung dauerhaft beschädigen.
- Nachträgliche Veränderungen wie Bohrungen, Stangen, Luken und Lüftungsschlitze: Diese schwächen das Türblatt oder die Zarge.

In hoch frequentierten Verkehrswegen besteht die Möglichkeit, Feststellanlagen einzubauen, damit die Türen/Tore nicht dauerhaft verkeilt werden. Diese Feststellanlagen verfügen über einen Haftmagneten, der im Brandfall über eigene Rauchmelder ausgelöst wird und so die Tür verschließt.

5 Konstruktionen

Bild 78: *T 30-RS-Tür mit verglastem Seitenteil, Feststellanlage und Wandtasche zur wandbündigen Unterbringung. Die Auslösung erfolgt per Hand (roter Taster an der Wand) oder über einen im Türsturz integrierten Rauchmelder*

5.11 Brand- und Rauchschutzvorhänge

In den letzten 20 Jahren kamen von verschiedenen Herstellern Vorhänge mit Brand- und Rauchschutzfunktion auf den Markt. Diese können Türen oder Tore mit Feuerwiderstand oder Rauchschutz ersetzen. Sie werden oft an repräsentativen Stellen ausgewählt, an denen Türen oder Tore mit Feststellanlagen aus optischen Gründen nicht gewünscht sind, zum Beispiel:

- in Atrien,
- zur Abtrennung von Empfangsbereichen von Rettungswegen oder
- in Gebäudeecken mit Brandwänden, in denen keine geschlossenen Außenwände gewünscht sind.

In Industriegebäuden werden die Vorhänge auch als mobile Rauchschürzen eingesetzt, die im Brandfall unter der Decke den Luftraum in mehrere Rauchabschnitte unterteilen.

Diese Vorhänge bestehen aus einem Stoff auf Glasfaserbasis und sind nichtbrennbar. Die Brandprüfungen und -einstufungen erfolgen ausschließlich auf Basis der europäischen Normen, weil die DIN 4102-5 eine Prüfung als Tür nicht zulässt, wenn es sich um einen Vorhang handelt. Der Nachweis von Rauchschutz gelingt mit Hilfe von Dichtschienen an den Seiten und an der Unterseite. Die Vorhänge werden normalerweise gerollt innerhalb von Unterdecken oder Sichtblenden angebracht und durch Auslösung über Rauchmelder heruntergefahren.

Da die Stoffe recht dünn im Vergleich zu einer Tür oder einem Tor sind, kann der Durchtritt von Wärme nicht so gut verhindert werden.

5.11 Brand- und Rauchschutzvorhänge

Bild 79: *Rauchschutzvorhänge im Atrium einer Schule. In der Ecke fehlt eine Führungsschiene zum rauchdichten Abschluss*

Viele dieser Vorhänge erreichen daher eine europäische Klassifizierung als »E 30« oder »E 60« bzw. »EW 30« oder »EW 60«, also den Raumabschluss über 30 oder 60 Minuten, beim Zusatz W mit Begrenzung des Strahlungsdurchtrittes. Einige wenige Produkte erreichen die europäische Bauteilklasse EI_1 30. Eine nach DIN 4102-5 geprüfte feuerhemmende Brandschutztür entspricht hingegen der europäischen Feuerwiderstandsklasse EI_2 30, was einer deutlich besseren Isolation gegen Wärmedurchgang entspricht. Zu den genauen Benennungen der europäischen Bauteilklassen siehe Kapitel 2.1.6.

Daher behilft man sich bei Brandschutzvorhängen, die auch isolierend wirken sollen, mit Mindestabständen zu brennbaren Stoffen, einer intumeszierenden Füllung, die als Isolierschicht dient oder aber mit der Forderung nach einem verdichteten Sprinklerschutz zur Kühlung des Vorhanges.

Aus Sicht der Feuerwehr haben Brand- und Rauchschutzvorhänge mehrere Nachteile im Vergleich zu Türen oder Toren:

- Sie sind nach dem Schließen in der Regel von Hand nicht mehr zu öffnen, wie es bei einer Tür der Fall ist. Damit können Zugangswege verlängert werden. Ist ein Durchgang unbedingt erforderlich, müssen die Vorhänge zerschnitten werden und verlieren damit ihren Raumabschluss.
- Durch das weiche Gewebe sind mechanische Beschädigungen durch den Brand oder den Einsatzablauf wahrscheinlicher als bei Türen oder Toren.
- Die Brand- und Rauchschutzfunktionen sind für Druckdifferenzen nicht geprüft. Beim Einsatz von Lüftern, laufenden Druckbelüftungsanlagen oder bei Windzug durch Entrauchung können daher Bewegungen und Undichtigkeiten auftreten.
- Weiche Vorhänge werden bei schlechter Sicht nicht als »festes« Hindernis erkannt.
- Die Wärmestrahlung wird von den meisten Brandschutzvorhängen nicht in gleichem Maße abgehalten wie bei Türen oder Wänden mit Feuerwiderstand. Werden die oben beschriebenen Zusatzmaßnahmen nicht eingehalten, kann es zu einer Brandübertragung kommen.

5.12 Bedachungen

Dächer sind der obere Abschluss eines Gebäudes gegen Wind und Wetter. Sie sind aus zweierlei Gründen für die Feuerwehr ein wichtiges Thema: Brennt ein Nachbargebäude, müssen Dächer die Brandübertragung verhindern. Brennt es unter einem Dach, muss man so schnell wie möglich an den Brand herankommen – und das, obwohl Dächer wie auch Fassaden extra dafür gebaut sind, Wasser aus dem Gebäude fernzuhalten. Aus diesen Gründen ist eine Grundkenntnis über Dächer und ihre Aufbauten für die Feuerwehr unerlässlich. Zu den Aufbauten von Dachtragkonstruktionen aus Stahl und Holz siehe Kapitel 5.2.1 und 5.4.

5.12.1 Dachformen

In Deutschland gibt es zahlreiche Dachformen. Die präferierten Dachformen unterscheiden sich regional und sind von äußeren Gegebenheiten wie Windstärke, Schneemenge und natürlich auch traditionellen Baustilen und architektonischem Geschmack abhängig.

5.12 Bedachungen

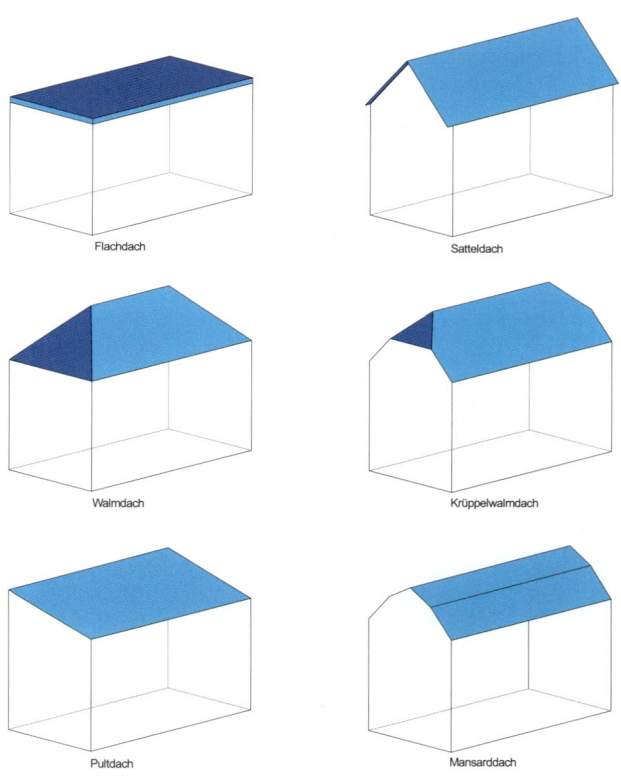

Bild 80: *Übersicht der wichtigsten Dachformen*

Wichtige Bestandteile des Daches sind Ortgang, First, Giebel und Traufe.

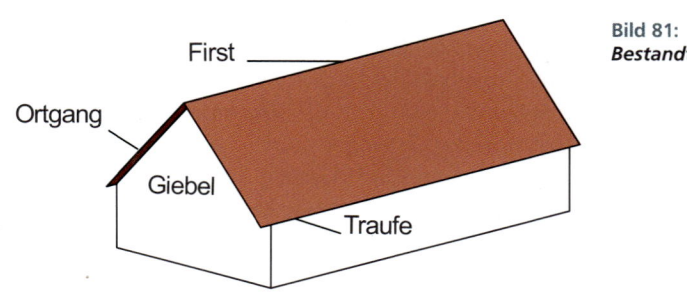

Bild 81: *Wesentliche Bestandteile des Daches*

5 Konstruktionen

Der First ist die Stelle, an der sich die geneigten Dachflächen treffen. Der Giebel oder die Giebelwand ist die senkrechte Außenwand, auf der die Dachflächen aufliegen. Als Ortgang bezeichnet man den vorderen Abschluss des Daches am Giebel. Die Traufe oder auch Traufkante ist der untere Abschluss des Daches.

In den Dachflächen können sich Fenster befinden, die bündig mit der Dachhaut als Dachflächenfenster eingebaut sind.

Die Alternative hierzu ist ein herausgezogener Dachteil, in dem senkrechte Fenster angeordnet sind: die Gaube.

Bild 82: *Gebäude mit unterschiedlichen Gauben und Dachflächenfenstern*

5.12.2 Dachaufbauten

Grundsätzlich sind alle (modernen) Dächer in ähnlicher Weise aufgebaut. Fast alle Dächer bestehen aus einer Tragkonstruktion, verfügen über eine Dampfsperre gegen eindringende Feuchtigkeit und haben eine äußere Dachhaut/Abdichtung. Zum Aufbau einiger hölzerner Dachtragwerke siehe auch Kapitel 5.4.

Die meisten Dächer sind darüber hinaus gedämmt. Die Lage von Dämmung und Dampfsperre können innerhalb des Daches variieren. Liegt die Dämmung direkt an der Dachhaut/Abdichtung, nennt man das **Warmdach,** da die Dämmung die gesamte auf das Dach einwirkende Wärme aufnehmen und abhalten muss. Durch die direkte Verbindung muss dieses Dach feuchtigkeitsdicht sein, da einmal eingedrungene oder entstandene Nässe (z. B. Kondenswasser) nicht wieder aus der Dämmung abgeführt werden kann. Die meisten Niedrigenergie- und Passivhäuser haben heutzutage Warmdächer.

5.12 Bedachungen

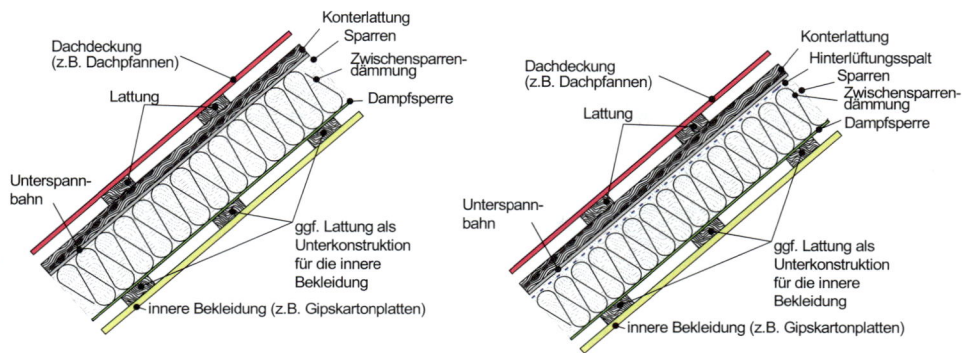

Bild 83: *Schematischer Aufbau eines geneigten Sparrendaches ohne Hinterlüftung als Warmdach (links) und mit Hinterlüftung als Kaltdach (rechts)*

Befindet sich zwischen Dachhaut und Dämmschicht eine Belüftungsebene, nennt man diesen Aufbau **Kaltdach**. Durch diese Belüftungsebene kann eventuell eingedrungene Feuchtigkeit abgeführt werden.

Moderne Flachdächer werden im Gegensatz zu diesen Dachaufbauten oft aus energetischen Gründen als **Umkehrdach** gestaltet. Dies bedeutet, dass die Wärmedämmung auf der Dachhaut/Abdichtung liegt und somit gegebenenfalls sogar »im Wasser steht«. Diese Dächer können auch als begrünte Dächer gestaltet sein.

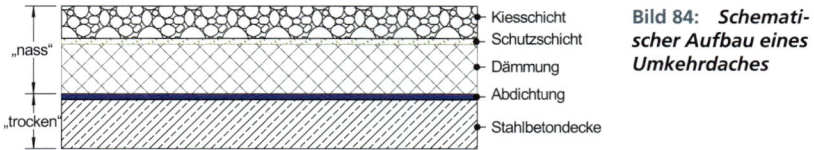

Bild 84: *Schematischer Aufbau eines Umkehrdaches*

5.12.3 Harte Bedachungen

Eine harte Bedachung hat nichts mit der tatsächlichen Festigkeit eines Daches zu tun, vielmehr definiert die MBO den Begriff als ausreichend lange Widerstandsfähigkeit gegen Brandbeanspruchung von außen durch Flugfeuer und strahlende Wärme (Fachkommission Bauaufsicht der Bauministerkonferenz, 2016). Geprüft wird diese Anforderung nach der DIN 4102-7, indem man auf die Bedachung einen mit brennender Holzwolle gefüllten Korb stellt und so die Entflammbarkeit des Daches prüft (DIN-Normenausschuss Bauwesen (NABau), 2018). Die Prüfung erfolgt grundsätzlich mit einem praxisgleichen Aufbau, das bedeutet, mit allen erforderlichen Schichten. Das europäische Prüfverfahren ist nahezu identisch.

Merke:
Harte Bedachungen können sowohl eine weiche als auch eine brennbare Oberfläche haben, solange der Dachaufbau die Brandprüfung besteht.

Dachziegel und Dachsteine

Dachziegel sind Bauteile aus gebranntem und eventuell oberflächenbehandeltem Ton, die auf geneigten Dächern verwendet werden. Dachsteine bestehen aus Beton, können aber ähnlich verwendet werden wie Dachziegel.

Dachziegel und Dachsteine gibt es in verschiedenen Formen und Farben. Viele Dachziegel/Dachsteine haben Wölbungen, in denen sich der jeweils benachbarte Ziegel einlegen lässt. So halten sich die Dachziegel gegenseitig.

Bild 85: *Betondachstein, rechts die Nut zum Auflegen für den benachbarten Stein*

Beide Eindeckungen erfordern eine Unterkonstruktion (meist aus Dachlatten), auf denen die Dachziegel bzw. Dachsteine reihenweise verlegt und befestigt werden. Je

5.12 Bedachungen

nach Windbelastung des Daches und Form werden die Dachziegel/Dachsteine in loser Auflage verlegt, verschraubt, vernagelt, mit Draht (Sturmklammern) oder in einem Mörtelbett gehalten.

Bild 86: *Befestigung von Dachpfannen aus Ton mit Draht (Ansicht von der Dachinnenseite)*

Unterhalb der Eindeckung wurden früher zur Verbesserung der Schneedichtigkeit Pappdocken (bituminös getränkte Pappe) eingebaut, die im Brandfall viel Rauch entwickeln und brennend abtropfen können. Heute kommen hierfür eher Folienbahnen zum Einsatz.

Dachziegel und Dachsteine werden in der Regel von der Traufe Richtung First eingedeckt.

Für First und Ortgang sowie die Halterung von Tritten gibt es spezielle Dachpfannen und -steine.

5 Konstruktionen

Bild 87: *Firstpfanne und Ortgangpfannen aus Ton*

Merke:

Beim Öffnen eines Ziegeldaches (zum Beispiel bei einem Dachstuhlbrand) vom First aus nach unten arbeiten.

Metallische Eindeckungen

Metallische Eindeckungen bestehen aus Blechen auf einer Unterkonstruktion. Die Bleche können zum Beispiel aus

- Zink,
- Kupfer,
- Blei,
- Titan,
- Baubronze,
- Aluminium oder
- Stahl

bestehen.

5.12 Bedachungen

Auch Sandwichkonstruktionen in Form von großen Plattendächern sind möglich. Diese bestehen in der Regel aus Stahl(trapez)blechen mit brennbarer oder nichtbrennbarer Dämmung nach den Anforderungen aus der Gebäudeart (siehe auch Kapitel 5.2.2). Die Befestigungen an der Unterkonstruktion können je nach Metallsorte durch Verschrauben, Vernageln, Falzen oder Klemmen hergestellt werden.

Bild 88: *Kupferdach auf dem Hamburger Rathaus*

Im Brandfall ist zu beachten, dass alle Metalldächer aufgrund der Werkstoffeigenschaften der verwendeten Metalle eine hohe Wärmeleitfähigkeit haben und daher sehr schnell recht heiß werden können. Gleichzeitig bleibt aber die Oberfläche geschlossen, so dass das Einbringen von Löschwasser nicht möglich ist. Zudem bildet sich durch die geschlossene Oberfläche ein Wärmestau. Die weicheren Metalle wie Aluminium, Blei oder Zink haben Schmelzpunkte, die unterhalb der durchschnittlichen Temperatur eines Dachstuhlbrandes liegen. Heiß abtropfende Metalle können Sekundärbrände verursachen.

5 Konstruktionen

Merke:
Bei der Öffnung eines metallisch eingedeckten Daches im Brandfall sind geeignete Schneid- und Trennwerkzeuge je nach Metallsorte zu wählen. Im Zweifel ist eine frühzeitige, großzügige Öffnung aufgrund des zu erwartenden Wärmestaus unter einem Metalldach sinnvoll.

Bituminöse Eindeckungen
Bitumen wird bei der Erdölverarbeitung gewonnen und ist quasi der schwere »Rückstand«, der nicht zu Kraftstoffen verarbeitet werden kann. Somit ist Bitumen wie alle Kraftstoffe ein Gemisch aus Kohlenwasserstoffen. Bei Raumtemperatur ist es fest. Bitumen ist wasserabweisend und daher für viele Formen der Abdichtung von Gebäuden gegen Wasser geeignet (Meyers Lexikonredaktion in Zsarb. mit Hans Borucki, 1988).

Mit Bitumen getränkte Dachbahnen oder Dachpappe sind aufgrund dieser wasserabweisenden Eigenschaften eine kostengünstige Art, Dächer abzudichten. Die Verlegung erfolgt entweder durch Festnageln (Dachpappe), Verkleben oder durch Verschweißen mit Bitumenmasse (Bitumen-Schweißbahnen).

Bild 89: *Flachdach mit Bitumen-Schweißbahnen und mehreren Lichtkuppeln*

Bei einer zweilagigen Verlegung gelten bituminöse Eindeckungen aus Bitumen-Dachdichtungsbahnen, Bitumen-Schweißbahnen und Glasvlies-Bitumen-Dachbahnen als harte Bedachung (DIN-Normenausschuss Bauwesen (NABau), 2016).

5.12 Bedachungen

Bitumendächer haben ein ähnliches Brandverhalten wie Heizöl, es ist also mit einer raschen Brandausbreitung, großer Rauchmenge und der Brandausbreitung durch Fließen zu rechnen. Bei der Verwendung von Kettensägen zur Dachöffnung kommt es durch die Reibungswärme zu einem schnellen Verkleben der Kette.

Merke:
Bei älteren, oft ausgebesserten Dächern können deutlich mehr als zwei Lagen Bitumen vorhanden sein. Dies führt zu einem Wärmestau und Schwelbränden innerhalb der Dachkonstruktion.

Die heute noch übliche Bezeichnung »Teerpappe« für bituminöse Eindeckungen ist irreführend, denn die Verwendung von Teer für Dacheindeckungen ist bereits seit den 1970er Jahren verboten (Ante, 2015). Sehr alte Dächer können aber immer noch statt mit Bitumendachbahnen mit echter Teerpappe eingedeckt sein. Teer wird im Gegensatz zu Bitumen aus Steinkohle gewonnen (Meyers Lexikonredaktion in Zsarb. mit Hans Borucki, 1988). Das Brandverhalten ist ähnlich wie bei Dächern mit bituminöser Eindeckung.

Kunststoff-Eindeckungen
Dacheindeckungen aus Kunststoff werden in der Regel bei Flachdächern verwendet und umgangssprachlich auch als »Foliendächer« bezeichnet.

Bild 90: *Flachdach als Foliendach*

5 Konstruktionen

Bei diesen Dächern wird als Abdichtung eine Folie (meist PVC) auf einer brennbaren oder nichtbrennbaren Dämmung verlegt. Diese Folie wird verklebt oder verschweißt. Bei fachgerechter Verarbeitung haben viele Foliendächer einen Nachweis als harte Bedachung.

Foliendächer entwickeln im Brandfall aufgrund der eingesetzten Kunststoffe schnell hohe Temperaturen und große Mengen Rauch.

Zum Teil werden Foliendächer aus Gründen des Windwiderstandes und des UV-Schutzes mit Kiesschichten oder Betonplatten abgedeckt. Dies sorgt dafür, dass eine Entflammung nicht mehr stattfinden kann und verbessert so die Brandschutzeigenschaften nachhaltig.

Extensiv begrünte Dächer
Als extensiv begrünt bezeichnet man Dächer, die nur einen geringen Anteil an hoch wachsenden Pflanzen haben und so gut wie keine Pflege oder Bewässerung benötigen. Sie sind meist mit einem Substrat statt Erde ausgestattet und werden von Moosen, Flechten und kleineren, anspruchsarmen Pflanzen bedeckt.

Bild 91: *Dach mit extensiver Begrünung*

Extensiv begrünte Dächer sind unter folgenden Bedingungen als harte Bedachung klassifiziert (DIN-Normenausschuss Bauwesen (NABau), 2016):
- Trägermaterial: Mineralische Vegetationsschicht mit max. 20 % (Massenanteil) organischer Bestandteile
- Vegetationstragschicht mit einer Schichtdicke ≥ 30 mm

5.12 Bedachungen

Brandwände und Lichtkuppeln müssen entweder über das Dach geführt werden oder mit einer Kiesschicht oder Betonplatten abgedeckt bzw. umgeben werden. Sofern oberhalb der Dachfläche Fenster liegen, muss auch vor diesen ein nichtbrennbarer Streifen aus Kies oder Beton angeordnet werden.

Merke:
Vorsicht ist bei alten, schlecht gepflegten Dächern geboten. Durch Vermoosung und Zersetzung von Pflanzenresten können hier dicke Schichten aus brennbarem Material entstehen.

Intensiv begrünte Dächer

Intensiv begrünte Dächer benötigen eine Erdschicht auf einer besonders wurzelfest ausgebildeten Unterlage. Solche Dächer gelten nach DIN 4102-4 ohne weiteren Nachweis über den Aufbau als harte Bedachung (DIN-Normenausschuss Bauwesen (NABau), 2016).

Sie können mit Rasen, aber auch mit Stauden oder Bäumen bepflanzt sein. Im Brandfall verhalten sie sich wie jede natürliche Vegetationsfläche. Die Erdschicht schützt dabei selbst in Trockenphasen vor einem Durchbrennen.

5.12.4 Weiche Bedachungen

Weiche Bedachungen haben keine Schutzfunktion gegen Flugfeuer und strahlende Wärme. Daher dürfen in Neubauten weiche Bedachungen nur eingesetzt werden, wenn große Abstände zu Nachbargebäuden eingehalten sind:
- zur Grundstücksgrenze mindestens 12 m,
- zu Gebäuden auf demselben Grundstück mit harter Bedachung mindestens 15 m,
- zu Gebäuden auf demselben Grundstück mit weicher Bedachung mindestens 24 m.

Bei Einfamilienhäusern dürfen die Abstände in manchen Bundesländern noch reduziert werden. Zum Vergleich: Zwischen zwei Gebäuden mit harter Bedachung ist ein Abstand von 5 m ausreichend. Mit diesen vergleichsweise großen Abständen soll eine Brandübertragung auf die weiche Bedachung vermieden werden.

5 Konstruktionen

Merke:
Weiche Bedachungen zeichnen sich – vor allem im trockenen Zustand – durch eine rasend schnelle Brandausbreitung aus. Bei Bränden von Gebäuden mit weicher Bedachung sind daher ein schneller Löschangriff mit großen Mengen Wasser sowie eine zügige Entfernung der Eindeckung erforderlich.

Reetdächer
Reet ist getrocknetes Schilfrohr und wird vor allem in Norddeutschland für Dacheindeckungen verwendet. Es findet sich sowohl in historischen Gebäuden als auch bei Neubauten von Bauherren mit großem Traditionsbewusstsein.

Das Reet wird getrocknet, gebündelt und dann mit der Unterkonstruktion aus Dachlatten verdrahtet. Dabei wird von der Traufe Richtung First gearbeitet, so dass die oberen Enden der Reetbündel immer von der nächsten Lage überdeckt werden.

Reethalme sind innen hohl und bestehen wie alle Pflanzenerzeugnisse aus Kohlenwasserstoffen. Daher haben Reetdächer einen hohen Luftanteil bei gleichzeitiger Leichtentzündlichkeit. Zudem müssen Reetdächer von innen heraus durch Hinterlüftung trocken gehalten werden, damit sie nicht schimmeln oder von Pilzen befallen werden, was wiederum für eine leichtere Zündfähigkeit sorgt.

Reetdächer sind besonders anfällig für Brandstiftung von außen und Blitzschlag. Häufig ist bereits bei Eintreffen der Feuerwehr ein ausgedehnter Brand oder Vollbrand zu beobachten (Flensburger Tageblatt, 2018). Löschwasser wird durch die Oberfläche der intakten Halme jedoch auch während des Brandes abgeleitet, so dass ein reiner Außenangriff ohne Abdecken des Daches nur selten zum Löscherfolg führt.

Merke:
Reetdächer müssen im Brandfall zügig abgedeckt werden. Wenn nur Teilflächen des Daches brennen, kann der Brand durch entschlossene Schneisenbildung unterbrochen werden (Hamburger Abendblatt, 2018).

Bild 92: *Reetdachhaus, Ansicht innen (links) und Detail der Halme (rechts)*

Ein Sonderfall der Reetdächer ist Kunstreet. Die Halme bestehen aus Kunststoff und werden ähnlich wie die organischen Originale verarbeitet. Einige Hersteller verfügen über einen Nachweis der Schwerentflammbarkeit, aber nicht über eine Klassifizierung als harte Bedachung. Das Brandverhalten dieser Dächer entspricht dem des verwendeten Kunststoffes (siehe Kapitel 3.2).

Weitere weiche Bedachungen
Alle unter dem Kapitel »harte Bedachungen« aufgeführten Bedachungen können durch nicht fachgerechte Ausführung (z. B. mangelhafte Verklebung) oder auch durch Schäden zu weichen, also nicht mehr flugfeuerbeständigen Bedachungen werden.

Daneben sind noch weitere weiche Bedachungen möglich, die vor allem in Altbauten oder historischen Gebäuden anzutreffen sind, zum Beispiel Grassoden oder alte Eindeckungen aus Holz (Schindeldächer).

5.13 Brandschutzverglasungen

Bauteile mit Feuerwiderstand müssen nicht immer undurchsichtig sein. Wird eine Sichtbeziehung gewünscht, können Brandschutzverglasungen zum Einsatz kommen.

Diese Verglasungen bestehen aus mehreren Glasscheiben mit einer Zwischenschicht aus intumeszierendem Material. Intumeszierend bedeutet, dass die Zwischenschicht im Brandfall nach dem Versagen der äußeren Scheibe aufschäumt und danach verkohlt. Dadurch wird die Wärme von der dahinter liegenden Glasscheibe fern gehalten. Je nach gewünschter Feuerwiderstandsdauer sind mehrere Lagen vorhanden.

Brandschutzverglasungen werden immer als komplette Konstruktion mit Rahmen geprüft und müssen dann auch mit dem geprüften Rahmen verbaut werden. Es ist demensprechend nicht möglich, ein Brandschutzglas in einen bestehenden Fensterrahmen oder als Lichtfenster in eine Tür einzubauen und somit eine Brandschutzverglasung zu erhalten. Verglasungen mit Feuerwiderstand gibt es wie auch Wände und Decken mit einer Feuerwiderstandsdauer von 30-120 Minuten. Der Buchstabe vor der Zahl hängt davon ab, ob und wie viel Wärmestrahlung die Verglasung durchlässt.

Merke:
»F 30/60/90-Gläser« gibt es nicht. Zu jeder Brandschutzverglasung gehört ein Rahmen.

5 Konstruktionen

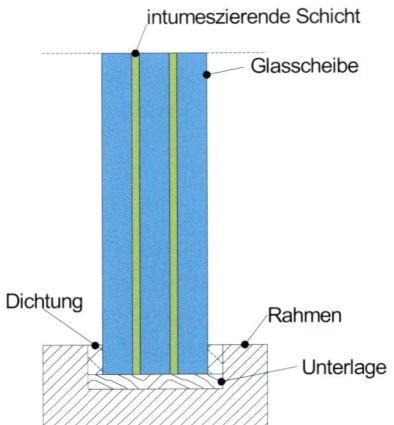

Bild 93: *Aufbau einer Brandschutzverglasung*

F-Verglasungen

F-Verglasungen erfüllen die gleichen Kriterien wie Wände und Decken mit Feuerwiderstand (siehe Kapitel 2.2.2). Sie müssen den Raumabschluss wahren, dürfen sich auf der brandabgewandten Seite nicht mehr 140 K erwärmen und keine Wärmestrahlung durchlassen.

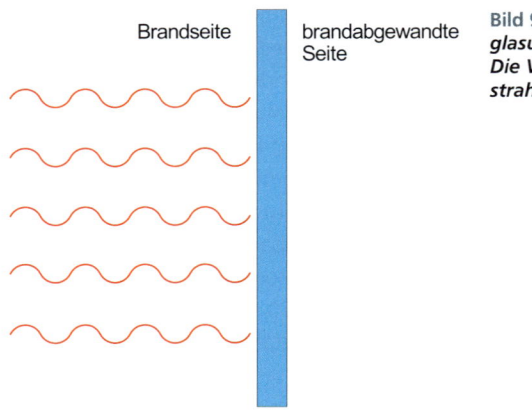

Bild 94: *Funktionsweise einer F-Verglasung (europäische Benennung: EI$_2$): Die Verglasung lässt keine Wärmestrahlung durch.*

F-Verglasungen sind der Standard, wenn es um durchsichtige Bauteile mit Feuerwiderstand geht. Das deutsche Baurecht kennt nur diese Verglasungen. Oft werden

5.13 Brandschutzverglasungen

diese Verglasungen zusammen mit Brandschutztüren verbaut, um eine möglichst große lichtdurchlässige Fläche zu erreichen.

Bild 95: *T 30-RS-Tür als verglaste Alurahmentür mit Seitenteilen und Oberlichtern als F 30-Verglasung*

G-Verglasungen

In seltenen Fällen dürfen mit Zustimmung der Bauaufsicht über einen Abweichungsantrag auch Verglasungen eingesetzt werden, die Wärmestrahlung durchlassen. Diese G-Verglasungen (nach deutscher Norm) sollen nach Definition aus der DIN 4102-13 den Durchtritt von Wärmestrahlung behindern. Gleichwohl wird diese Wärmestrahlung während der Prüfung auf der brandabgewandten Seite nicht gemessen, so dass theoretisch auch die komplette Wärmestrahlung hindurchtreten kann (DIN-Normenausschuss Bauwesen (NA Bau), 1990). Nach europäischer Normung teilen sich die G-Verglasungen in zwei unterschiedliche Benennungen auf. Lässt die Verglasung die Wärmestrahlung nur teilweise durch, so bekommt sie die Buchstaben EW (europäische Norm). Lässt sie die komplette Wärmstrahlung durch, erhält sie nur den Buchstaben E. G-Verglasungen können nach Zustimmung durch die Bauaufsicht zum Beispiel bei Verglasungen in brandlastarmen Atrien oder bei Glasdächern eingesetzt werden. In vielen alten Schulen finden sich G-Verglasungen als Lichtbänder oberhalb von 1,80 m. Bis 2016 waren auch bestimmte Sorten Glasbausteinwände als G-Verglasung klassifiziert; dies entfiel mit dem Erscheinen der aktuellen DIN 4102-4.

5 Konstruktionen

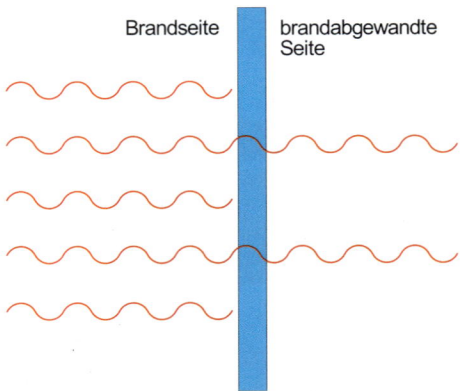

Bild 96: *Funktionsweise einer G-Verglasung, die den Durchtritt von Wärmestrahlung teilweise behindert (europäische Benennung: EW)*

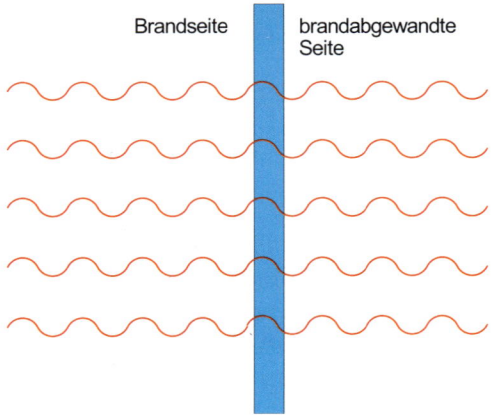

Bild 97: *Funktionsweise einer G-Verglasung, die den Durchschnitt von Wärmestrahlung nicht behindert (europäische Benennung: E)*

5.14 Gebäudefugen

Gebäudefugen dienen dazu, bei größeren Gebäuden Bewegungen aus einem oder mehreren Bauteilen aufzunehmen und so Risse und Beschädigungen zu verhindern. Diese Bewegungen können zum Beispiel durch Schwingungen oder Wind verursacht werden. Üblicherweise werden sie mit einem dauerelastischen Material versehen, welches sowohl brennbar als auch nichtbrennbar sein kann.

Gebäudefugen sind oft von außen nur schwierig zu erkennen, da sie hinter Verkleidungen »versteckt« werden. Oft werden sie mit so genannten zweischaligen

5.14 Gebäudefugen

Bild 98: *Fugenausbildung im Fußboden einer Industriehalle*

Wänden ausgeführt, das heißt, jeder Gebäudeteil bekommt eine eigene Abschlusswand und dazwischen befindet sich die Fuge.

Praxis-Tipp:

Brände in brennbar gedämmten Gebäudefugen sind in der Regel Schwelbrände. Sie sind meistens schwierig zu lokalisieren und noch schwieriger zu löschen. Dies gilt insbesondere dann, wenn eine wasserabweisende Dämmung gewählt wurde. Hier gilt es, das Löschmittel möglichst nahe an den Brandherd (z. B. mit Fognails, Cobra) zu bringen und regelmäßige Kontrollen der umliegenden Bauteile mit der Wärmebildkamera vorzunehmen, vor allem im Bereich von Türen und Durchbrüchen.

6 Rettungswege

Rettungswege sind alle Wege, auf denen die Nutzer eines Gebäudes im Falle einer Räumung in einen sicheren Bereich (in der Regel die öffentliche Straße) gelangen können. Dabei muss eine Räumung nicht notwendigerweise aufgrund eines Brandes stattfinden; denkbar sind beispielsweise auch Unwetterereignisse, Anschläge oder Gasaustritte. Nicht bei jedem Ereignis muss immer das gesamte Gebäude geräumt werden. Auch Teilräumungen sind möglich, so dass Nutzer in nicht betroffenen Bereichen im Gebäude verbleiben. In erster Linie sind die Standard-Rettungswege nach MBO für gesunde, erwachsene und orientierte Personen gestaltet.

Grundsätzlich fordern alle Bauordnungen für Nutzungen mit Aufenthaltsräumen wie zum Beispiel Wohnungen oder Büroeinheiten zwei voneinander unabhängige Rettungswege. Das bedeutet, wenn der eine Rettungsweg – zum Beispiel durch Verrauchung – ausfällt, muss der andere noch nutzbar sein. Der jeweils kürzere Rettungsweg wird als 1. Rettungsweg, der weiter entfernte (oder der nicht bauliche, s. u.) als 2. Rettungsweg bezeichnet.

Der 1. Rettungsweg muss immer baulich sichergestellt werden – also durch Bauteile, die die Nutzer ohne Hilfe durch die Feuerwehr zum Fliehen aus dem Gebäude nutzen können.

Im Erdgeschoss ist der 1. (und 2.) Rettungsweg meist ein Ausgang ins Freie, in allen ober- und unterirdischen Geschossen wird der 1. Rettungsweg über Treppen zum Erdgeschoss sichergestellt. Bei »normalen« Wohn- und Bürogebäuden darf die Rettungsweglänge für den 1. Rettungsweg 35 m betragen. Diese Länge wird im Laufweg von der entferntesten Stelle bis zum Ausgang ins Freie oder einem Zugang zum Treppenraum gemessen.

Sind keine großen Personengruppen und keine größere Zahl Menschen mit besonderen Bedürfnissen und keine besonderen Gefahren im Gebäude vorhanden, darf unterhalb der Hochhausgrenze der 2. Rettungsweg mit Leitern der Feuerwehr sichergestellt werden: über anleiterbare Fenster. Der 2. Rettungsweg kann aber auch in solchen »Normalbauten« baulich gewährleistet werden. Die Länge des 2. Rettungsweges ist grundsätzlich nicht begrenzt, er darf auch länger sein als 35 m.

Ein Sonderfall ist der so genannte Sicherheitstreppenraum. Dies ist ein besonders gesicherter Treppenraum (siehe Kapitel 6.1), in den Feuer und Rauch nicht eindringen können. Ist ein solcher Sicherheitstreppenraum vorhanden, darf in normalen Gebäuden nach MBO auf den 2. Rettungsweg verzichtet werden (Fachkommission Bauaufsicht der Bauministerkonferenz, 2016).

6.1 Treppen und Treppenräume

Befinden sich in einem Gebäude hilfsbedürftige Personen in größerer Anzahl (Behinderte, Kleinkinder, Kranke, alte Menschen) oder besonders viele Personen, muss bei der Gestaltung der Rettungswege auf den eventuellen Assistenzbedarf Rücksicht genommen werden. In solchen Gebäuden werden entweder in Sonderbauvorschriften oder im Einzelfall durch die Bauaufsicht oft zwei bauliche Rettungswege oder ein Sicherheitstreppenraum gefordert, da sich die Rettung über Leitern zu zeitaufwändig gestaltet. Beispiele hierfür sind:

- Schulen,
- Kindergärten,
- Alten- und Pflegeheime,
- Industriebauten,
- Krankenhäuser,
- Versammlungsstätten wie Kinos oder Sportstadien,
- Verkaufsstätten,
- Hotels und Jugendherbergen,
- Gefängnisse,
- Museen und Messehallen.

Hochhäuser benötigen ebenfalls immer bauliche Rettungswege, da die Geschosse oberhalb von 23 m (Brüstungshöhe) nicht mehr mit den für die Feuerwehr üblichen Hubrettungsfahrzeugen zu erreichen sind.

Rettungswege, besonders bauliche, sind auch immer die bevorzugten Angriffswege der Feuerwehr. Dabei muss beachtet werden, dass der Feuerwehreinsatz bei nicht abgeschlossener Räumung immer gegen die Fluchtrichtung der Nutzer des Gebäudes läuft. Daher ist besonderer Wert auf die Erkundung der Zugangswege zu legen.

Praxis-Tipp:
In Sonderbauten sind Begehungen der Gebäude durch die Feuerwehr sinnvoll. Im Brandfall sind eine umfangreiche Erkundung und die Nutzung von Feuerwehrplänen notwendig, um alternative Zugangswege zu erkennen und zu nutzen.

6.1 Treppen und Treppenräume

Der wichtigste Bestandteil von vertikalen baulichen Rettungswegen sind die Treppenräume. Treppenräume sind abgeschlossene Räume, in denen sich die Treppen

6 Rettungswege

befinden. Treppenräume müssen immer dann um Treppen herum angeordnet werden, wenn die Treppe für mehr als eine Nutzung den Rettungsweg sicherstellt. Innerhalb eines Einfamilienhauses ist daher kein abgeschlossener Treppenraum erforderlich, innerhalb eines Mehrfamilienhauses schon.

Merke:
Der umgangssprachliche Begriff »Treppenhaus« existiert im Baurecht nicht. Fachleute benutzen daher den Begriff »Treppenraum«.

Treppenräume haben Wände, die mindestens die gleiche Feuerwiderstandsdauer haben wie das Tragwerk und die Decken. Ab 7 m Gebäudehöhe (siehe Kapitel 2.3) müssen sie sogar die gleiche Stoßbelastung aushalten wie eine Brandwand (siehe Kapitel 5.8):

- Gebäudeklasse 3: F 30 (brennbare Baustoffe möglich)
- Gebäudeklasse 4: F 60-BA mit Nachweis Stoßbelastung
- Gebäudeklasse 5: F 90-A mit Nachweis Stoßbelastung (Bauart einer Brandwand) (Fachkommission Bauaufsicht der Bauministerkonferenz, 2016)

In Treppenräumen sind brennbare Dämmungen, brennbare Einbauten sowie brennbare Wand- und Deckenbekleidungen verboten. Je nach Nutzung müssen die Zugänge zu den angeschlossenen Räumlichkeiten mit folgenden Türen verschlossen werden:

- Wohnungen (Größe unbegrenzt): dicht- und selbstschließende Türen
- andere Nutzungen bis 200 m^2: dicht- und selbstschließende Türen
- notwendige Flure: Rauchschutztüren
- Keller, Technikräume, alle anderen Nutzungen (nicht Wohnungen) > 200 m^2: T 30-RS-Türen. (Fachkommission Bauaufsicht der Bauministerkonferenz, 2016)

Dicht- und selbstschließende Türen sind Türen mit geschlossenem Türblatt, Dichtungen oben und an den Seiten und einem Selbstschließer. Letzterer wurde 2002 neu in die MBO aufgenommen, damit Flüchtende nicht mehr auf dem Weg nach draußen die Tür zum Rettungsweg offen stehen lassen können. Diese Türen haben keinen nachgewiesenen Feuerwiderstand oder Rauchschutzfunktion, halten aber erfahrungsgemäß die Folgewirkungen eines Brandes bis zum Eintreffen der Feuerwehr aus dem Treppenraum fern.

6.1 Treppen und Treppenräume

Praxis-Tipp:
Der zeitnah gesetzte Rauchverschluss behindert eine Rauchausbreitung in den Rettungsweg auch nach »Durchbrennen« oder Öffnen einer Tür zum Brandgeschehen.

Zusätzlich haben Treppenräume in der Regel Fenster zur Belüftung und Belichtung[6] und in modernen Gebäuden ab 13 m Höhe Rauchableitungsöffnungen im obersten Geschoss.

Wie die beschriebenen Maßnahmen verdeutlichen, sind Treppenräume die sichersten Bereiche im Gebäude. Personen, die es bis in den Treppenraum schaffen, haben in der Regel auch gute Chancen, sich selbstständig in Sicherheit zu bringen. Von den Treppenräumen aus kann daher meistens auch ein erfolgreicher Löschangriff aus dem sicheren Bereich heraus entwickelt werden.

Achtung:
Die gefährliche Ausnahme sind historische Treppenräume mit Holztreppen oder sogar hölzernen Wänden sowie Türen ohne jede Brandschutzfunktion. Oft sind in solchen Treppenräumen Fenster/Verglasungen zu den Wohnungen vorhanden. Hier kann der Rettungs- und Angriffsweg selbst brennen und somit schnell zur Falle für Nutzer und Rettungskräfte werden.

Gerade in Wohngebäuden ist der Faktor Mensch nicht zu unterschätzen: Oft keilen Nutzer aus Bequemlichkeit Brand- und Rauchschutztüren auf oder lagern größere Mengen an Brandlasten im Rettungsweg. In Büro- und Gewerbegebäuden sind aufgekeilte Türen ebenfalls recht häufig zu beobachten, vor allem in Betrieben ohne Brandschutzbeauftragte. Daher ist eine ausführliche Erkundung des Rettungs- und Zugangsweges Treppenraum unerlässlich.

---

6 Als Zweck dieser Fenster ist in der MBO kein Bezug zum Brandschutz genannt. Die Forderung nach Fenstern im Treppenraum stammt aus Bauvorschriften vom Beginn des 20. Jahrhunderts, in denen noch die Anordnung von gemeinschaftlich genutzten »Aborten« (=Toiletten) und Küchen an den Treppenräumen geregelt war. Damals waren auch Fenster von solchen Räumen in den Treppenraum keine Seltenheit. Insofern scheint der Grund für die Forderung nach Fenstern tatsächlich eher in der Belüftung und Belichtung der Treppenräume zu liegen. Für den Feuerwehreinsatz sind (geöffnete) Fenster gerade beim Einsatz von Lüftern sogar eher hinderlich. Gleichwohl macht die MBO am Vorhandensein dieser Fenster eine brandschutztechnische Bewertung fest. Treppenräume ohne ausreichend große Fenster gelten nach MBO als innenliegend. Sie benötigen je nach Gebäudeklasse und -nutzung weitere Maßnahmen zur Rauchableitung.

6 Rettungswege

Sicherheitstreppenräume

Sicherheitstreppenräume sind Treppenräume, in die bei sachgemäßer Nutzung weder Feuer noch Rauch eindringen können. Dies kann mit zwei unterschiedlichen Bauweisen gelingen.

In älteren Gebäuden findet sich oft ein Sicherheitstreppenraum mit einem offenen Gang. Das bedeutet, der Treppenraum ist nicht direkt aus einem Flur oder einer Nutzung zugänglich, sondern nur über einen luftumspülten Gang im Freien. Damit soll Rauch aus den Nutzungen ins Freie abgeführt werden und kann nicht mehr in den Treppenraum eindringen. Diese Sicherheitstreppenräume selbst können innerhalb oder außerhalb des Gebäudes liegen.

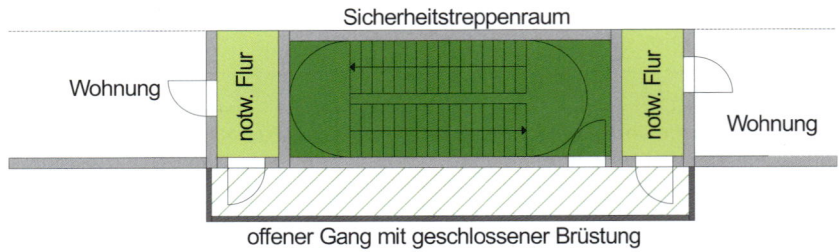

Bild 99: *Sicherheitstreppenraum mit offenem Gang*

Bild 100: *Laubengang in einem Hochhaus mit Zugang über einen offenen Gang zu einem abgesetzten Sicherheitstreppenraum*

6.1 Treppen und Treppenräume

Die zweite Möglichkeit ist der Einsatz von Druckbelüftungsanlagen (auch Rauchschutz-Druckanlagen (RDA) bzw. Differenzdruckanlagen genannt) in Kombination mit Vorräumen/Schleusen[7] (siehe Kapitel 8.7). Damit wird der Treppenraum durch einen Überdruck im Vergleich zu den umliegenden Räumen rauchfrei gehalten.

In der Regel ist für die Anlage eine Strömungsgeschwindigkeit von 2 m/s an den Türen nachzuweisen – bei einer Tür von 1 m Breite und 2,5 m Höhe sind dies 2,5 m³/s oder 9.000 m³/h. Aus dem Vorraum und dem Flur muss die Luft wieder entweichen können. Deswegen werden an den Türen Überströmöffnungen oder -ventile angeordnet. Die Abströmung aus dem Flur selbst kann über ein Überströmventil in die Nutzung und dort zum Beispiel über ein automatisch öffnendes Fenster erfolgen; alternativ können separate Abströmschächte direkt am Flur angeordnet werden.

✱ Abströmung aus dem Flur entweder über Wohnungstür und Öffnung ins Freie in der Wohnung oder Abströmschacht

Bild 101: *Sicherheitstreppenraum mit Druckbelüftungsanlage*

---

7 Die Benennung ist bundesweit nicht einheitlich, deshalb werden beide Begriffe genannt.

6 Rettungswege

Praxis-Tipp:
Bei (mehreren) permanent offenen Türen (zum Beispiel durch Schläuche oder Keile) funktioniert die Druckbelüftung in der Regel nicht mehr ausreichend. Die Räumung des Gebäudes muss daher vorher abgeschlossen sein.

Merke:
Bei Vorhandensein eines Sicherheitstreppenraumes kann bei Gebäuden unterhalb von 60 m Höhe in der Regel auf einen zweiten Rettungsweg verzichtet werden.

Außentreppen

Außentreppen können ein sicherer Rettungsweg sein, wenn sie durch einen Brand im Gebäude nicht gefährdet werden können. Sie dienen oft als 2. Rettungsweg in Gebäuden mit vielen Menschen wie Schulen, Versammlungsstätten oder Industriebauten.

6.2 Flure und Gänge

Flure und Gänge sind horizontal verlaufende Erschließungs- und Rettungswege im Gebäude.

Das Baurecht unterscheidet zwischen »notwendigen Fluren« (früher: »allgemein zugänglichen Fluren«) und anderen Fluren. Das klingt zunächst einmal widersinnig, hat aber etwas mit der Funktion als Rettungsweg zu tun.

Notwendige Flure

Ein notwendiger Flur wird in (großen) Nutzungen vorgesehen, in denen nicht nur einige wenige Nutzer auf diesen Fluchtweg angewiesen sind, z. B. in Büros über 400 m², Krankenhäusern, Schulen oder Kinos. Solche notwendigen Flure haben F 30-Wände und dichtschließende Türen, also vollwandige Türen mit einer Dichtung oben und an den Seiten. In notwendigen Fluren sind zudem brennbare Dämmungen, Wand- und Deckenbekleidungen verboten.

Merke:
Türen in notwendigen Fluren müssen nicht selbstschließend sein. Sie können also im Brandfall auch offenstehen und für eine Verrauchung der gesamten Nutzung sorgen.

6.2 Flure und Gänge

Alle anderen Flure sind keine notwendigen Flure. Dies gilt zum Beispiel für wohnungsinterne Flure oder Flure in kleineren Büros. Hier dürfen Fenster in den Wänden angeordnet werden, brennbare Dämmungen sind erlaubt und auch auf Türen kann zugunsten offener Durchgänge verzichtet werden.

Laubengänge
Laubengänge sind offene Gänge zwischen Treppenräumen und den Wohnungen. An die Wände von Laubengängen wird ebenfalls die Anforderung F 30 gestellt. Türen müssen dichtschließend sein. Fenster sind zulässig, allerdings erst ab einer Brüstungshöhe von 90 cm (Fachkommission Bauaufsicht der Bauministerkonferenz, 2016).

Bild 102: *Laubengang zur Erschließung von Wohnungen. Kleine Fenster: Badezimmer, große Fenster: Küchen*

Merke:
Laubengänge sind aufgrund der zulässigen Fenster nicht zu verwechseln mit offenen Gängen für Sicherheitstreppenräume. Dort sind Fenster verboten.

6 Rettungswege

6.3 Ausgänge und Führung auf dem Grundstück

Ausgänge direkt ins Freie sind der kürzeste Rettungsweg für erdgeschossige Nutzungen. Jeder Treppenraum muss ebenfalls einen direkten Ausgang ins Freie haben. Hierbei gilt, dass ein Rettungsweg bis auf wenige Ausnahmen nicht wieder schmaler werden darf, also darf z. B. die Ausgangstür aus einen Treppenraum in der Regel nicht schmaler sein als die Treppe.

Von Ausgängen, die als Rettungswege dienen, muss auch der Weg auf dem Grundstück bis zur öffentlichen Verkehrsfläche möglich und nutzbar sein. Daher sind Ausgänge in geschlossene Innenhöfe, die nicht ohne Hilfsmittel verlassen werden können, nicht zulässig.

Der Rettungsweg im Freien auf dem eigenen Grundstück muss so gestaltet sein, dass er gefahrlos benutzt werden kann und sich im Gebäude kein Rückstau bildet. Das heißt, er muss mindestens so breit sein wie der Rettungsweg im Gebäude und er ist zu beleuchten.

6.4 Anleiterbare Fenster und Aufstellflächen

Anleiterbare Fenster stellen in vielen Wohn- und Bürogebäuden den 2. Rettungsweg dar. Sie können von gefährdeten Personen nicht eigenständig genutzt werden und machen so eine Wartezeit auf das Eintreffen der Feuerwehr erforderlich.

Problematisch bei der Rettung über Leitern ist die Messung der Gebäudehöhen mit einer gemittelten Geländehöhe (siehe Kapitel 2.3). Aus dieser Höhe ergibt sich nämlich die Gebäudeklasse und damit auch die Wahl des Rettungsmittels (Steckleiter, Schiebleiter, Hubrettungsfahrzeug). Wenn ein Gebäude am Hang steht, werden die Geländehöhen von der Gebäuderückseite und von der Straßenseite aber miteinander verrechnet. Das heißt, die Leiter kann an der tatsächlichen Anleiterstelle zu kurz sein.

In der nachfolgenden Skizze ist dieser Fall dargestellt. Nehmen wir an, alle für die Feuerwehr ausgewiesenen Anleiterstellen liegen an der Straßenseite. Die Gebäudehöhe wird unter Einbeziehung der für die Menschenrettung unwichtigen Rückseite des Gebäudes mit 6,3 m bemessen. Das Gebäude wird in die Gebäudeklasse 3 eingestuft, also wird von einer Menschenrettung mit vierteiliger Steckleiter ausgegangen. Die tatsächliche Gebäudehöhe an der Straßenseite liegt jedoch deutlich höher (bei 7,5 m) und übersteigt damit die Möglichkeiten der Steckleiter. Dies könnte beispielsweise zum Problem werden, wenn die erst eintreffende Feuerwehr nicht über eine dreiteilige Schiebleiter verfügt.

6.4 Anleiterbare Fenster und Aufstellflächen

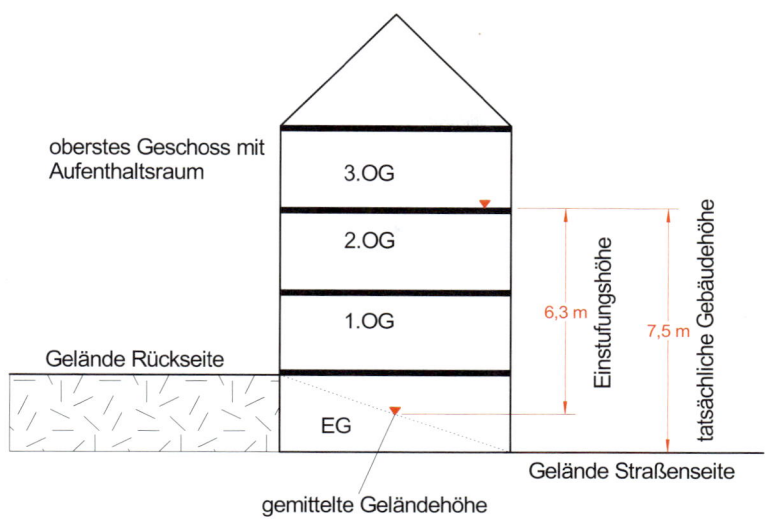

Bild 103: *Möglicher Unterschied zwischen Einstufungshöhe nach MBO und tatsächlicher Rettungshöhe*

Besonders dramatisch kann sich diese Messmethode an der Rettungsgrenze der dreiteiligen Schiebleiter auswirken. Wird ein Gebäude mit Hilfe einer gemittelten Geländehöhe gerade noch in die Gebäudeklasse 4 eingestuft, braucht es in einigen Bundesländern keine Aufstellfläche für ein Hubrettungsfahrzeug. Liegt die tatsächliche Rettungshöhe dann aber über der Rettungshöhe der Schiebleiter (vgl. Kapitel 6.4.2), ist eine Rettung ohne die fehlende Aufstellfläche nicht möglich, selbst wenn ein Hubrettungsfahrzeug zur Verfügung steht.

Praxis-Tipp:
Bei einer Beteiligung der Feuerwehr im Genehmigungsverfahren sollte immer auch die tatsächliche Gebäudehöhe bzw. die Höhe der Anleiterstelle über Gelände ermittelt werden und nicht nur die Gebäudehöhe nach MBO.

Ein anleiterbares Fenster muss (nach MBO) mindestens 0,9 m x 1,20 m im Lichten groß sein, wobei nicht festgelegt ist, welches Maß die Höhe und welches die Breite darstellt. Diese Öffnungsgröße ist in der Regel auskömmlich für einen Atemschutzgeräteträger und die zu rettende Person beim Überstieg auf die Leiter. Die Brüstungshöhe darf maximal 1,20 m (von innen gemessen) betragen. Befindet sich das Anleiterfenster in einer Dachschräge, darf der horizontal gemessene Abstand von der Unterkante des Fensters bis zur Traufe nicht mehr als 1 m betragen; ansonsten sind Ausstiegshilfen erforderlich. Balkone sind grundsätzlich als Anleiterstellen geeignet (Fachkommission Bauaufsicht der Bauministerkonferenz, 2016).

6.4.1 Rettung über vierteilige Steckleiter

Die Gebäudeklassen 1-3 mit ihrer Höhenbegrenzung auf 7 m OKFF (Oberkante Fertigfußboden) über Gelände ergeben sich aus der Rettungshöhe einer vierteiligen Steckleiter, wobei hier je nach Anstellwinkel deutliche Unterschiede in der Rettungshöhe zu erkennen sind. Als maximal zulässige (nicht notwendige!) Brüstungshöhe für das Fenster in Bezug auf den Boden des Raumes definiert die MBO eine Höhe von 1,20 m – dies würde also eine Brüstungshöhe von 8,20 m über dem Gelände ergeben (Fachkommission Bauaufsicht der Bauministerkonferenz, 2016). Gleichzeitig wird in der MBO die Brüstungshöhe auf 8 m begrenzt (Fachkommission Bauaufsicht der Bauministerkonferenz, 2016). Hiermit kann aufgrund der bei der Feuerwehr vorhandenen Leiterlängen der Bezug auf die Steckleiter hergestellt werden.

Das Baurecht widerspricht sich also auf den ersten Blick selbst. Um etwas Licht ins Dunkel zu bringen, sind in Bild 104 die möglichen Rettungshöhen in Abhängigkeit vom Anstellwinkel dargestellt.

Auf diesem Bild ist zu erkennen, warum 8 m Brüstung über Gelände bei einem steilen Anstellwinkel von 75° als Obergrenze für die Rettung angesetzt wurde. Mit etwas Toleranz bei Leiter, Anstellwinkel und Brüstung kommt man so auf die maximale Höhe von 7 m OKFF, die bei einer Fensterbrüstung in 8 m Höhe noch erreicht werden kann. Diese 7 m OKFF dienen als Obergrenze für die Gebäudeklassen 1-3.

Bei Fenstern mit Brüstungen an der 8 m-Grenze kann die Leiter aufgrund der Leiterlänge gar nicht mit dem oft geforderten Überstand von 3 Sprossen in das Fenster gestellt werden. Dazu heißt es in der DGUV Information 208-016[8] »Handlungsanleitung für den Umgang mit Leitern und Tritten« wörtlich:

---

8   Dies ist die Nachfolgerin der in der FwDV 10 noch zitierten UVV »Leitern und Tritte«, in der dieser Text unter § 22 aber auch schon zu finden war (DGUV, 1992).

6.4 Anleiterbare Fenster und Aufstellflächen

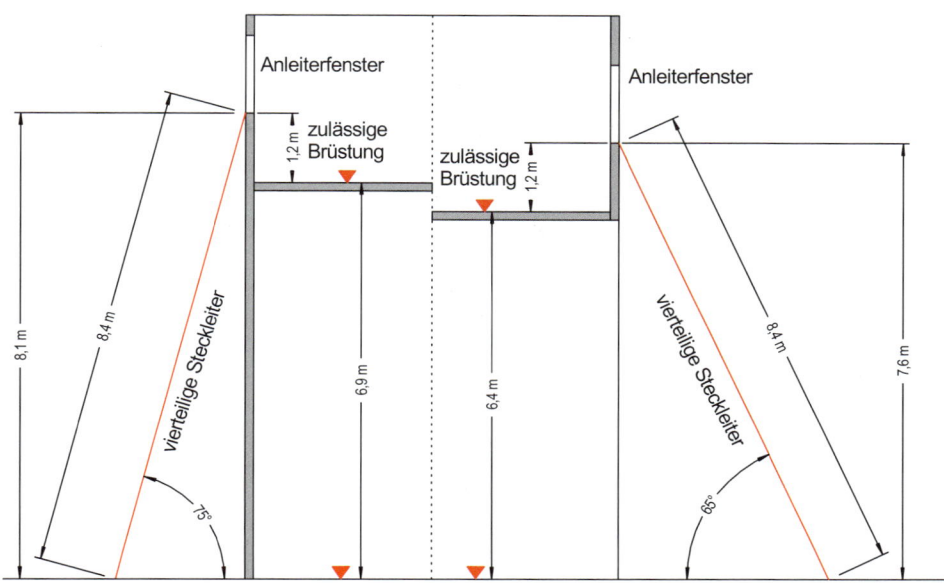

Bild 104: **Mögliche Rettungshöhen einer vierteiligen Steckleiter bei unterschiedlichen Anstellwinkeln (nach (Projektgruppe Feruerwehrdienstvorschriften im Ausschuss Feuerwehrangelegenheiten, Katastrophenschutz und zivile Verteidigung, 2003))**

»Bei der Wahl der Leitergröße/ -länge sollte beachtet werden, dass [...] die Länge von Anlegeleitern zum Übersteigen auf höhergelegene Arbeitsplätze so gewählt wird, dass sie die Anlegestelle um mindestens 1 m überragen, wenn keine anderen geeigneten Festhaltemöglichkeiten vorhanden sind.« (Deutsche Gesetzliche Unfallversicherung (DGUV) , 2007)[9]

Fenster haben in der Regel Fensterbänke und seitliche Laibungen, an denen eine geeignete Festhaltemöglichkeit gegeben ist. Damit kann auf den Überstand verzichtet werden.

---

9 Eine ähnliche Formulierung fand sich auch im Entwurf für die neue FwDV 10, der im Januar zur Diskussion veröffentlicht wurde. Die Endfassung lag zur Drucklegung noch nicht vor. Es ist aber davon auszugehen, dass diese Regelung in der kommenden FwDV 10 Bestand haben wird.

6.4.2 Rettung über dreiteilige Schiebleiter

Die dreiteilige Schiebleiter kommt als Rettungsgerät in der MBO (ebenso wie die vierteilige Steckleiter) nicht wörtlich vor. In der MBO wird in § 5 ab 8 m Brüstungshöhe eine Zufahrt zu den Anleiterstellen gefordert, jedoch noch keine Aufstellfläche für ein Hubrettungsfahrzeug (Fachkommission Bauaufsicht der Bauministerkonferenz, 2016). Damit bleibt als Rettungsgerät zunächst einmal die dreiteilige Schiebleiter. Einige Bundesländer, wie beispielsweise Niedersachsen, sehen die Rettung über dreiteilige Schiebeleitern daher als geeigneten 2. Rettungsweg an, wohingegen zum Beispiel in Hamburg die Rettung über dreiteilige Schiebleitern nicht vorgesehen ist und ab 8 m Brüstungshöhe im Genehmigungsverfahren in der Regel eine Aufstellfläche gefordert wird. Die Gebäudeklasse 4 mit ihren 13 m Höhe OKFF über Gelände ist also offensichtlich aus der Leiterlänge einer dreiteiligen Schiebleiter abgeleitet. Zur Erläuterung sind in Bild 105 noch einmal die tatsächlich erreichbaren Rettungshöhen bei Winkeln von 65° und 75° aufgezeichnet. Die ABGF (2012) schließt zumindest für ihren Arbeitsbereich den Einsatz von Schiebleitern als 2. Rettungsweg aufgrund des erforderlichen Personaleinsatzes kategorisch aus.

Aus der zulässigen Fußbodenhöhe von 13 m plus einer ebenfalls zulässigen Brüstungshöhe von 1,20 m ergibt sich die mögliche Höhe einer Brüstung von 14,20 m über Gelände. Die Gesamtlänge der dreiteiligen Schiebleiter beträgt jedoch nur 14 m.
Aus den tatsächlich erreichbaren Höhen ergibt sich damit beim steilstmöglichen Aufstellwinkel von 75° eine Differenz von 70 cm zwischen Oberkante Leiter und Unterkante Brüstung. Diese Differenz kann schon aus psychologischer Sicht für eine zu rettende Person unüberwindbar werden, weil man sich beim Aussteigen aus dem Fenster an der Außenwand bis zum Leiterkopf herabrutschen lassen muss. Eine assistierte Rettung oder die Rettung von Bewusstlosen ist über diese Höhendifferenz nicht zu bewältigen.
Bei einem Anstellwinkel von 65° erhöht sich die mögliche Differenz zwischen Oberkante Leiter und Brüstung sogar auf 1,5 m und wird damit auch für gut trainierte Feuerwehrleute schon für den Einstieg in das Fenster kaum zu überwinden sein.

Achtung:
Wird die tatsächliche Brüstungshöhe bei Rettung über dreiteilige Schiebleitern im Baugenehmigungsverfahren nicht geprüft und gleichzeitig auf Aufstellflächen verzichtet, kann es vorkommen, dass Rettungsfenster gerade im Grenzbereich oberhalb von ca. 12 m OKFF nicht erreichbar sind.

6.4 Anleiterbare Fenster und Aufstellflächen

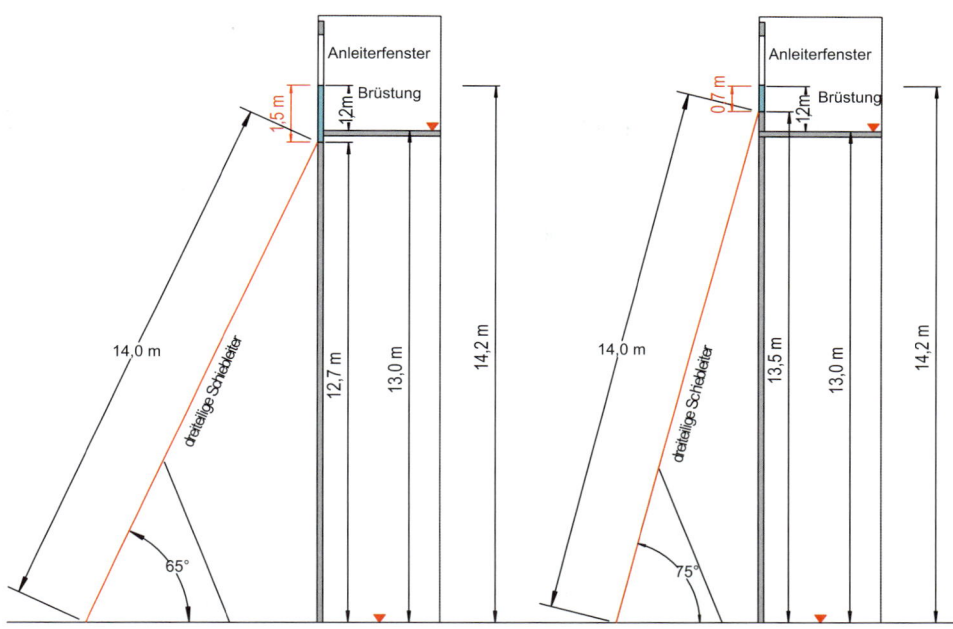

Bild 105: *Differenz (blau gekennzeichnet) von 1,5 m zwischen möglicher Brüstungshöhe und der erreichbaren Höhe mit der dreiteiligen Schiebleiter bei flachem Aufstellwinkel von 65° (links) und 0,7 m bei steilem Aufstellwinkel von 75° (rechts) (nach (Projektgruppe Feuerwehr-Dienstvorschriften im Ausschuss Feuerwehrangelegenheiten, Katastrophenschutz und zivile Verteidigung, 2003))*

6.4.3 Rettung über Hubrettungsfahrzeuge

Reichen die tragbaren Leitern von der Höhe her nicht aus, sind Hubrettungsfahrzeuge als 2. Rettungsweg das Mittel der Wahl. Wie zum Beispiel die Normbezeichnung DLK 23/12 schon angibt, kann bei einem Abstand von 12 m zum Gebäude die sogenannte Nennrettungshöhe von 23 m erreicht werden, was wiederum im Baurecht zu einer maximalen Fußbodenhöhe von 22 m als Hochhausgrenze geführt hat. Höhere Gebäude sind mit Standard-Hubrettungsfahrzeugen nicht erreichbar und müssen daher über ein rein bauliches Rettungswegsystem verfügen.

Die Fenstergrößen für Anleiterfenster sind die gleichen wie bei einer Rettung mit tragbaren Leitern. Für die Aufstellung von Hubrettungsfahrzeugen sind Aufstellflächen erforderlich, die über Zufahrten erreicht werden können. Diese Flächen müssen für die Achs- und Gesamtlast des Fahrzeuges bemessen sein.

6 Rettungswege

Die Richtlinien für Feuerwehrflächen sind in den einzelnen Bundesländern zum Teil unterschiedlich. Das Mindestmaß definiert die DIN 14090 (NA 031-04-02 AA - Bauliche Anlagen und Einrichtungen, 2003), die von der Bauministerkonferenz in einer Muster-Richtlinie überführt wurde (Fachkommission Bauaufsicht der Bauministerkonferenz, 2009). Die DIN 14090 wird aufgrund einiger Differenzen zwischen technisch Machbarem und den bisherigen Angaben seit 2016 überarbeitet (Beuth Verlag, 2016), so dass nach Abschluss dieser Normungsarbeit mit einer neuen Muster-Richtlinie für Aufstellflächen (Fachkommission Bauaufsicht der Bauministerkonferenz, 2009) zu rechnen ist. Bisher sind nur Aufstellflächen rechtwinklig zum Gebäude und vor Kopf der Außenwand definiert. Dies soll eine gut ausgebildete Fahrzeugbesatzung jedoch nicht davon abhalten, im Bedarfsfall auch schräg oder über Heck anzuleiten.

Bild 106: *Aufstellfläche für ein Wohnhaus, gekennzeichnet mit Pflöcken*

Die in den folgenden Zeichnungen orange hinterlegten Aufstellflächen müssen für die Lasten eines Hubrettungsfahrzeuges befestigt sein. Die gelb hinterlegten Freistreifen müssen für die Bewegung des Leitersatzes frei von Hindernissen sein, aber nicht befestigt werden. Das bedeutet, sie können nicht befahren werden.

Zufahrten und Aufstellflächen müssen so gekennzeichnet sein, dass sie bei jedem Wetter – auch bei Schnee – auf den ersten Blick erkennbar sind. Dies geschieht in der Regel durch das Setzen von ca. 50 cm hohen Pflöcken. Das Material ist dem Eigen-

6.4 Anleiterbare Fenster und Aufstellflächen

tümer jedoch nicht konkret vorgegeben; wichtig ist allein die Sichtbarkeit sowie die regelmäßige Pflege der Flächen für die Feuerwehr. Flächen mit Rasengittersteinen oder Schotterrasen neigen beispielsweise zum Ausbilden einer Moosschicht. Im Winter müssen die Flächen geräumt und eisfrei gehalten werden.

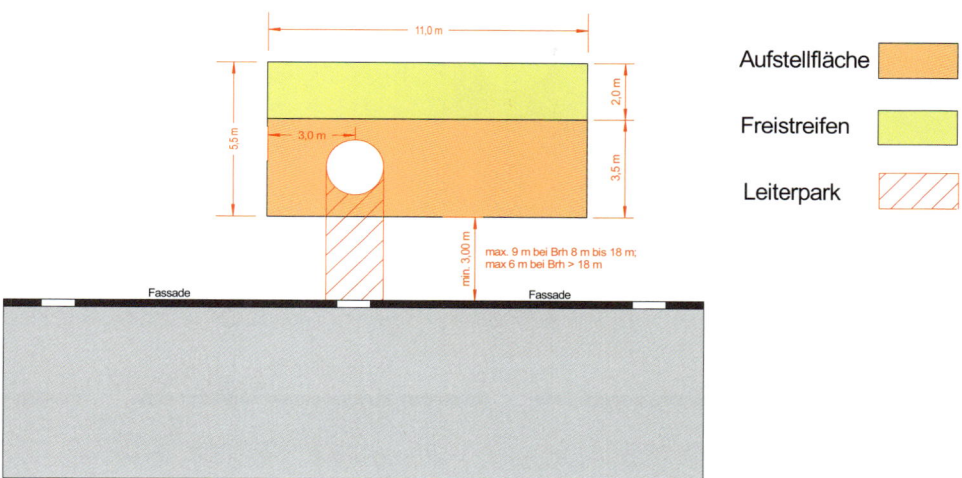

Bild 107a: *Aufstellfläche parallel zur Außenwand (nach (Fachkommission Bauaufsicht der Bauministerkonferenz, 2009))*

Die AGBF hat bereits 2012 in einem Positionspapier eine schräge Aufstellung mit Anleiterwinkeln von 65°-90° zwischen Außenwand und Leiterpark sowohl in Richtung Heck als auch Richtung Fahrerhaus als möglich beschrieben, wenn folgende Bedingungen eingehalten sind:
- freizuhaltender »Anleiterkorridor« von 2 m Breite im gesamten Luftraum zwischen Aufstellort und Fenster
- Abstand von Drehkranzmitte bis Fenster maximal 12 m (gemessen in der Draufsicht).

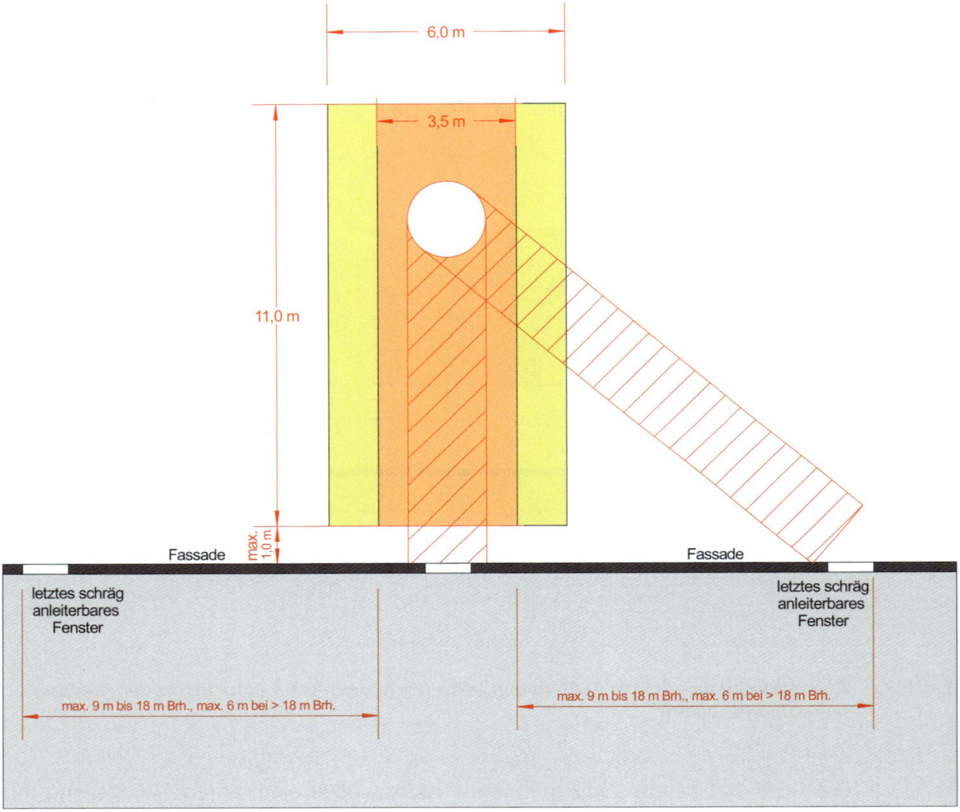

6 Rettungswege

Bild 107b: *Aufstellfläche vor Kopf einer Außenwand (nach (Fachkommission Bauaufsicht der Bauministerkonferenz, 2009))*

Literaturtipp:

Weiterführende Literatur zu diesem Thema findet sich im Roten Heft 201 »Taktik im Hubrettungseinsatz«, 4., überarbeitete Auflage von Jörg Kurtz sowie im Fachbuch »Hubrettungsfahrzeuge, Ausbildung und Einsatz«, 3., überarbeitete Auflage von Jan Ole Unger/Nils Beneke/Klaus Thrien.

7 Haustechnik

Stellt man sich das Tragwerk, Decken, Türen und alle anderen hier vorgestellten Bauteile als »Hardware« des Gebäudes vor, so ist die Haustechnik (gemeinsam mit der Brandschutztechnik) die »Software«, ohne die ein Gebäude heutzutage nicht mehr funktionieren kann.

Gleichzeitig ist schlecht ausgeführte oder mangelhaft gewartete Haustechnik aber auch der natürliche Feind des Brandschutzes und stellt im Einsatz eine teils erhebliche Gefahr für die Einsatzkräfte dar. Nach wie vor geht ein Gutteil der Gebäudebrände auf das Konto von haustechnischen Anlagen – genaue Zahlen sind leider nicht ermittelbar, da es keine umfassende Brandstatistik für Deutschland gibt. Das Institut für Schadenverhütung und Schadenforschung der öffentlichen Versicherer beziffert beispielsweise nach der Auswertung von 1.500 Bränden im Jahr 2017 den Anteil der elektrischen Ursachen auf 31 % (Institut für Schadenverhütung und Schadenforschung der öffentlichen Versicherer e.V.). Insofern lohnt auch für Feuerwehrleute ein Blick auf die wesentlichen Merkmale von haustechnischen Anlagen und ihre Risiken bei der Brandentstehung und während des Feuerwehreinsatzes.

7.1 Elektroinstallationen

Elektroinstallationen sind oft Zündquelle und Brandlast zugleich. Innerhalb von Gebäuden wird normalerweise die Stromversorgung als Wechselspannung (umgangssprachlich »Wechselstrom«) ausgeführt.

Man unterscheidet elektrische Installationen in Gebäuden nach der anliegenden Spannung bzw. dem Zweck:

Transformatoren (»Trafos«) dienen dazu, eine höhere Spannung in eine niedrigere umzuwandeln (das ist auch andersherum möglich, findet aber in Gebäuden nicht statt). Traforäume finden sich in größeren Gebäuden, die einen hohen Stromverbrauch haben, oft im Erdgeschoss oder in den Kellergeschossen. Es kann aber auch vorkommen, dass Trafostationen für ganze Gebäudezüge durch den Versorger in einem Wohn- oder Geschäftsgebäude mit eigenem Zugang von außen vorgesehen werden. Ebenso können diese in separaten Gebäuden untergebracht sein. Räume mit Transformatoren erkennt man an der entsprechenden Beschilderung sowie großen Lüftungsöffnungen, meistens in der Tür. Trafos sind in der Regel durch mechanische Barrieren wie Bügel oder Gitter geschützt, da bereits bei Annäherung Lichtbögen auftreten können.

7 Haustechnik

In der Nähe von Trafos für die Gebäudeversorgung befindet sich in der Regel eine so genannte Mittelspannungshauptverteilung, von der aus die weitere Verteilung im Gebäude vorgenommen wird. **Mittelspannungsanlagen** innerhalb von Gebäuden haben eine Spannung von mehr als 1.000 V. Im Wohnungsbau und normalen Büro- und Gewerbenutzungen sind solche Anlagen nicht zu finden, aber in der Großindustrie kann es vorkommen, dass ein internes Mittelspannungsnetz für große Maschinen und Anlagen vorhanden ist.

Achtung:
An Trafos und Mittelspannungsverteilungen können Spannungen von mehreren tausend Volt anliegen. Hier kann ein Lichtbogen bereits ohne Berührung bei Annäherung schwere Gesundheitsschäden oder den Tod hervorrufen. Die Abschaltung darf nur von Elektrofachkräften mit spezieller Schaltberechtigung vorgenommen werden.

Die eigentliche Versorgung der Endverbraucher erfolgt mit der so genannten Niederspannung. **Niederspannungsanlagen** haben Betriebsspannungen von 230 V/400 V, wobei sich 230 V im »normalen Stromnetz« finden und 400 V beispielsweise für Herde, große Durchlauferhitzer oder andere größere Verbraucher genutzt werden.

Kleinspannungsanlagen (»Schwachstrom«) haben in der Regel weniger als 50 V. Mit ihnen werden zum Beispiel einfache Klingelanlagen betrieben.

Für die Brandbekämpfung an elektrischen Anlagen gelten die folgenden Richtwerte für den Mindestabstand (mit CM-Strahlrohr) (DKE/K 213: Brandbekämpfung in elektrischen Anlagen im VDE, 2018):

Tabelle 11: *Richtwerte beim Löschangriff für elektrische Anlagen nach (DKE/K 213: Brandbekämpfung in elektrischen Anlagen im VDE, 2018)*

Anliegende Spannung (Wechselspannung)	Strahlform	Abstand
< 1000 V	Sprühstrahl	1 m
	Vollstrahl	5 m
> 1000 V	Sprühstrahl	5 m
	Vollstrahl	10 m

7.1 Elektroinstallationen

Elektrische Leitungsanlagen können aus mehreren Gründen Einsatzkräfte und Einsatzerfolg gefährden:

- Die Kunststoffisolierungen schmelzen im Brandfall. Damit sind die leitenden Teile ungeschützt. Spannungsführende Leitungen und unter Spannung stehende Teile stellen eine Gefahr für Einsatzkräfte und zu rettende Personen dar.
- Mit Wärme beaufschlagte Leitungen hängen oft herab. Sie können zum Hängenbleiben führen.
- Brände an elektrischen Leitungen entwickeln durch die Kunststoffe in den Isolierungen große Mengen Rauch, die sowohl Atemgifte enthalten als auch korrosiv wirken.
- Nicht fachgerecht abgeschottete elektrische Leitungen können Brände in andere Geschosse, Gebäudeteile oder Brandabschnitte übertragen.

Werden elektrische Leitungen durch Wände oder Decken mit einem definierten Feuerwiderstand geführt, müssen **Abschottungen** gegen die Übertragung von Feuer und Rauch vorgenommen werden. Sie tragen in Deutschland den Buchstaben S in Kombination mit der Feuerwiderstandsdauer, also zum Beispiel S 30 oder S 90. Diese Abschottungen können auch in Kombinationen mit Rohrleitungen ausgeführt werden. Es gibt verschiedene Arten von Abschottungsmaßnahmen.

Das so genannte **Weichschott** besteht aus einer Steinwollematte mit hoher Rohdichte, die in die verbleibende Öffnung geklemmt wird. Kleine Restöffnungen und Zwickel zwischen den Leitungen werden mit loser Steinwolle verstopft. Danach werden beide Seiten der Abschottung sowie die Elektroleitungen mit einer intumeszierenden (im Brandfall aufquellenden) Masse (so genannter Dämmschichtbildner) bestrichen.

Bild 108: *Weichschott mit Dämmschichtbildner*

Beim **Hartschott** oder Mörtelschott werden die Öffnungen zwischen den Leitungen mit Brandschutzmörtel verschlossen.

Daneben gibt es noch weitere Abschottungsarten, die aber bei weitem nicht so verbreitet sind wie die beiden abgebildeten Abschottungen:
- Kissenschotts,
- Schotts mit Brandschutzsteinen,
- Brandschutzmasse,
- Abschottungsboxen.

Bild 109: *Beschädigtes Mörtelschott. Im Brandfall wäre mit einer Brandweiterleitung auf die andere Seite zu rechnen.*

Die offene Verlegung von **Elektroleitungen innerhalb von Rettungswegen** wie notwendigen Fluren, Treppenräumen oder Schleusen (siehe Kapitel 6) ist unzulässig. In diesen Rettungswegen dürfen nur Leitungen offen verlegt werden, die zu deren Betrieb dienen (z. B. Licht, Brandmeldeanlage, Alarmierung). Alle anderen Leitungen sind in Installationskanälen oder Unterdecken mit Feuerwiderstand zu kapseln (Arbeitskreis Technische Gebäudeausrüstung der Fachkommission Bauaufsicht der BMK, 2016).

Elektrische Anlagen sind jedoch nicht per se »schlecht« für den Brandschutz: Es gibt auch Verkabelungen, die für die Nutzer des Gebäudes und Feuerwehr überlebenswichtig sein können: **Leitungsanlagen mit Funktionserhalt**. Diese Elektroleitungen sind so gefertigt, dass sie auch im Brandfall weiter ihre Funktion erfüllen können. Sie sind daher geeignet, sicherheitstechnisch wichtige Einrichtungen in

7.1 Elektroinstallationen

Kombination mit einer Sicherheitsstromversorgung aufrecht zu erhalten, zum Beispiel:

- Brandmeldeanlagen,
- Alarmierungseinrichtungen,
- Löschanlagen,
- Entrauchungsanlagen,
- Feuerwehraufzüge oder
- Druckerhöhungsanlagen.

Der Funktionserhalt wird durch eine besondere Befestigung an den Trassen und gegebenenfalls mit einem zusätzlichen Kanal, meist in Trockenbauweise, erreicht. Elektroleitungen mit Funktionserhalt können auch durch Estrich oder Erdreich geschützt werden.

Bild 110: *Elektroleitungen mit Funktionserhalt (orange, Befestigung alle 25 cm mit Bügelschellen)*

Die deutsche Bezeichnung für Elektroleitungen mit Funktionserhalt besteht aus dem Buchstaben E und der zugehörigen Feuerwiderstandsdauer, also zum Beispiel E 30 für eine Elektroleitung, die im Brandfall 30 Minuten weiter funktioniert. Die europäische Klassifizierung wird mit einem P gekennzeichnet. Zum Thema Sicherheitsstromversorgung siehe Kapitel 8.11.

Besteht an der Einsatzstelle Gefahr durch elektrische Leitungen, muss möglichst schnell ein Trennschalter ausfindig gemacht werden, mit dem der betroffene Bereich stromlos geschaltet werden kann. Beim Vorhandensein von Feuerwehrplänen ist der so genannte »Hauptschalter Elektro« im Plan gekennzeichnet. Gibt es keine Feuerwehrpläne, kann eine recht aufwändige Suche notwendig werden. Elektrofachkräfte (vom Versorgungsunternehmen) können eine Abschaltung auch am Hausanschluss oder über die nächste Trafostation vornehmen; in letzterem Fall ist aber in der Regel der komplette vom Trafo versorgte Bereich stromlos.

7.2 Rohrleitungen

Rohrleitungen dienen der Versorgung eines Gebäudes mit Flüssigkeiten oder Gasen und der Entsorgung von Abwasser. Sie können ständig oder temporär mit dem zu transportierenden Stoff gefüllt sein. Während Frischwasserleitungen oder Leitungen für die Heizung normalerweise immer gefüllt sind, haben Regenwasserleitungen auch längere »Trockenperioden«. Rohrleitungen gibt es je nach Funktion und Einbauumgebung aus den verschiedensten Werkstoffen, zum Beispiel aus:

- Stahl,
- Gusseisen (»SML«),
- Aluminium,
- Kupfer,
- Polypropylen,
- Polyvinylchlorid oder
- diversen weitere Kunststoffen.

Viele Rohrleitungen haben zudem aufgrund ihres kalten oder warmen Inhalts oder einer Verbindung ins Freie oder Erdreich Isolierungen. Auch diese Isolierungen gibt es aus brennbaren oder nichtbrennbaren Baustoffen.

Nichtbrennbare Rohre aus Metall sind im Brandfall potentielle Wärmetransportwege, vor allem, wenn sie ungefüllt sind. Zudem können sie sich unter Brandbelastung ausdehnen und so benachbarte Bauteile wie Wände oder Decken beschädigen. Das Brandverhalten verbessert sich nachhaltig, wenn sie (bewegtes) Wasser führen, da dieses die Rohre von innen kühlt.

Brennbare Rohre und Dämmungen sind meist aus Kunststoff und somit primär als zusätzliche Brandlast zu sehen. Versagen sie im Brandfall, geben sie ihren Inhalt frei, was zusätzliche Schäden verursachen kann.

Führen die Rohrleitungen brennbare Stoffe wie zum Beispiel Erdgas, besteht zudem das Risiko des Stoffaustritts beim Versagen der Rohrleitung.

7.2 Rohrleitungen

Wie Elektroleitungen auch müssen Rohrleitungen beim Durchtritt durch Wände und Decken mit Feuerwiderstand abgeschottet werden.

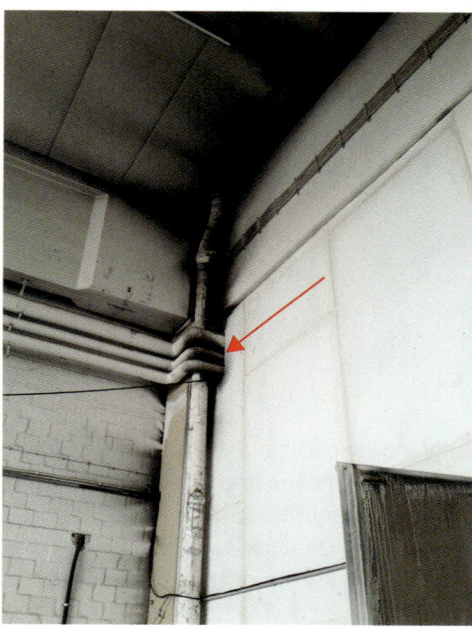

Bild 111: *Brandwand mit nicht fachgerecht geschotteten Rohrleitungen aus nichtbrennbaren Baustoffen nach einem Brand, gut zu sehen ist der Durchtritt von Rauch zwischen den Rohren.*

Bei nichtbrennbaren Rohren aus Metall geschieht die Abschottung meist durch Mörtelschotts aus Brandschutzmörtel in Verbindung mit einer Isolierung aus Steinwolle im Durchbruch. Rohre mit größeren Durchmessern haben oft noch weiterführende Dämmungen, um einen Wärmetransport über den Rohrwerkstoff auf die brandabgewandte Seite zu verhindern.

Für beide Arten von Rohren ist eine Abschottung mit einem Weichschott aus Steinwollematten mit einer intumeszierenden Beschichtung möglich.

Beide Arten von Abschottungen sind auch als Kombiabschottungen mit Elektroleitungen möglich.

7 Haustechnik

Bild 112: *Rohrabschottung für nichtbrennbare Rohre mit brennbaren (schwarz) und nichtbrennbaren Isolierungen (aluminiumkaschierte Steinwolle). Die brennbaren Isolierungen sind im Durchbruch mit einer intumeszierenden Matte versehen, die die Isolierung im Brandfall zusammendrückt.*

Brennbare Rohre erhalten aufgrund ihrer Schmelzbarkeit sowohl bei Mörtel- als auch bei Weichschotts noch eine zusätzliche Rohrmanschette oder eine intumeszierende Matte, deren Werkstoff im Brandfall aufquillt und das Rohr zuquetscht. Dadurch ist eine Übertragung des Brandes auf die brandabgewandte Seite nicht mehr möglich.

Für die Verlegung von brennbaren Rohren oder Rohren mit brennbaren Dämmungen in Rettungswegen gilt analog wie bei Elektroleitungen, dass diese gekapselt werden müssen, wenn sie nicht dem Betrieb des Rettungsweges dienen.

Die meisten Gebäude haben nah an der Einführung der Wasserleitungen im Gebäude einen so genannten Hauptwasserhahn, an dem sich die Wasserversorgung für das Gebäude komplett absperren lässt – zum Beispiel, um nach einem Wasserrohrbruch weiteren Austritt zu verhindern. Einzelne Nutzungen können eigene Absperrorgane haben.

Ein Sonderfall sind Rohrpostanlagen. Diese Anlagen bestehen meist aus Kunststoffrohren, durch die permanent oder auf Anforderung Druckluft gefördert wird, um damit kleine Kapseln mit Dokumenten oder anderen Inhalten zu transportieren. Durch die Luftdurchspülung werden diese Rohre so weit gekühlt, dass die bei Hitze aufquellenden Abschottungsmethoden nicht funktionieren, gleichzeitig aber Rauch übertragen werden kann. Daher sollten Rohrpostanlagen im Brandfall automatisch abschalten oder aber an zentraler Stelle stillgelegt werden können. Bei älteren Anlagen kann es durchaus sein, dass eine solche Abschaltung nicht vorhanden ist und sie den Rauch im Gebäude verteilen.

7.3 Lüftung

Bild 113: *Rohrmanschetten für brennbare Rohre in unterschiedlichen Größen. (Die Manschette auf dem Kupferrohr ist für dieses Rohr nicht geeignet und wurde wieder entfernt)*

7.3 Lüftung

Lüftungsanlagen dienen der Versorgung von Gebäuden mit Frischluft und dem Abtransport von Abluft. Dies kann in Kombination mit einer Kühlung oder Beheizung erfolgen.

Egal, ob es sich nur um eine kleine, dezentrale Anlage für Abstellräume oder eine große Lüftungsanlage für ein Bürogebäude handelt, allen Lüftungsanlagen ist gemein, dass sie ein Rohrnetz (meist aus Blechkanälen) und Ventilatoren haben.

Im Brandfall bedeutet dies, dass durch Lüftungsanlagen vor allem Rauch in andere Gebäudeteile oder Geschosse transportiert werden kann. Um dies zu verhindern, baut man in Wänden und Decken Brandschutzklappen (»Absperreinrichtungen gegen Feuer und Rauch«, wie sie nach DIN 4102-6 heißen) ein. Brandschutzklappen gibt es in runder oder eckiger Ausführung. Die Bezeichnung in Deutschland besteht aus einem K und einer Zahl für die Feuerwiderstandsdauer, also zum Beispiel K 90.

Viele Brandschutzklappen verfügen nur über eine Auslösung mit einem Schmelzlot. Dieses Lot hält eine Feder, die beim Abschmelzen des Lotes eine Klappe im Inneren schließt und so die Luftführung blockiert. Dies hat den Nachteil, dass beim Durchströmen von kühlerem Rauch keine Auslösung erfolgt und so der Rauch im Gebäude verteilt werden kann.

7 Haustechnik

Deshalb ist es möglich, Brandschutzklappen zusätzlich zum Schmelzlot entweder mit separaten Rauchmeldern oder über eine Brandmeldeanlage zentral auszulösen.

Im Einsatz muss geprüft werden, ob eine zentrale Abschaltung der Lüftungsanlage erforderlich und möglich ist. Meistens ist eine solche Abschaltung durch nicht unterwiesene Personen schwierig, da Lüftungsanlagen nicht über zentrale, gut erkennbare Hauptschalter verfügen, wie es bei Heizungsanlagen der Fall ist. Gegebenenfalls lässt sich die Abschaltung der gesamten Stromversorgung schneller realisieren.

Bild 114: *Brandschutzklappe als Überströmklappe mit Auslösung über die Brandmeldeanlage. Hinter dem Schutzgitter ist die dreigeteilte Klappe in geschlossenem Zustand zu sehen.*

7.4 Heizung

Die Beheizung von Gebäuden kann auf mannigfaltige Art und Weise erfolgen, zum Beispiel durch:
- Verbrennung von Erdgas,
- Verbrennung von Öl,
- Fernwärme,
- Verbrennungsheizungen für Holz oder aufbereitete Holz(abfall)stoffe (z. B. Pellets oder Holzhackschnitzel),

7.4 Heizung

- Erdwärme,
- Sonnenenergie (siehe Kapitel 7.6).

Alle Anlagen erwärmen Wasser, das dann über einen Heizkreislauf im Gebäude verteilt wird. Die wasserführenden Leitungen verlaufen entweder im Boden oder den Decken oder durchströmen Heizkörper. Das durch die Heizungsanlage erwärmte Wasser gibt die Wärme dabei ab. Das abgekühlte Wasser fließt zurück in die Zentrale, wo es von neuem erwärmt wird.

Die Heizungen, die auf Basis von Verbrennung arbeiten, stellen gleichzeitig Zündquelle und Brandlast dar. Hier ist meistens ein Zentralschalter außerhalb des Heizraumes vorhanden, mit dem die Anlage ohne Betreten des Raumes abgeschaltet werden kann.

Nicht richtig gewartete oder defekte Verbrennungsheizungen sorgen immer wieder für Kohlenmonoxidvergiftungen (CO-Vergiftungen) bei Bewohnern, aber auch bei nicht ausreichend geschützten Einsatzkräften (Harald Müller, Rainer Schremmer, Marco Pfeuffer, 2012). Beim geringsten Verdacht auf eine Fehlfunktion oder Manipulation an Heizungen oder Kaminöfen sollte daher auch bei Klein- und Rettungsdiensteinsätzen ein Gaswarngerät mit den Kenngrößen CO und O_2 mitgeführt werden. Bei Feststellung von CO ist umluftunabhängiger Atemschutz zu tragen, bis die Quelle beseitigt und die Einsatzstelle ausreichend belüftet und freigemessen ist.

Achtung:
Besondere Vorsicht ist bei Heizungen mit zerkleinerten Holz(werk)stoffen geboten. Dort gibt es in der Regel einen Lagerraum, aus dem mittels Förderanlagen der Brennstoff in den Heizraum gefördert wird. In diesen Lagerräumen kann es zu hohen CO-Konzentrationen und bei Aufwirbelung der gelagerten Stoffe zu Staubexplosionen kommen.

Schornsteine sind Schächte zur Abführung von Heizungsabgasen, klassisch auch vom Kaminofen bekannt. Schornsteine müssen feuerbeständig vom restlichen Gebäude abgetrennt werden. Oft geschieht dies durch Abmauern, aber auch Kanäle aus Brandschutzplatten sind möglich. Schornsteinbrände entstehen, wenn die Ablagerungen innerhalb des Schornsteins z. B. durch Anfeuern eines Kaminofens in Brand geraten.

7 Haustechnik

> **Merke:**
> Schornsteinbrände dürfen nicht mit Wasser gelöscht werden, da die schlagartige Verdampfung des Wassers im Schornstein zum Bauteilversagen führen würde. Sie müssen stattdessen unter ständiger Überwachung der angrenzenden Bauteile in allen Geschossen (möglichst durch einen Schornsteinfeger) ausgekehrt werden.

Heizungen durch Fern- oder Erdwärme stellen in der Regel bis auf kleinere Steuereinrichtungen keine große Brandgefahr dar, da sie nur mit Wasser und Wärmetauschern betrieben werden.

7.5 Blitzschutz

Blitzeinschläge können nicht nur Brände auslösen, sondern auch elektrische Anlagen im Gebäude schädigen oder zerstören. Daher werden hohe Gebäude und Gebäude, die im Falle eines Blitzeinschlages besonders gefährdet wären, durch Blitzschutzanlagen geschützt. Eine Blitzschutzanlage besteht aus einem äußeren Blitzschutz und einem inneren Blitzschutz. Die äußere Blitzschutzanlage besteht aus Fangeinrichtungen, die die Energie des Blitzes über Leitungen mit besonders niedrigem Widerstand in die Erde ableiten. Der innere Blitzschutz sorgt für den Schutz der Leitungen und elektrischen Geräte vor Spannungsspitzen durch den Blitzeinschlag sowie vor Funkenbildung.

7.6 Photovoltaik und Solarthermie

Photovoltaik und Solarthermie werden oft verwechselt oder inhaltlich vermischt.
Während bei der Photovoltaik (PV) Sonnenlicht in elektrische Energie umgewandelt wird, dient die Solarthermie zur Erwärmung von Wasser für die direkte Nutzung als Warmwasser oder zur Heizung von Gebäuden.
Die Stromerzeugung von Photovoltaikanlagen erfolgt in Solarmodulen, die meistens in mehrfacher Anordnung auf dem Dach montiert sind. Diese Module werden auch PV-Generatoren genannt und sind an so genannte Wechselrichter angeschlossen, die die erzeugte Gleichspannung in für die Gebäudetechnik nutzbare Wechselspannung (230 V oder 400 V) umwandeln. Je nach Größe der Anlage können auch mehrere Wechselrichter oder so genannte Generatoranschlusskästen vorhanden sein.

7.6 Photovoltaik und Solarthermie

Die meisten PV-Anlagen speisen in das öffentliche Stromnetz ein; wobei natürlich auch ein Eigenanteil zur Versorgung des Gebäudes abgenommen werden kann. (Deutscher Feuerwehrverband, 2012). Ein Teil der PV-Anlagen verfügt über Batteriespeicher, in denen die tagsüber erzeugte Energie auch bei ungenügender Sonneneinstrahlung zu nutzen; heutzutage handelt es sich oft um Lithium-Ionen-Akkus, von denen wiederum eine eigene Brandgefahr ausgeht.

Bild 115: *Photovoltaikanlage, integriert in die Fassade eines Treppenraumes*

Photovoltaik-Anlagen erzeugen immer dann Energie, wenn genügend Licht gleichmäßig auf die Solarmodule fällt. Neuere Anlagen verfügen in der Regel über Trennschalter, die in der Nähe des Wechselrichters die anliegende Gleichspannung abschalten. Die Anbringungsorte von Trennschaltern sind bis heute jedoch nicht einheitlich geregelt. Alle Anlagenteile vor dem Trennschalter können in der Regel nicht abgeschaltet werden, so dass gerade bei Einsätzen tagsüber mit dem Auftreten von elektrischer Energie zu rechnen ist (Marcus Pott, 2011). Versuche in Zusammenarbeit mit der Feuerwehr Burgdorf haben ergeben, dass Mondlicht und Einsatzstellenbeleuchtung in den meisten Fällen nicht ausreichen, um eine Gefährdung hervorzurufen (Heinrich Häberlin, 2011).

7 Haustechnik

> **Hinweis:**
> Von diversen Landesfeuerwehrverbänden, der vfdb und dem Deutschen Feuerwehrverband gibt es Handlungsempfehlungen für das Vorgehen bei der Brandbekämpfung von Bränden in und an PV-Anlagen.

Solarthermieanlagen bestehen aus Kollektoren, die über Sonneneinstrahlung eine Mischung aus Wasser und Frostschutzmitteln erwärmen. Über Wärmetauscher wird diese Wärme dann an die gebäudeinternen Leitungen abgegeben und kann für die Heizung oder für den Warmwasserbedarf der Bewohner genutzt werden.

Sowohl bei PV-Anlagen als auch bei Solarthermieanlagen sind die Module bzw. Kollektoren oft auf Dächern montiert. Da diese Anlagen auch Schnee- und Windlasten aushalten müssen, ist im Einsatzfall mit widerstandsfähigen Befestigungen zu rechnen. Dies kann eine schnelle Dachöffnung erschweren oder unmöglich machen. Zudem kann bei Modulen, die in steilem Winkel oder senkrecht montiert sind, der Kamineffekt, also die Ausbreitung von Flammen im Hinterlüftungsspalt, auftreten.

7.7 Aufzüge

Aufzüge dienen der vertikalen Erschließung eines Gebäudes, ohne dass Treppen genutzt werden müssen. Sie bestehen aus einem Fahrschacht, einer Fahrkabine, einem Antrieb sowie Steuer- und Führungseinrichtungen. Die meisten Aufzugskabinen werden über Tragseile bewegt, die von Elektromotoren angetrieben werden. Ältere Aufzüge haben hierfür (meist oberhalb des Fahrschachtes) einen Aufzugsmaschinenraum. Neuere Aufzüge werden oft aus Gründen der Platzersparnis als maschinenraumlose Aufzüge gebaut; dies bedeutet, dass die Steuertechnik und der Antrieb mit im Fahrschacht (oft auf dem Dach der Fahrkabine) montiert sind.

Seit 2002 ist es nach MBO zulässig, Aufzüge in Gebäuden unterhalb der Hochhausgrenze innerhalb eines Treppenraumes ohne feuerbeständige Abtrennung zu verbauen (Fachkommission Bauaufsicht der Bauministerkonferenz, 2016). So sind zum Beispiel gläserne Fahrschachtwände und -türen möglich. Auch in Einkaufszentren und repräsentativen Gebäuden sind gläserne Aufzüge aus architektonischer Sicht beliebt.

Liegt der Aufzug nicht in einem Treppenraum oder einem offenen Atrium, sondern verbindet brandschutztechnisch abgetrennte Geschosse, so muss er in einem feuerbeständigen Fahrschacht untergebracht sein. Die meisten Aufzüge haben schon aus

7.7 Aufzüge

statischen Gründen massive Fahrschachtwände, die dann auch einen Feuerwiderstand aufweisen. In diesen Fahrschachtwänden finden sich feuerbeständige Fahrschachttüren. Befindet sich der Aufzug in einem solchen Fahrschacht, verfügt er auch über eine kleine Rauchableitungsöffnung im Dach (2,5 % der Fahrschachtgrundfläche, mind. 0,1 m²) (Fachkommission Bauaufsicht der Bauministerkonferenz, 2016).

Bild 116: *Feuerbeständiger Fahrschacht aus Stahlbeton mit einer feuerbeständigen Fahrschachttür*

Im Brandfall können Aufzüge ohne Brandfallsteuerung zur Todesfalle werden. Die Lichtschranken, die eigentlich ein Einklemmen in den Türen verhindern sollen, schließen die Türen nicht, wenn sich Rauch zwischen ihnen befindet. Beim Brand des Flughafens Düsseldorf starben sieben Personen in Aufzügen, weil sie mit geöffneten Türen in der brennenden Ankunftsebene stehen blieben (Burger, 2016). Eine Brandfallsteuerung sorgt dafür, dass vom Brand betroffene Geschosse nicht angefahren werden. Stattdessen halten die Aufzüge je nach Fahrtrichtung oberhalb oder unterhalb des Brandgeschosses in einem sicheren Bereich an. Solche Brandfallsteuerungen sind jedoch nur möglich, wenn es im Gebäude eine Brandmeldeanlage gibt.

7 Haustechnik

Fahrschachttüren sind aufgrund des üblicherweise vorhandenen Spaltes in der Mitte und an den Seiten nicht vollständig rauchdicht. Im Brandfall ist daher auch bei Vorhandensein von feuerbeständigen Fahrschachttüren mit einer Verrauchung in angrenzenden Bereichen zu rechnen. Zum Thema Feuerwehraufzüge siehe Kapitel 8.8.

7.8 Doppel- und Hohlraumböden

Hohlraumböden sind Böden, bei denen bereits in der Bauphase bewusst Öffnungen und Kanäle freigehalten werden. Doppelböden hingegen sind auf Ständern aufgelagerte Bodenplatten.

Die am häufigsten vorkommenden Hohlraumböden sind Hohlraumestriche. Zur Herstellung von Hohlraumestrichen werden bei Verlegung des Estrichs Hohlräume in Form von Kanälen gebildet, in denen Leitungen und Leerrohre für spätere Installationen verlegt werden. Diese Hohlraumestriche können Revisionsöffnungen in Form von Deckeln im Fußboden haben; dies ist nicht zwingend überall gegeben.

Bild 117: *Hohlraumestrich mit Deckel; darunter: Elektroleitungen und Steckdosen*

Hohlraumestriche haben in der Regel mindestens 30 Minuten Feuerwiderstand. Im Brandfall bedeutet die geschlossene Bauweise, dass auch die Brandbekämpfung durch diese relativ kleinen Öffnungen erfolgen muss.

7.8 Doppel- und Hohlraumböden

Merke:
Beim Einsatz von Wasser: Vorher spannungsfrei schalten!

Doppelböden werden meist dort geplant, wo die Erreichbarkeit der Installationen an jeder Stelle gegeben sein soll. Sie bestehen aus Ständern mit aufgelegten Platten. Doppelböden gibt es sowohl mit als auch ohne Feuerwiderstand. Sie werden zum Teil auch zur Raumlüftung genutzt.

8 Brandschutztechnik

Unter Brandschutztechnik wird der Teil der Haustechnik verstanden, der der Sicherheit im Brandfall oder bei anderen Schadensfällen oder der Brandverhütung zugeordnet ist. Brandschutztechnische Anlagen erkennen Brände, alarmieren Nutzer und Feuerwehr, halten Brände klein und sichern den Erfolg bei der Menschenrettung und Brandbekämpfung mit technischen Unterstützungsmaßnahmen.

8.1 Rauchwarnmelder

Rauchwarnmelder sind die einfachste Form der automatischen Branderkennung. Sie werden überwiegend in Wohngebäuden als Einzelgeräte eingesetzt und sind inzwischen in allen Bundesländern für Neubauten und mit Ausnahme von Sachsen auch für Bestandsgebäude vorgeschrieben. Die Pflicht zur Installation hat immer der Eigentümer. Als Mindestschutz gibt die MBO den Schutz von

- Schlafräumen,
- Kinderzimmern,
- Fluren, die als Fluchtweg aus Aufenthaltsräumen dienen

vor (Fachkommission Bauaufsicht der Bauministerkonferenz, 2016).

In Badezimmern und Küchen sind Rauchwarnmelder nicht vorgeschrieben, weil der dort auftretende Wasserdampf zu Fehlalarmen führen könnte.

Die meisten Rauchwarnmelder sind mit optischen Sensoren ausgestattet, die bei Raucheintritt einen integrierten Alarm auslösen. Es ist bei einigen Modellen möglich, sie per Funk oder Verkabelung zu vernetzen.

8.2 Brandmeldeanlagen

Unter Brandmeldeanlagen (BMA) versteht man alle vernetzten Anlagen, die Brände in Gebäuden automatisch erkennen und an eine zentrale Stelle melden. In normalen Wohn- und Bürogebäuden sind Brandmeldeanlagen nach MBO nicht vorgeschrieben (Fachkommission Bauaufsicht der Bauministerkonferenz, 2016). Die Pflicht zur Installation von Brandmeldeanlagen ergibt sich aus den Regelungen für Sonderbauten in den einzelnen Bundesländern oder aus Auflagen im Genehmigungsverfahren. Da die Regelungen in den einzelnen Bundesländern zum Teil stark voneinander abwei-

8.2 Brandmeldeanlagen

chen, sind die folgenden Beispiele den Muster-Verordnungen und Muster-Richtlinien der Bauministerkonferenz entnommen. Zu beachten ist hierbei aber, dass diese Muster-Vorschriften nicht in allen Bundesländern eingeführt wurden und somit in manchen Ländern keine oder anderslautende Vorschriften vorhanden sein können. BMA können also je nach Bundesland zum Beispiel erforderlich sein in:

- Beherbergungsstätten (z. B. Hotels, Pensionen) mit mehr als 60 Gastbetten (nur Überwachung der notwendigen Flure) (Fachkommission Bauaufsicht der Bauministerkonferenz, 2014),
- erdgeschossigen Industriebauten mit Tragwerk ohne Feuerwiderstand und einer Fläche von mehr als 2.700 m^2 (Fachkommission Bauaufsicht der Bauministerkonferenz, 2014),
- Versammlungsstätten (z. B. Kinos, Theater, Messegebäude) mit Räumen für Besucher, die in Summe mehr als 1.000 m^2 haben (Fachkommission Bauaufsicht der Bauministerkonferenz, 2014),
- Hochhäuser ab 22 m[10] (Fachkommission Bauaufsicht der Bauministerkonferenz, 2012).

Diese Liste ist nicht vollständig und dient nur zur Verdeutlichung, welch unterschiedliche Kriterien für die Forderungen nach Brandmeldeanlagen angelegt werden. Für Kindergärten, Schulen und Krankenhäuser gibt es bis heute keine Muster-Verordnung, die das Vorhandensein einer Brandmeldeanlage fordert.

Zusätzlich können Brandmeldeanlagen natürlich auch im Baugenehmigungsverfahren zur Auflage gemacht werden, wenn eine besondere Gefährdung erkannt wird.

Brandmeldeanlagen bestehen aus mehreren Komponenten.

Die **Brandmelder** werden je nach Risiko ausgewählt und können verschiedene Brandkenngrößen erfassen:

- Rauchmelder messen mit einer optischen Messeinheit das Auftreten von Rauch,
- Thermomaximalmelder haben eine festgelegte Auslöse-Temperatur,
- Thermodifferenzialmelder melden einen (schnellen) Temperaturanstieg,
- Flammenmelder reagieren auf die Flackerfrequenz von Flammen,

---

10 Ausnahme: Hochhäuser mit Nutzungseinheiten < 200 m^2, feuerbeständigen Brüstungen und Rauchwarnmelder mit Netzstromversorgung; dort sind Brandmeldeanlagen erst ab 60 m Höhe erforderlich.

- Rauchansaugsysteme (RAS) bestehen aus dünnen Kunststoffrohren, in die über eine Pumpe kontinuierlich Luft eingesaugt und durch eine optische Detektoreinheit geleitet wird.
- Linienmelder sind Lichtmessstrecken mit Infrarotlicht, die auch große Spannweiten überbrücken können. Unterbricht Rauch die Messstrecke, wird Alarm ausgelöst.
- Lineare Brandmelder sind Elektroleitungen, die über die Widerstandsänderung eine Temperaturerhöhung erkennen. Sie werden beispielsweise in Doppelböden eingesetzt.
- Gasmelder können Stoffaustritte z. B. in Gefahrstofflagern erkennen.

Moderne Brandmelder kombinieren oft zur Vermeidung von Fehlalarmen mehrere Komponenten, also zum Beispiel zwei optische Messeinheiten mit einer thermischen Komponente. Erst bei Auslösung aller Komponenten wird der Alarm weitergeleitet. Möglich ist auch, dass in verschiedenen Gebäudebereichen unterschiedliche Brandmelder eingesetzt werden, die den jeweiligen Brandkriterien am besten entsprechen. Zusätzlich ist die Installation von Handfeuermeldern möglich.

Die Brandmelder werden über Funk oder mit einer Verkabelung vernetzt und in räumlich zusammenhängende **Meldergruppen** von ca. 5-10 Meldern unterteilt. Die Meldewege selbst werden ebenfalls überwacht. Diese Meldergruppen werden in einer Brandmelderzentrale[11] zusammengeschaltet. Bei sehr großen BMA kann es vorkommen, dass aufgrund der Melderanzahl **Brandmelder-Unterzentralen (BMUZ)** erforderlich werden.

Die eigentlich informationsverarbeitende Stelle ist ein Server, den die Feuerwehr in der Regel nicht zu Gesicht bekommt. Dieser Server wird irritierenderweise ebenso als **Brandmelderzentrale** bezeichnet wie die Anlaufstelle für die Feuerwehr.

Der Server der Brandmeldeanlage steuert im Alarmfall mehrere Einrichtungen an.

Über den **Hauptmelder** wird der Alarm zu einer Stelle weitergeleitet, die Hilfe entsenden kann. Dies ist in den meisten Fällen die Leitstelle der Feuerwehr, kann aber auch die Zentrale eines Sicherheitsdienstes oder die Werkfeuerwehr sein.

---

11 Parallel wird in der Literatur auch der Begriff »Brandmeldezentrale« (ohne »r« in der Mitte) verwendet. Im Folgenden wird einheitlich auf die Schreibweise aus der Normung für Brandmeldeanlagen zurückgegriffen.

8.2 Brandmeldeanlagen

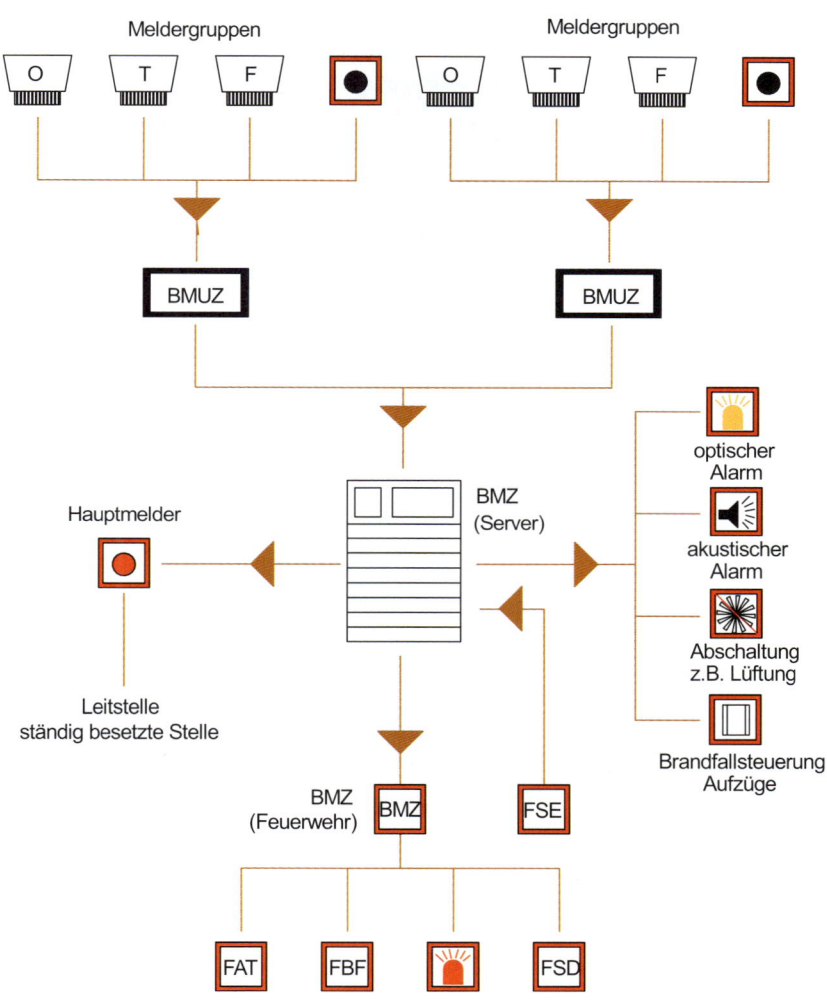

Bild 118: *Schema einer Brandmeldeanlage (O: optischer Rauchmelder, T: Thermo(differential)melder, F: Flammenmelder)*

8 Brandschutztechnik

Bild 119: *Brandmelderzentrale (technisch/Server) in einem feuerhemmenden Schrank*

Zusätzlich können andere Anlagen angesteuert und so ein- oder ausgeschaltet werden, zum Beispiel:
- Druckbelüftungsanlangen,
- optische und akustische Alarmierungen,
- Brandfallsteuerungen für Aufzüge,
- Lüftungsanlagen,
- Entrauchungsanlagen,
- Brandschutztüren,
- Brandschutzklappen.

8.2 Brandmeldeanlagen

Wird die Brandmeldung zur Feuerwehr weitergeleitet, kommt die **Brandmelderzentrale (Feuerwehr)** ins Spiel. Sie besteht aus einem genormten, roten Schrank, in dem das **Feuerwehr-Anzeigetableau (FAT)**, das **Feuerwehr-Bedienfeld (FBF)** und die Melderlaufkarten sowie Feuerwehrpläne untergebracht sind.

Bild 120: *Brandmelderzentrale (Feuerwehr) mit Feuerwehranzeigetableau (oben links) und Feuerwehr-Bedienfeld (darunter)*

Zusätzlich befindet sich außen am Gebäude das **Feuerwehrschlüsseldepot (FSD)** mit einem Zentralschlüssel für das Gebäude. Die äußere Klappe dieses FSD öffnet sich bei einem Alarm automatisch. Für die innere Klappe muss ein Schlüssel auf dem Fahrzeug mitgeführt werden, so dass eine besondere Sicherung gegen Diebstahl gegeben ist.

Wird von außen telefonisch ein Feuerwehreinsatz ohne Brand (Wasserrohrbruch, Sturmschaden) gemeldet, muss es trotzdem eine Möglichkeit geben, das Gebäude zerstörungsfrei zu betreten. Hierfür kann ein **Freischaltelement (FSE)** an der Gebäudeaußenseite angebracht werden, mit dem über den Feuerwehrschlüssel ein »externer Brandmeldealarm« ausgelöst werden kann. Dann öffnet sich das FSD und der Zentralschlüssel kann entnommen werden.

Zusätzliche Anforderungen an die BMZ und die zugehörigen Komponenten können durch die Aufschaltbedingungen der jeweiligen Brandschutzdienststelle festgelegt werden. In diesen Aufschaltbedingungen wird beispielsweise oft ein technisch gelöster Schutz gegen Fehlalarme oder die Verwendung bestimmter Schließkomponenten vorgegeben.

8 Brandschutztechnik

Bild 121: *freistehende Säule vor dem Gebäude mit Feuerwehrschlüsseldepot (unten) und Freischaltelement (oben)*

8.3 Alarmierungseinrichtungen

Wird ein Brand automatisch erkannt, müssen die Personen im Gebäude alarmiert werden. Hierzu dienen Alarmierungseinrichtungen, auch **elektroakustische Alarmierungsanlagen (ELA)** genannt. Je nachdem, welche Klientel sich im Gebäude befindet und wie orientiert die Personen sind, gibt es verschiedene Möglichkeiten der Alarmierung:
- stiller Alarm auf Pager für das Personal (z. B. in Demenzstationen),
- Hupen oder Sirenen,
- über integrierte Sockelsirenen direkt an den Brandmeldern,
- vorprogrammierte Sprachdurchsagen (»Aufgrund einer technischen Störung/eines Brandes bitten wir Sie, das Gebäude durch den nächstgelegenen Notausgang zu verlassen.«),
- vorprogrammierte, dynamisch eingestellte Sprachdurchsagen (»Aufgrund eines Brandes im 3. OG des Westflügels bitten wir alle Personen im 3.,4. und 5. OG, das Gebäude über die Außentreppe zu verlassen.«),

8.4 Löschanlagen

- Blitzleuchten (für Hörbehinderte),
- Vibrationsmatten (Betten für Hörbehinderte).

Auch möglich sind individuelle nicht automatisierte Sprachdurchsagen durch alarmiertes Betriebspersonal (z. B. durch einen Stadionsprecher oder das Schulsekretariat).
Welche Form der Alarmierung für ein Gebäude erforderlich ist, wird entweder in Sonderbauvorschriften oder im Genehmigungsverfahren festgelegt.

8.4 Löschanlagen

Automatische Löschanlagen werden immer dort eingesetzt, wo im Brandfall entweder große Sachschäden zu befürchten sind oder wo große Brandabschnitte gewünscht werden, die durch einen Feuerwehreinsatz nicht mehr zu beherrschen wären, zum Beispiel in:

- Hochhäusern ab 22 m[12] (Fachkommission Bauaufsicht der Bauministerkonferenz, 2012),
- erdgeschossigen Industriebauten ohne Feuerwiderstand im Tragwerk mit Brandabschnittsflächen von bis zu 10.000 m^2 (Fachkommission Bauaufsicht der Bauministerkonferenz, 2014),
- Versammlungsstätten (z. B. Kinos, Theater, Messegebäude) mit Räumen für Besucher, die in Summe mehr als 3.600 m^2 haben (Fachkommission Bauaufsicht der Bauministerkonferenz, 2014).

Löschanlagen sind dafür da, einen Brand in einer für die Feuerwehr beherrschbaren Größe (meist Entstehungsbrandstadium) unter Kontrolle zu halten.

Merke:
Löschanlagen müssen einen Brand nicht unbedingt vollständig ablöschen. Daher ist eine sorgfältige Erkundung und Kontrolle unabdingbar.

---

12 Ausnahme: Hochhäuser mit Nutzungseinheiten < 200 m^2, feuerbeständigen Brüstungen und Rauchwarnmelder mit Netzstromversorgung: Dort sind Löschanlagen erst ab 60 m Höhe erforderlich.

8 Brandschutztechnik

Sprinkleranlagen

Die am häufigsten eingesetzten Löschanlagen sind Sprinkleranlagen. Sie bestehen aus einem Rohrleitungsnetz mit einer Wasserbevorratung und einer oder mehreren Sprinklerpumpen. Die meisten Sprinkleranlagen sind so genannte Nassanlagen, das heißt, das ganze Rohrnetz ist mit Wasser gefüllt. Bei Trockenanlagen (z. B. für frostgefährdete Bereiche) ist das Rohrnetz mit Druckluft gefüllt.

Bild 122: *Sprinklerkopf für stehende Montage auf der Rohrleitung, Auslösetemperatur 68° C*

An den Rohren sind die Sprinklerköpfe montiert. In den Sprinklerköpfen befindet sich ein Glasfässchen mit einer Flüssigkeit. Wird der Sprinklerkopf nun durch heißen Rauch oder Flammen erwärmt, erwärmt sich die Flüssigkeit und bringt das Glasfässchen durch den steigenden Druck im Inneren zum Platzen. Dies geschieht bei einer vordefinierten Temperatur, meist 68° C. Da das Glasfässchen gewissermaßen der Stöpsel auf der Rohrleitung ist, tritt dann Wasser aus der Rohrleitung aus.

Bei einer Trockenanlage tritt die Druckluft aus. Das Trockenalarmventil misst den Druckabfall im Trockenrohrnetz, das Nassalarmventil misst den Wasserdurchfluss. Dadurch wird die Sprinklerpumpe aktiviert.

Auch die Kombination von »trockenen« und »nassen« Abschnitten innerhalb einer Anlage ist möglich, wenn zum Beispiel einige überwachte Bereiche frostgefährdet sind, andere hingegen nicht. Diese Anlagen werden dann Nass-Trocken-Anlagen genannt.

Die Sprinklerpumpe fördert dann Wasser in das Rohrleitungsnetz. Da Sprinklerpumpen eine gewisse Zeit benötigen, bis sie ihre volle Leistung erbringen, wird bei manchen Anlagen ein Druckluftwasserbehälter vorgesehen. In diesem befindet sich Wasser mit einer Schicht aus Druckluft. Bei einem Druckabfall im Rohrnetz drückt die Luft das Wasser aus dem Behälter in die Leitungen und überbrückt so die Anlaufzeit der Pumpe.

8.4 Löschanlagen

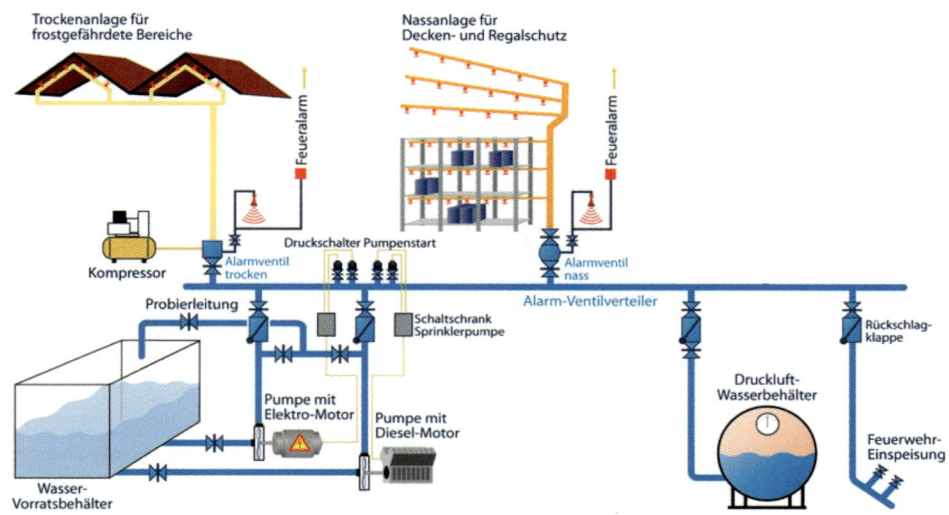

Bild 123:   *Funktionsweise einer Sprinkleranlage (Grafik: Calanbau Brandschutzanlagen GmbH)*

In beiden Fällen löst ein Alarmventil einen Alarm aus. Der Alarm wird in den meisten Fällen auch über eine BMZ zur Feuerwehr weitergeleitet.

Zusätzlich besteht bei den meisten Löschanlagen die Möglichkeit, über eine externe Einspeisung für die Feuerwehr Wasser direkt in das Rohrnetz einzuspeisen. So kann die Sprinkleranlage auch bei komplettem Ausfall der Wasserversorgung durch die Feuerwehr weiter betrieben werden. In der Regel wird in einem solchen Szenario aber eher eine direkte Brandbekämpfung vorgenommen, da die Leistungsfähigkeit der Feuerlöschkreiselpumpen auf Feuerwehrfahrzeugen deutlich unter der einer Sprinklerpumpe liegt.

Merke:
Sprinkler lösen nur dort aus, wo tatsächlich hohe Temperaturen vorhanden sind.

Sprühwasserlöschanlagen

Sprühwasserlöschanlagen haben im Gegensatz zu Sprinkleranlagen offene Düsen und werden über eine Brandmeldeanlage, so genannte Anregesprinkler oder von Hand ausgelöst. Die Anregesprinkler befinden sich auf einer separaten Rohrleitung

8 Brandschutztechnik

und müssen zuerst auslösen. Der Druckabfall in dieser Leitung steuert dann die Sprühwasserlöschanlage an. Bei Auslösung wird also aufgrund der offenen Düsen ein kompletter Abschnitt gleichzeitig mit Löschwasser benetzt. Diese Anlagen finden dort Anwendung, wo mit einer besonders schnellen Brandausbreitung gerechnet werden muss, zum Beispiel auf Großbühnen von Theatern oder in chemischen Anlagen.

Merke:
Bei Auslösung einer Sprühwasserlöschanlage ist Schnelligkeit in der Erkundung gefragt. Dort wird tatsächlich der komplette zu schützende Bereich mit Wasser beaufschlagt.

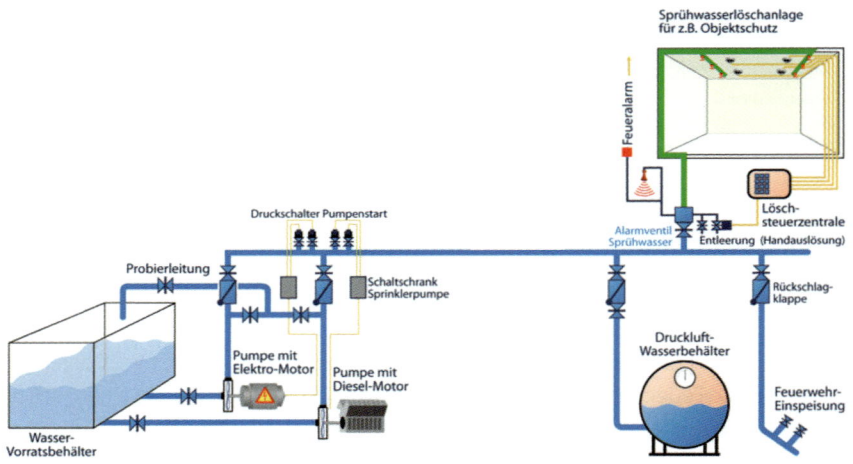

Bild 124: *Funktionsweise einer Sprühwasserlöschanlage (Grafik: Calanbau Brandschutzanlagen GmbH)*

Schaumlöschanlagen

Schaumlöschanlagen werden dort eingesetzt, wo ein Löscherfolg allein mit Wasser nicht zu erreichen ist, also zum Beispiel in Lagern für brennbare Flüssigkeiten. Genau wie im Feuerwehreinsatz gibt es Schwer-, Mittel- und Leichtschaumanlagen. Auch diese Anlagen werden meistens über Brandmeldeanlagen ausgelöst und geben abschnittsweise Löschmittel ab.

Diese Anlagen haben zusätzlich zur Wasserbevorratung noch einen Schaummitteltank, aus dem heraus im Alarmfall das Wasser-Schaummittel-Gemisch erzeugt

8.4 Löschanlagen

wird. Alternativ oder bei besonderen Gefährdungen ist es auch möglich, die Rohrleitungen bereits mit einem Gemisch zu füllen; hier ist allerdings mit einem schnelleren Zusetzen der Leitungen zu rechnen.

Bei Schwerschaum-Löschanlagen wird der Schaum über spezielle Sprinklerköpfe oder -düsen direkt an der Rohrleitung erzeugt.

Bild 125: *Schwerschaumdüse*

Bild 126: *Leichtschaumlöschanlage in einem Regallager nach der Auslösung*

Mittelschaum-Löschanlagen haben bereits ähnlich aufgebaute Schaumrohre wie die Feuerwehr. Leichtschaum-Löschanlagen arbeiten mit Ventilatoren, die das Schaummittel-Wasser-Gemisch auf große Siebe blasen und so den Leichtschaum erzeugen und damit den Raum komplett fluten. Bei Auslösung von Leichtschaumlöschanlagen wird vorher ein Räumungsalarm gegeben, damit anwesende Personen vor Flutung des Raumes flüchten können.

Merke:
Leichtschaumlöschanlagen fluten die zu schützenden Räume komplett. Auch bei der Erkundung muss daher Atemschutz getragen werden.

Pulverlöschanlagen

Eine Pulverlöschanlage wird dort eingesetzt, wo mit flüssigen und gasförmigen Löschmitteln kein angemessener Löscherfolg erzielt werden kann.

Das Pulver wird in Behältern gelagert und nach Auslösung über eine Brandmeldeanlage durch ein Treibgas in den zu löschenden Raum befördert. Pulverlöschanlagen finden sich beispielsweise in Förderanlagen für brennbare Stäube und werden dort meist durch Flammenmelder oder Wärmebildkameras ausgelöst. Aber auch in Räumen mit besonderen Brandgefahren werden Pulverlöschanlagen eingesetzt, wenn eine schnelle Brandunterdrückung gefordert ist. Vor Einblasen des Löschpulvers muss der Raum geräumt werden, weshalb ein Räumungssignal vorgeschaltet ist.

Gaslöschanlagen
Gaslöschanlagen werden dort eingesetzt, wo Löschmittelrückstände ebensolchen Schaden anrichten würden wie ein Brand, also zum Beispiel in Rechenzentren.

Als Löschgase kommen inerte Gase und Mischungen aus mehreren Gasen in Frage, zum Beispiel:
- Kohlendioxid,
- Argon,
- chemische Löschgase,
- Stickstoff.

Die Auslösung der Gaslöschanlage erfolgt über eine Brandmeldeanlage; in modernen Anlagen oft über besonders schnell reagierende Rauchansaugsysteme. Danach ertönt ein Alarmsignal, das zum Verlassen des Raumes auffordert, denn die Gase verdrängen den Luftsauerstoff und wirken somit auch auf Menschen erstickend.

Nach Ablauf einer angemessenen Räumungszeit (meist 30 Sekunden) wird das Gas in den Raum geleitet.

Bild 127: *Funktionsweise einer Gaslöschanlage (Grafik: Calanbau Brandschutzanlagen GmbH); die gasführenden Komponenten sind gelb dargestellt, die BMA lila.*

8.5 Trockene Steigleitungen

Achtung:
Die Erkundung von Räumen mit ausgelösten Gaslöschanlagen muss unter umluftunabhängigem Atemschutz und mit fertig vorbereitetem Löschangriff vorgenommen werden. Beim Öffnen von Türen ist mit Sauerstoffzutritt und Rückzündung zu rechnen.

Inertisierungsanlagen
Inertisierungsanlagen gehen einen Schritt weiter als Löschanlagen: Sie setzen bereits vor Brandentstehung den Sauerstoffgehalt im Gebäude soweit herab, dass keine Zündung stattfinden kann. Je nach Art der Brandlasten liegt der Sauerstoffgehalt bei solchen Anlagen zwischen 13 % und 15 %, bei Anlagen, die Explosionen vermeiden sollen, auch darunter. Zur Erreichung dieser niedrigen Konzentration wird Stickstoff aus der Umgebungsluft gewonnen und in das Gebäude eingeblasen. Ein Betreten bzw. Einlagern ist nur über Schleusen möglich.

Achtung:
Bei der Erkundung von inertisierten Räumen oder Gebäuden im Rahmen einer Alarmierung müssen die Türen wieder geschlossen werden, da es sonst zu einer schlagartigen Brandausbreitung kommen kann. Atemschutz tragen und Löschangriff vorbereiten!

8.5 Trockene Steigleitungen

Als trockene Steigleitungen werden Steigleitungen bezeichnet, an denen nicht direkt Wasser entnommen werden kann. Das liegt daran, dass entweder keine eigene Wasserversorgung vorhanden ist oder die Wasserversorgung über eine Pumpe erst aktiviert werden muss.

Trockene Steigleitungen ohne eigene Wasserversorgung sind ein kostengünstiger Weg, das Verlegen von Schlauchleitungen zu minimieren, zum Beispiel bei Gebäuden knapp unter der Hochhausgrenze.

Sie bestehen aus einer Einspeisung auf Erdgleiche, einer Rohrleitung als Verbindung und Entnahmestellen in den Geschossen. Durch den Betrieb über die Feuerlöschkreiselpumpe des Fahrzeugs kann die Feuerwehr im Gegensatz zu nassen Steigleitungen und Wandhydranten selbst über den Druck am Strahlrohr bestimmen.

8 Brandschutztechnik

Bild 128: *Einspeisestelle einer trockenen Steigleitung ohne eigene Wasserversorgung mit angekuppeltem B-Schlauch. Im Anschluss ist ein Rückschlagventil verbaut, so dass auch die Einspeisung mit nur einem Schlauch möglich ist.*

Bild 129: *Entnahmestelle (C-Kupplung) einer trockenen Steigleitung. Der Abgang kann für das Ankuppeln des C-Schlauches nach vorn herausgeklappt werden.*

8.6 Nasse Steigleitungen und Wandhydranten

Achtung:
Vor Einspeisung müssen unbedingt alle Entnahmestellen kontrolliert werden, um Druckverluste und Wasserschäden durch offene Blindkupplungen (beispielsweise durch Sabotage) zu vermeiden.

Trockene Steigleitungen mit Wasserversorgung sind zum Beispiel in frostgefährdeten Bereichen aufzufinden. Sie haben einen Wassertank und eine Druckerhöhungsanlage, die erst im Brandfall über BMA oder Druckabfall bei Öffnen der Abgänge zugeschaltet werden.

Auch an trockenen Steigleitungen können Wandhydranten (siehe nächstes Kapitel) angeordnet sein; diese Ausführung ist aber eher selten anzutreffen.

8.6 Nasse Steigleitungen und Wandhydranten

Nasse Steigleitungen sind bereits mit Wasser gefüllt und verfügen über eine Druckerhöhungsanlage sowie (in den meisten Fällen) einen Wassertank zur Bevorratung von Löschwasser. Ältere Anlagen sind manchmal noch direkt aus dem normalen Wassernetz gespeist. Die Anzahl dieser Anlagen nimmt aber im Zuge der Maßnahmen zur Trinkwasserhygiene rapide ab. Die Entnahmestellen ohne Wandhydranten entsprechen denen für trockene Steigleitungen.

Ist an der nassen Steigleitung ein Wandhydrant angeordnet, sind dort zwei Ausführungen möglich. Wandhydranten vom Typ S (»Selbsthilfe«) sind rein für die Selbsthilfe der Gebäudenutzer gedacht. Sie sind vom anliegenden Druck und von der Wassermenge her für den Feuerwehreinsatz nicht geeignet.

Wandhydranten vom Typ F (»Feuerwehr«) sollen nach Definition aus der DIN 14461-1 geeignet für die Selbsthilfe und den Einsatz der Feuerwehr sein (NA 031-03-05 AA »Anlagen zur Löschwasserversorgung einschließlich Wandhydranten - SpA zu CEN/TC 191/WG 9« , 2016). Dort ist es möglich, den formstabilen Schlauch abzukuppeln und eine eigene C-Leitung vom Hydranten aus im Gebäude zu verlegen.

Schaut man jedoch einmal auf die Mindestdrücke und Durchflussmengen, die nach DIN 14461-1 an den Entnahmestellen gefordert werden, so stellt sich heraus, dass weder das eine noch das andere zu den Erfordernissen von handelsüblichen Hohlstrahlrohren passen. Die zu liefernde Wassermenge ist entweder in einer Vorschrift für den entsprechenden Gebäudetyp (z. B. Hochhausrichtlinie) festgelegt oder

8 Brandschutztechnik

wird im Brandschutzkonzept individuell gefordert. Möglich sind Anlagen mit 3 Entnahmestellen, 100 l/Min. Durchflussmenge bei einem Mindestdruck von 0,3 MPa (3 bar) oder Anlagen mit 2 Entnahmestellen, 200 l/Min. Durchflussmenge bei einem Mindestdruck von 0,45 MPa (4,5 bar) (NA 031-03-05 AA »Anlagen zur Löschwasserversorgung einschließlich Wandhydranten - SpA zu CEN/TC 191/WG 9« , 2016). Erstere Variante mit 100 l/Min ist schon aufgrund der Wassermenge völlig ungeeignet für einen qualifizierten Innenangriff mit Rauchgaskühlung.

Die meisten Hohlstrahlrohre haben einen Mindesteingangsdruck von 0,5 MPa (5 bar), so dass mit genormten Wandhydrantenanlagen, die nur den Mindestdruck liefern, ein Hohlstrahlrohr eventuell nicht effektiv betrieben werden kann.

Bild 130: *Wandhydrant Typ F in geschlossener und geöffneter Form. Für die Vornahme eines eigenen C-Rohres muss die Haspel abgekuppelt werden.*

Praxis-Tipp:

Prüfen Sie bei Objekten mit Wandhydranten Typ F in Absprache mit dem Betreiber vor dem Einsatz, ob die Anlage für den Betrieb eines Hohlstrahlrohres geeignet ist. Ansonsten gilt: Im Zweifel eine eigene Wasserversorgung verlegen.

8.7 Entrauchung

Rauch- und Wärmeabzüge, auch als **Rauch- und Wärmeabzugsanlagen (RWA)** bezeichnet, dienen der schnellen Ableitung von Brandrauch aus dem Gebäude. Dies hat mehrere Vorteile:
- Bessere Sicht: Durch die Abführung von Rauch über RWA stellt sich in der Regel im unteren Teil des Raumes eine raucharme Schicht ein, die sowohl eine Flucht als auch das Auffinden von Opfern und Brand erleichtern.
- Geringere thermische Belastung: Über RWA wird die entstehende Brandwärme aus dem Gebäude abgeleitet. Damit wird zum einen die Konstruktion entlastet, was vor allem bei Verwendung von Stahlbauteilen einen Einsturz verhindern kann, zum anderen aber auch die Arbeit im Brandraum für die eingesetzten Einsatzkräfte erleichtert.
- Schnellere Betriebsbereitschaft: Je schneller der Rauch aus dem Gebäude geleitet ist, desto schneller kann mit Aufräum- und Reinigungsarbeiten begonnen werden.

RWA gibt es mit oder ohne maschinelle Unterstützung.

Natürliche Entrauchung
Als natürliche Entrauchung bezeichnet man alle Vorgänge zur Rauchableitung, die allein aus thermischer Strömung heraus ohne maschinelle Unterstützung passieren. Eine natürliche Entrauchung besteht mindestens aus folgenden Komponenten:
- Öffnung zur Entrauchung im Dach oder dem oberen Drittel der Außenwand,
- Steuer- und Auslöseeinrichtung und
- Zuluftöffnung.

Die Öffnungen zur Entrauchung werden auch als **»NRA« (natürlicher Rauchabzug)** oder **»NRWG« (natürliches Rauch- und Wärmeabzugsgerät)** bezeichnet, wobei mit beidem kein Ventilator o.ä. gemeint ist, sondern lediglich das Gerät, welches die Öffnung ins Freie herstellt – zum Beispiel eine Lichtkuppel.

Die Auslösung von natürlichen Rauchabzügen kann über verschiedene Einrichtungen erfolgen:
- über Schmelzlote,
- durch elektrische Ansteuerung über Handtaster, Rauchmelder oder BMA,
- durch CO_2-Patronen mit Handauslösungen (siehe Bild 132) oder automatischer Auslösung.

8 Brandschutztechnik

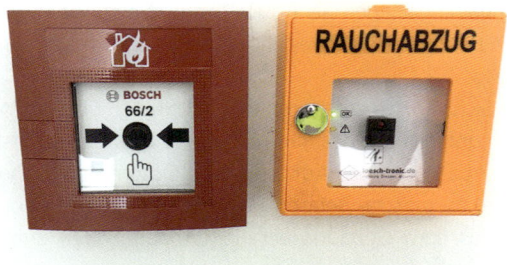

Bild 131: *Handauslösung für RWA neben einem Handfeuermelder. Diese Handauslösungen für RWA dürfen nicht in roten Kästen angeordnet werden, da sie sonst dem Nutzer eine Alarmierung der Feuerwehr suggerieren könnten.*

Bild 132: *Handauslösung für Rauchabzüge mit CO_2-Patronen in Auslösekästen. Hier ist eine rote Lackierung zulässig, da keine Verwechslungsgefahr mit einem Handfeuermelder besteht.*

Rauch- und Wärmeabzüge im Dach können sowohl einzelne Kuppeln, Bestandteile von Lichtbändern oder Glasdächern oder auch abgedunkelte Klappen (z. B. in Kinos) sein. Dementsprechend sind die Erscheinungsbilder recht vielfältig. In vielen Treppenräumen, aber auch in Industriebauten, finden sich Rauchableitungsöffnungen (so die Bezeichnung nach MBO) in der Fassade und nicht im Dach.

8.7 Entrauchung

Bild 133: *Rauchabzugsöffnungen im Glasdach eines Atriums. Die weißen Stangen sind die Stellmotoren zur Öffnung nach Auslösung durch die im Gebäude vorhandene Brandmeldeanlage.*

Keine Entrauchung funktioniert ohne die Nachströmung von Zuluft, da sich sonst keine gerichtete Strömung ausbildet. Ohne Zuluft können sich Verwirbelungen bilden oder es tritt sogar eine Umkehr des gewünschten Effekts ein (Frischluftnachführung zum Brand über die RWA). Für die Zuluft kann durch Öffnen von Türen und Toren gesorgt werden.

Praxis-Tipp:
Sorgen Sie dafür, dass Zuluftöffnungen für RWA in den Betrieben vor Ort von innen und außen gekennzeichnet sind, damit sie im Brandfall schnell auffindbar sind.

Sind spezielle Öffnungen für die Zuluft vorgesehen und gekennzeichnet, sollten auch nur diese geöffnet werden und nicht noch zusätzliche Tore oder Türen. Solche RWA sind in Verbindung mit der Zuluft berechnet worden. Vergrößert man die Zuluft, kann dies zu einer langsameren Entrauchung führen, weil das Verhältnis von Zu- und Abluft nicht mehr stimmt.

Bild 134: *Tor in einem Industriebetrieb, gekennzeichnet mit rot umrandetem Schild »Zuluftöffnung für NRA«. Die Kennzeichnung befindet sich auf der Innen- und der Außenseite der Tore.*

Möglich ist es aber auch, die Zuluftöffnungen als separate, nicht anders genutzte Öffnungen auszuführen, zum Beispiel als Lamellen in der Außenwand, die nur im Brandfall öffnen.

Bild 135: *Rauchableitungsöffnung in einem Treppenraum (rechts oben)*

8.7 Entrauchung

Maschinelle Entrauchung

Anlagen für die maschinelle Entrauchung **(MRA)** werden dort eingesetzt, wo eine natürliche Entrauchung nicht gewährleistet werden kann. Sie bestehen aus

- Brandgasventilatoren,
- (eventuell) Lüftungskanälen mit nachgewiesener Temperaturbeständigkeit, möglich ist aber auch eine direkte Anordnung der Ventilatoren auf dem Dach oder in der Außenwand des zu entrauchenden Raumes,
- Auslöse- und Steuereinrichtungen,
- natürlichen Zuluftöffnungen oder maschinellen Zuluftanlagen.

Bild 136: *Entrauchungsventilatoren auf dem Dach einer Verkaufsstätte. Das Gitter dient zum Schutz vor Manipulation und Beschädigung*

Theoretisch ist auch die Kombination einer natürlichen Abluftöffnung mit maschineller Zuluft möglich; dies wird aber in der Praxis eher selten gewählt.

Die Auslösung von maschinellen Entrauchungsanlagen erfolgt in der Regel gemeinsam mit der Zuluft über eine Brandmeldeanlage. Lediglich bei Einzelventilatoren wird in Ausnahmefällen auch eine Handauslösung vorgesehen.

Merke:
Die Zu- und Abluftmenge bei MRA sind recht genau definiert und aufeinander abgestimmt. Zusätzliche Öffnungen oder der Einsatz von Lüftern können den Erfolg der Entrauchung behindern.

Druckbelüftungsanlagen

Druckbelüftungsanlagen werden – je nachdem, in welche Vorschrift oder Norm man schaut – auch **Rauchschutzdruckanlagen (RDA)** oder **Differenzdruckanlagen** genannt.

Diese Anlagen dienen dazu, einen bestimmten Bereich rauchfrei zu halten, indem in diesem Bereich ein höherer Druck herrscht als in den umliegenden Räumen. Solche Anlagen werden in Sicherheitstreppenräumen (siehe Kapitel 6.1) vorgesehen, damit kein Rauch eindringen kann. Dadurch kann auf einen zweiten Rettungsweg verzichtet werden.

Druckbelüftungsanlagen werden über eine Brandmeldeanlage oder vernetzte Rauchmelder ausgelöst. Im Brandfall wird über einen Zuluftschacht Luft in den Treppenraum eingeblasen, so dass im Treppenraum ein permanenter Überdruck herrscht. Öffnet nun jemand die Zugangstür zum Treppenraum, strömt die Luft entgegen der Fluchtrichtung durch die Tür in den Vorraum.

8.8 Feuerwehraufzüge

Feuerwehraufzüge können im Gegensatz zu allen anderen Aufzügen im Brandfall sowohl zur Menschenrettung als auch zum Transport von Mannschaft und Gerät eingesetzt werden. Damit dies möglich ist, haben Feuerwehraufzüge in der Regel folgende Komponenten:

- Druckbelüftungsanlage zur Rauchfreihaltung des Fahrschachtes,
- Vorräume als sichere Bereiche,
- Fenster in den Fahrschachttüren zur Sichtung der Umgebung,
- Sicherheitsstromversorgung,
- ortsfeste Leitern im Fahrschacht zur Selbstrettung,
- Entwässerungspumpen in der Aufzugsunterfahrt für eventuell eintretendes Löschwasser,
- Schlüsselschalter für die Vorrangfahrt durch die Feuerwehr.

Feuerwehraufzüge finden sich in Hochhäusern, in manchen Bundesländern auch in Krankenhäusern oder Pflegeheimen.

8.9 Gebäudefunkanlagen/Funkunterstützungsanlagen

In Gebäuden mit vielen Massivbauteilen, ausgedehnten Untergeschossen oder allgemein großer Ausdehnung kann die Funkkommunikation im Gebäude gestört oder unmöglich sein. Daher können entweder in Sonderbauverordnungen oder aber durch Auflage im Genehmigungsverfahren Gebäudefunkanlagen für die Feuerwehr gefordert werden. Als **Gebäudefunkanlagen** bezeichnet man Anlagen, die aktiv senden, wohingegen **Funkunterstützungsanlagen** vorhandene Signale weiterleiten und verstärken.

Während bei Anlagen für den analogen Funkverkehr lediglich das vorhandene Funksignal durch verschiedene technische Maßnahmen im Gebäude verstärkt wird, erhalten Gebäude in Gebieten mit Digitalfunk eine eigene Rufgruppe (meist DMO), so dass dann der komplette Funkverkehr auf die Rufgruppe des Gebäudes umgestellt werden muss.

Bild 137: *Verkabelung einer Gebäudefunkanlage (schwarze Leitung) in einem notwendigen Flur*

8 Brandschutztechnik

Achtung:
Eine Gebäudefunkanlage für Analogfunk kann mit Geräten für den Digitalfunk nicht genutzt werden.

Nicht bundesweit einheitlich geregelt ist momentan der Umgang mit alten Analog-Anlagen nach der Umstellung auf Digitalfunk. Die Umrüstung eines Gebäudes auf eine Anlage für Digitalfunk ist mit erheblichen Kosten und größeren Umbauarbeiten verbunden. Eine generelle Nachrüstpflicht auf eine digital nutzbare Anlage ist momentan in den Bauordnungen und zugehörigen Sonderbauverordnungen nicht vorgesehen. Das Land Hessen verfügt beispielsweise über eine entsprechende Bestimmung zur Umrüstpflicht im Hessischen Brand- und Katastrophenschutzgesetz (Hessisches Ministerium des Inneren und für Sport, 2014), in Baden-Württemberg wird den analogen Anlagen Bestandsschutz attestiert (Innenministerium Baden-Württemberg, 2012), in Berlin erhalten die Betreiber von analogen Anlagen ein Merkblatt mit Argumenten für eine freiwillige Umrüstung (Berliner Feuerwehr, 2014).

Praxis-Tipp:
Klären Sie bei Vorhandensein von analogen Gebäudefunkanlagen frühzeitig gemeinsam mit der Bauaufsicht, ob und unter welchen Bedingungen die Umrüstung auf eine digitale Anlage gefordert werden kann.

8.10 Sicherheitsbeleuchtung

Sicherheitsbeleuchtungsanlagen sollen den Nutzern des Gebäudes auch bei Ausfall der Allgemeinstromversorgung eine sichere Flucht ermöglichen. Dafür wird eine Beleuchtungsstärke von 1 Lux in den Achsen der Rettungswege gefordert. Diese Beleuchtungsstärke reicht gerade so aus, um sich in einem bekannten Raum zu orientieren.

Möglich ist eine Ausführung mit separaten Leuchten oder aber der Anschluss einzelner Leuchten der »normalen« Beleuchtung an das Netz der Sicherheitsstromversorgung. Oftmals werden die Sicherheitsleuchten mit Rettungswegpiktogrammen kombiniert. In diesem Fall befinden sich in den Piktogrammen nach unten gerichtete Lichtquellen, die den Rettungsweg beleuchten.

8.11 Sicherheitsstromversorgung

Bild 138: *Leuchte für die Sicherheitsbeleuchtung in der Deckenplatte einer abgehängten Decke (links). Piktogramm mit integrierter Leuchte für die Sicherheitsbeleuchtung (rechts).*

8.11 Sicherheitsstromversorgung

Damit sicherheitsrelevante Anlagen auch bei Stromausfall oder Abschaltung der Stromversorgung durch die Feuerwehr weiter funktionieren, ist meistens eine Sicherheitsstromversorgung erforderlich. Je nach Bedeutung der Anlage für den Weiterbetrieb des Gebäudes, die Menschenrettung und den Sachwertschutz kann die Betriebszeit zwischen 30 Minuten und mehreren Tagen variieren.

Die Versorgung kann auf verschiedene Arten hergestellt werden:
- Einzelbatterien (z. B. bei Rettungswegpiktogrammen in einfachen Bürogebäuden),
- Batterieanlagen (z. B. für Brandmeldeanlagen, Sicherheitsbeleuchtung, Gebäudefunkanlagen),
- Notstromaggregate (z. B. für Druckbelüftungsanlagen, Feuerwehraufzüge, Löschanlagen),
- Einspeisung aus zwei unabhängigen Versorgungsnetzen.

Dabei ist es möglich, dass mehrere sicherheitsrelevante Anlagen von einer gemeinsamen Sicherheitsstromversorgung betrieben werden, wenn die Leistung der Stromversorgung einen gleichzeitigen Betrieb zulässt.

In manchen Bundesländern werden für Garagen so genannte Sprinklerschaltungen zugelassen. Hierbei wird für den Betrieb der Sprinkleranlagen keine eigene Sicherheitsstromversorgung verlangt. Stattdessen wird vor dem Hauptschalter Elektro ein Abzweig geschaffen, der die Löschanlage versorgt. Beim Abschalten der Strom-

8 Brandschutztechnik

versorgung bleibt somit die Löschanlage funktionstüchtig. Bei einem kompletten Stromausfall ist sie jedoch mit betroffen.

8.12 Löschwasserrückhalteinrichtungen

In Betrieben, in denen wassergefährdende Stoffe in größeren Mengen hergestellt oder gelagert werden, kann eine Löschwasserrückhalteinrichtung vorhanden sein. Diese sind in der Regel im Feuerwehrplan verzeichnet. Eine Löschwasserrückhalteanlage fängt sowohl auslaufende Stoffe als auch das Löschwasser im Brandfall auf. Dies kann durch Anstauen der Flüssigkeit innerhalb des Gebäudes erfolgen, indem ein Gefälle zur Gebäudemitte angeordnet wird und an den Türen Schwellen oder Barrieren vorgesehen werden.

Bild 139: *Löschwasserbarriere (rote »Schranke«) an einem Brandschutztor. Diese senkt sich bei Auslösung der Brandmeldeanlage oder Handauslösung ab. Die Anstauhöhe beträgt in dieser Halle ca. 25 cm, was bei einer Grundfläche von ca. 8.000 m^2 zu einem Rückhaltevolumen von ca. 2.000 m^3 führt.*

Alternativ kann eine Rückhaltung in separaten Becken oder unterirdischen Tanks erfolgen.

In beiden Fällen müssen Schiebersysteme vorgesehen werden, die beim Anfall von wassergefährdenden Stoffen die Einleitung in das allgemeine Abwassernetz verhindern.

9 Bauweisen

Es gibt zwei grundsätzliche Arten der Bebauung von Grundstücken: die offene und die geschlossene Bauweise (Bundesministerium für Justiz und Verbraucherschutz, 2017). Welche Art der Bebauung für ein Grundstück zulässig ist, regelt die Stadt oder Gemeinde im Bebauungsplan. Dort ist z. B. auch festgelegt, wie viele Geschosse ein Gebäude haben darf, ob es Vorgaben zu Fassade und Dach gibt und bis zu welcher Baugrenze auf dem jeweiligen Grundstück gebaut werden kann.

Entscheidend für die Einstufung ist der Grenzabstand, also der Abstand des Gebäudes zur Grundstücksgrenze. Er wird auch Bauwich genannt. Der Mindestabstand zur Grundstücksgrenze aus Sicht des Brandschutzes beträgt 2,5 m; jedoch kann dieser erforderliche Abstand z. B. bei hohen Häusern aus Belichtungs- und Belüftungsgründen (»Abstandsfläche«) auch größer sein.

Offene Bauweise

In der offenen Bauweise müssen die Häuser einen seitlichen Grenzabstand zur Grundstücksgrenze einhalten. Auch kleinere Häusergruppen auf einem Grundstück gelten als offene Bauweise, wenn sie nicht länger als 50 m sind (Bundesministerium für Justiz und Verbraucherschutz, 2017).

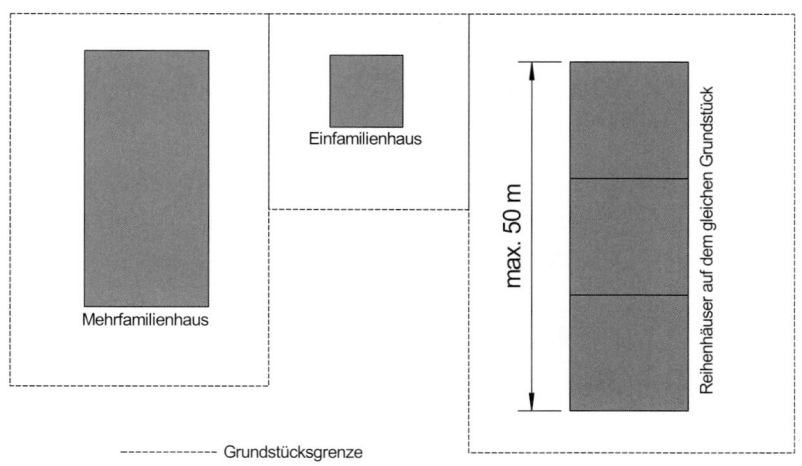

Bild 140: *Offene Bauweise mit einem oder mehreren Häusern auf dem gleichen Grundstück*

Auch Doppelhäuser und Reihenhauszeilen bis zu einer Länge von 50 m auf getrennten Grundstücken gelten als offene Bebauung, solange am Ende der verbundenen Gebäude wieder der erforderliche Grenzabstand eingehalten wird (Bundesministerium für Justiz und Verbraucherschutz, 2017).

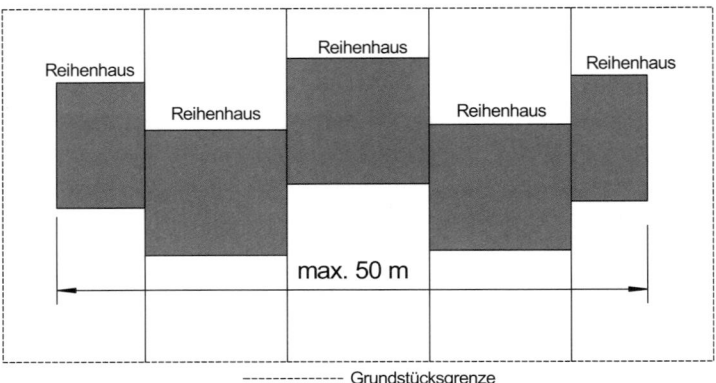

Bild 141: *Offene Bauweise mit Reihenhäusern auf eigenen Grundstücken*

Geschlossene Bauweise
In der geschlossenen Bauweise muss kein seitlicher Grenzabstand eingehalten werden, wobei die entstehende Gebäudereihung auch länger als 50 m sein kann.

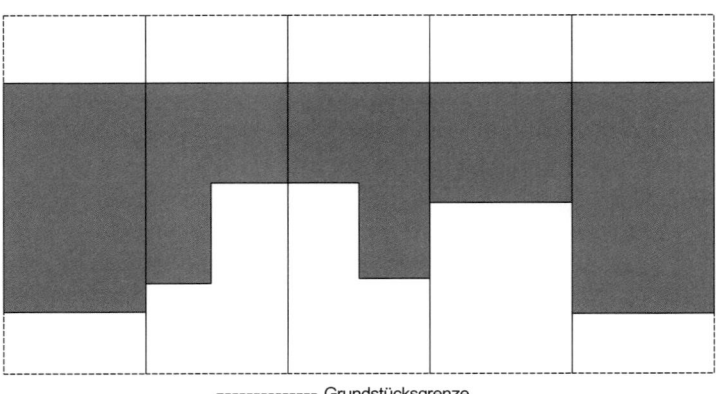

Bild 142: *Geschlossene Bauweise*

9	Bauweisen

Diese Bauweise findet sich vor allem in Städten entlang von Straßenzügen. So können sich Gebäudekomplexe mit großen Innenhöfen ergeben, die für die Feuerwehr nur über Durchgänge, Treppenräume oder Hofzufahrten zu erreichen sind. Dies kann vor allem bei der Erkundung von Ereignissen auf Gebäuderückseiten zu langen Laufwegen führen.

Fazit

Gebäude sollen funktional und ansprechend gestaltet sein. Um diese Ansprüche auch brandschutzgerecht umzusetzen, können eine Vielzahl von Bauteilen und -stoffen genutzt werden. Die verschiedenen baulichen Möglichkeiten fordern von den Feuerwehrangehörigen im Einsatz ein breitgefächertes Wissen. Ziel dieses Buches war es daher, alle für die Feuerwehr relevanten Baustoffe, Bauteile und Bauweisen in übersichtlicher Form vorzustellen. Erstlerner können (vor allem in den ersten Kapiteln) alle Informationen, die für den Grundausbildungslehrgang notwendig sind, finden. In den weiterführenden Kapiteln werden (angehenden) Führungskräften weiterführendes Wissen sowie Praxiserfahrungen zu einzelnen Bauweisen und Sonderbauten vermittelt. Das Buch ist so aufgebaut, dass es sowohl im Ganzen gelesen oder auch zum Nachschlagen einzelner Informationen dienen kann.

Nicht nur das Einsatzgeschehen selbst, sondern auch das beteiligte Gebäude kann eine Gefahr für Einsatzkräfte darstellen. Die Baukonstruktion kann die Zugangswege vorgeben, das Vorgehen beeinflussen oder auch der Einsatzgrund selbst sein, schlimmstenfalls sogar den Abbruch von Maßnahmen verursachen. Ein besonderes Augenmerk wurde daher in allen Kapiteln auf die Gefahren gelegt, die von Baustoffen und Konstruktionen im Einsatzfall ausgehen können. Entsprechende Warnhinweise und Merksätze erleichtern den Überblick und ermöglichen es, die wichtigen Informationen auch im Einsatzfall abrufbar zu haben.

Glossar

A1	Kürzel für die Bezeichnung »nichtbrennbar« bei Baustoffen (Baustoffklassen nach DIN 4102)
A2	Kürzel für die Bezeichnung »nichtbrennbar« bei Baustoffen. Diese Stoffe dürfen geringe brennbare Anteile enthalten (Baustoffklassen nach DIN 4102)
Anleiterstelle	Fenster oder Balkon zur Menschenrettung über tragbare Leitern oder Hubrettungsgeräte
B1	Kürzel für die Bezeichnung »schwerentflammbar« bei Baustoffen (Baustoffklassen nach DIN 4102)
B2	Kürzel für die Bezeichnung »normalentflammbar« bei Baustoffen (Baustoffklassen nach DIN 4102)
B3	Kürzel für die Bezeichnung »leichtentflammbar« bei Baustoffen (Baustoffklassen nach DIN 4102)
Baulicher Rettungsweg	Rettungsweg, der von den Nutzern des Gebäudes ohne Hilfe der Feuerwehr genutzt werden kann.
BMA	Brandmeldeanlage
BMZ	Brandmelderzentrale, sowohl der technische Teil als auch das Bedienelement für die Feuerwehr
ETK	Einheitstemperaturzeitkurve; vorgegebene Temperaturkurve für Bauteile nach SIN 4102-2
FAT	Feuerwehr-Anzeigetableau. Anzeige für die ausgelösten Brandmelder.
FBF	Feuerwehr-Bedienfeld. Bestandteil der Bedienelemente für die Feuerwehr bei einer Brandmeldeanlage.
FSD	Feuerwehrschlüsseldepot. Dort ist der Hauptschlüssel für das Gebäude hinterlegt. Das FSD wird bei Brandalarm über die BMA oder das FSE freigegeben.
FSE	Freischaltelement. Schlüsselschalter an der Außenseite eines Gebäudes, mit dem ein Alarm an der Brandmeldeanlage ausgelöst werden kann, damit das Feuerwehrschlüsseldepot freigegeben wird.

Glossar

Dichtschließende Tür	Tür mit einem geschlossenen Türblatt und Dichtungen an der Oberseite und den beiden Seiten.
DMO	Direktmodus »direct mode operation«. Funkverkehr zwischen den Einzelgeräten im Digitalfunk
GKB	Gipskarton-Bauplatte, oft verwendet für F 30-Trockenbauwände
GKF	Gipskarton-Feuerschutzplatte, oft verwendet für F 90-Trockenbauwände
Intumeszierend	Im Brandfall aufquellend. Intumeszierende Stoffe binden Verbrennungswärme und schützen darunterliegende Baustoffe vor dem Entflammen.
LBO	Landesbauordnung. Bauordnung für ein Bundesland
MRA	Maschinelle Rauchabzugsanlage
MBO	Musterbauordnung. Wird von der Bauministerkonferenz als Vorschlag für die Länder herausgegeben, wie die einzelnen Landesbauordnungen gestaltet werden können.
Notwendiger Flur	Flur in Nutzungseinheiten > 400 m² oder Sonderbauten, der als Fluchtweg dient. Er ist im Gegensatz zu »normalen« Fluren mit F 30-Wänden und dichtschließenden Türen ausgestattet.
NRA	Natürliche Rauchabzugsanlage
NRWG	Natürliches Rauch- und Wärmeabzugsgerät
OKFF	Oberkante fertiger Fußboden
RAS	Rauchansaugsystem. Besondere Form der Brandfrüherkennung, bei der Rauch in dünne Kunststoffrohre gefördert und durch eine Detektoreinheit geleitet wird.
RDA	Rauchschutz-Druckanlage. Dies ist eine Anlage, die in Treppenräumen eingesetzt wird und einen Überdruck erzeugt, der den Eintritt von Rauch verhindert.
Selbstschließende Tür	Tür mit einem federbelasteten Schließer.
Sicherheitstreppenraum	Besonders gesicherter Treppenraum, in den Feuer und Rauch nicht eindringen können.

Glossar

Treppenraum	Besonders geschützter Raum um eine Treppe herum, die als Rettungsweg dient.
WDVS	Wärmedämmverbundsystem. Ein WDVS besteht aus einer Dämmung mit außen aufgebrachter Wetterschutzschicht, zum Beispiel einem Putz.

Literaturverzeichnis

Arbeitsgemeinschaft Leiter der Berufsfeuerwehren - AGBF Bund -, Arbeitskreis Vorbeugender Brand- u. Gefahrenschutz. Empfehlungen (2012-3) zur Ausführung der Flächen für die Feuerwehr. Bonn, [kein Verlag] 2012.

Ante, Marlies. 2015. Bitumen und Teer. *www.agoef.de Arbeitsgemeinschaft ökologischer Forschungsinstitute e.V. (AGÖF).* [Online] Januar 2015. [Zitat vom: 14. November 2018.] https://www.agoef.de/schadstoffe/chemische-schadstoffe/bitumen-und-teer.html.

Arbeitsausschuss NA 005-52-22 AA »Konstruktiver baulicher Brandschutz (Spiegelausschuss zu Teilbereichen von CEN/TC 250). 2010. Eurocode 3: Bemessung und Konstruktion von Stahlbauten - Teil 1-2: Allgemeine Regeln - Tragwerksbemessung für den Brandfall; Deutsche Fassung EN 1993-1-2:2005 + AC:2009. Berlin : Beuth Verlag, 2010.

Arbeitskreis Fachkunde Metall unter der Leitung von Ulrich Fischer. 1992. *Fachkunde Metall.* Haan-Gruiten : Verlag Europa-Lernmittel, 1992.

Arbeitskreis Technische Gebäudeausrüstung der Fachkommission Bauaufsicht der BMK. 2016. Muster-Leitungsanlagenrichtlinie. *www.is-argebau.de.* [Online] 05. April 2016. [Zitat vom: 02. September 2018.] https://www.is-argebau.de/Dokumente/42319274.pdf

BASF SE. 2016. Sicherheitsdatenblatt Styrodur. *BASF Produktsuche (www.basf.de).* [Online] 30. August 2016. [Zitat vom: 27. Oktober 2018.] https://www2.basf.de/basf2/img/produkte/kunststoffe/styrodur/downloads2/de/sds_3035_120_de.pdf.

Bayer Sheet Europe GmbH . 2010. Brandklassen Zulassungen Makrolon. [Online] Januar 2010. [Zitat vom: 27. Oktober 2018.] https://www.plexiglas-hecker.de/wordpress_c/wp-content/uploads/2016/09/Brandklassen-Zulassungen-Makrolon.pdf.

Berliner Feuerwehr. 2014. Merkblatt Umrüstung analoge auf digitale Objektfunkversorgung. Berlin : s.n., 2014.

Beuth Verlag. 2016. 2016-11: DIN 14090 Feuerwehrflächen wird überarbeitet. *www.beuth.de.* [Online] 2016. [Zitat vom: 04. August 2018.] https://www.din.de/de/mitwirken/normenausschuesse/fnfw/2016-11-din-14090-feuerwehrflaechen-wird-ueberarbeitet-210442.

Bundesministerium für Justiz und Verbraucherschutz. Verordnung über die bauliche Nutzung der Grundstücke (Baunutzungsverordnung - BauNVO). *Baunutzungsverordnung in der Fassung der Bekanntmachung vom 21. November 2017 (BGBl. I S. 3786).* Berlin : s.n.

Bundesverband der Gipsindustrie e.V. 2013. *GIPS-Datenbuch.* Berlin : Bundesverband der Gipsindustrie e.V., 2013.

Burger, Reiner. 2016. 20 Jahre Flughafenbrand: Per Aufzug ins Inferno . *Frankfurter Allgemeine Zeitung www.faz.net.* [Online] 11. April 2016. [Zitat vom: 22. November 2018.] http://www.faz.net/aktuell/gesellschaft/ungluecke/20-jahre-flughafenbrand-in-duesseldorf-14171031.html.

Büthe, Nicolas. 1999. *Elastomerbrände - Modellbrandversuche, Analytik und Bewertung.* Hannover : Universität Hannover, 1999.

Carl Roth GmbH + Co. KG. 2014. Sicherheitsdatenblatt Aluminiumpulver. *www.carlroth.com.* [Online] 05. März 2014. [Zitat vom: 02. September 2018.] https://www.carlroth.com/downloads/sdb/de/5/SDB_5285_DE_DE.pdf.

CEN/TC 127 »Baulicher Brandschutz«. 2010. DIN EN 13501-1:2010-01: Klassifizierung von Bauprodukten und Bauarten zu ihrem Brandverhalten - Teil 1: Klassifizierung mit den Ergebnissen aus den Prüfungen zum Brandverhalten von Bauprodukten; Deutsche Fassung EN 13501-1:2007+A1:2009. Berlin : Beuth Verlag, 2010.

—. 2015. DIN EN 13823:2015-02: Prüfungen zum Brandverhalten von Bauprodukten - Thermische Beanspruchung durch einen einzelnen brennenden Gegenstand für Bauprodukte mit Ausnahme von Bodenbelägen; Deutsche Fassung EN 13823:2010+A1:2014. Berlin : Beuth Verlag, 2015.

Literaturverzeichnis

E. Klement. 1979. *Das Brandverhalten von Rohbaukonstruktionen bei Baustellenbränden*, Düsseldorf : Verband öffentlicher Versicherer, 1979, Bd. 8. Jahrgang.

Deutsche FOAMGLAS® GmbH. Foamglas - Herstellung. *de.foamglas.com*. [Online] [Zitat vom: 17. November 2018.] https://de.foamglas.com/de-de/produkte/foamglas-das-produkt/herstellung.

Deutsche Gesetzliche Unfallversicherung (DGUV) . 2007. DGUV Information 208-016 »Handlungsanleitung für den Umgang mit Leitern und Tritten«. Berlin : Deutsche Gesetzliche Unfallversicherung (DGUV) , 2007.

Deutsche Gesetzliche Unfallversicherung (DGUV). 1992, aktualisierter Nachdruck 2006. BGV D 36 »Unfallverhütungsvorschrift Leitern und Tritte«. Berlin : Deutsche Gesetzliche Unfallversicherung (DGUV), 1992, aktualisierter Nachdruck 2006.

DEUTSCHE ROCKWOOL GmbH & Co. KG. 2017. Wie wird Steinwolle hergestellt? *www.rockwool.de*. [Online] 2017. [Zitat vom: 17. November 2018.] https://www.rockwool.de/rat-und-tat/vertiefendes-wissen/umweltschutz-und-wohngesundheit/herstellung-steinwolle/

Deutscher Feuerwehrverband. 2012. Einsatz an Photovoltaikanlagen. *Informationen für Einsatzkräfte von Feuerwehren und technischen Hilfsdiensten.* Berlin : s.n., 2012.

Deutsches Institut für Bautechnik. 2015. *Bauregelliste A Teil 1* . Berlin : Beuth Verlag, 2015.

DIN-Normenausschuss Bauwesen (NABau). 1988. DIN 18095-1:1988-10: Türen; Rauchschutztüren; Begriffe und Anforderungen. Berlin : Beuth Verlag, 1988.

—.1977. DIN 4102-2:1977-09: Brandverhalten von Baustoffen und Bauteilen; Bauteile, Begriffe, Anforderungen und Prüfungen. Berlin : Beuth Verlag, 1977.

—. 1977. DIN 4102-3:1977-09: Brandverhalten von Baustoffen und Bauteilen; Brandwände und nichttragende Außenwände, Begriffe, Anforderungen und Prüfungen. Berlin : Beuth Verlag, 1977.

—. 1990. DIN 4102-13:1990-05, Brandverhalten von Baustoffen und Bauteilen; Brandschutzverglasungen; Begriffe, Anforderungen und Prüfungen. Berlin, Beuth Verlag 1990.

—. 1990. DIN 4102-15:1990-05: Brandverhalten von Baustoffen und Bauteilen, Brandschacht. Berlin : Beuth Verlag, 1990.

—. 1998. DIN 4102-1:1998-05: Brandverhalten von Baustoffen und Bauteilen - Teil 1: Baustoffe; Begriffe, Anforderungen und Prüfungen. Berlin : Beuth Verlag, 1988.

— 2011. DIN EN 1992-1-1:2011-01: Eurocode 2: Bemessung und Konstruktion von Stahlbeton- und Spannbetontragwerken - Teil 1-1: Allgemeine Bemessungsregeln und Regeln für den Hochbau; Deutsche Fassung EN 1992-1-1:2004 + AC:2010. Berlin : Beuth Verlag, 2011.

—. 2016. DIN 4102-4:2016-05: Brandverhalten von Baustoffen und Bauteilen – Teil 4: Zusammenstellung und Anwendung klassifizierter Baustoffe, Bauteile und Sonderbauteile. Berlin : Beuth Verlag, 2016.

—. 2018. DIN 4102-7:2018-11: Brandverhalten von Baustoffen und Bauteilen - Teil 7: Bedachungen - Anforderungen und Prüfungen. Berlin : Beuth Verlag, 2018.

DKE/K 213: Brandbekämpfung in elektrischen Anlagen im VDE. 2018. DIN VDE 0132:2018-07 »Brandbekämpfung in elektrischen Anlagen«. s.l. : Beuth Verlag, 2018.

Ernst, Dagobert. 2016. Gutachten: Dämmfassade führte zu Brandkatastrophe in Duisburg . *Westdeutsche Allgemeine Zeitung* . [Online] 23. August 2016. [Zitat vom: 03. September 2018.] https://www.waz.de/staedte/duisburg/gutachten-daemmfassade-fuehrte-zu-brandkatastrophe-in-duisburg-id12127380.html.

esmatec GmbH. 2013. Datenblatt Weich-PVC. [Online] 2013. [Zitat vom: 27.. Oktober 2018.] https://esmatec.de/kunststoff/download/datenblatt.pdf.

Evonik Performance Materials GmbH. 2018. Datenblatt Plexiglas. [Online] Evonik Performance Materials GmbH, Juni 2018. [Zitat vom: 27. Oktober 2018.] https://www.plexiglas.de/product/plexiglas/de/ueber/faq/pages/brandverhalten.aspx.

Fachkommission Bauaufsicht der Bauministerkonferenz. 2016. *Musterbauordnung -MBO- Fassung November 2002, zuletzt geändert 13.05.2016.* Berlin : s.n., 2016.

—. 2009. Muster-Richtlinien über Flächen für die Feuerwehr – Fassung Februar 2007 – zuletzt geändert Beschluss der Fachkommission Bauaufsicht vom Oktober 2009. Berlin, s.n., 2009

Literaturverzeichnis

—. 2012. Muster-Richtlinie über den Bau und Betrieb von Hochhäusern - MHHR (Fassung April 2008, zuletzt geändert durch Beschluss der Fachkommission Bauaufsicht vom Februar 2012). Berlin : s.n., 2012.

—. 2014. Muster-Beherbergungsstättenverordnung - MBeVO (Fassung Dezember 2000, zuletzt geändert durch Beschluss der Fachkommission Bauaufsicht von Mai 2014). Berlin : s.n., 2014.

—. 2014. Muster-Industriebau-Richtlinie - MIndBauRL (Stand Juli 2014). Berlin : s.n., 2014.

—. 2014. Muster-Richtlinie über den baulichen Brandschutz im Industriebau (MIndBauRl). Berlin : Informationssystem ARGEBAU, 2014.

—. 2014. Muster-Versammlungsstättenverordnung - MVStättVO (Fassung Juni 2005, zuletzt geändert durch Beschluss der Fachkommission Bauaufsicht vom Juli 2014). 2014.

Fengler, Denis. 2013. Schulterblatt: Großbrand durch Wärmedämmung. *Hamburger Abendblatt.* [Online] 25. November 2013. [Zitat vom: 03. September 2018.] https://www.abendblatt.de/hamburg/altona/article122221973/Schulterblatt-Grossbrand-durch-Waermedaemmung.html.

Fermacell GmbH. 2015. *Brandschutz mit System* . Duisburg : Fermacell GmbH, 2015.

feuerwehrleben.de. 2009. Gefahren an der Einsatzstelle: Lagerhallenbrand mit Explosion. *www. feuerwehrleben.de.* [Online] 26. April 2009. [Zitat vom: 15. August 2018.] http://www.feuerwehrleben.de/gefahren-an-der-einsatzstelle-lagerhallenbrand-mit-explosion/

Flensburger Tageblatt. 2018. Feuer vernichtet Reetdachhaus. *Flensburger Tageblatt* . [Online] 07. Juli 2018. [Zitat vom: 14. November 2018.] https://www.shz.de/lokales/flensburger-tageblatt/feuer-vernichtet-reetdachhaus-id20366402.html.

Gesamtverband der deutschen Versicherungswirtschaft e.V. (GDV). 2015. VdS 3461 - Wärmedämmverbundsystem, Leitfaden zum Brandschutz. Köln : VdS Schadenverhütung GmbH, 2015.

Gieck, K.+R. 1995. *Technische Formelsammlung (30. deutsche Auflage).* Germering : Gieck Verlag, 1995.

Günter Pfeifer, Rolf Ramke, Joachim Achtziger, Konrad Zilch. 2001. *Mauerwerk Atlas* . München : Birkhäuser Edition Detail, 2001.

Hahn, Christiane. 2014. Kalksandstein-Brandschutz. *www.heidelberger-kalksandstein.de.* [Online] Januar 2014. [Zitat vom: 07. November 2018.] www.heidelberger-kalksandstein.de/de/system/files_force/assets/document/ks_pka_brandschutz_2015.pdf.

Hamburger Abendblatt. 2018. Sylt: Kripo ermittelt nach Brand in Reetdachhaus. *www.abendblatt. de.* [Online] 07. August 2018. [Zitat vom: 14. November 2018.] https://www.abendblatt.de/hamburg/polizeimeldungen/article215028047/Sylt-Feuerwehr-schlaegt-Schneise-in-brennendes-Reetdachhaus.html.

Hanseatische Feuerwehr-Unfallkasse Nord (HFUK). 2016. *Tödlicher Unfall im Atemschutzeinsatz: Ergebnisse der Unfalluntersuchung durch die HFUK Nord, erschienen in: Sicherheitsbrief Nr. 40.* Hamburg : Hanseatische Feuerwehr-Unfallkasse Nord (HFUK) und Feuerwehr-Unfallkasse Mitte (FUK Mitte), 2016.

Heberlin, Heinrich, Borgna, Luciano und Schärf, Philipp. 2011. PV und Feuerwehr: Keine Panik, realistische Einschätzung der elektrischen Gefahren und möglicher Gegenmaßnahmen. Beitrag zum 26. Symposium Photovoltaische Solarenergie. Staffelstein: 2011.

Hessisches Ministerium des Inneren und für Sport. 2014. Hessisches Gesetz über den Brandschutz, die Allgemeine Hilfe und den Katastrophenschutz (Hessisches Brand- und Katastrophenschutzgesetz - HBKG). Wiesbaden : s.n., 2014.

Innenministerium Baden-Württemberg. 2012. Landesleitfaden Objektfunkversorgung. Stuttgart : s.n., 2012.

Institut für Schadenverhütung und Schadenforschung der öffentlichen Versicherer e.V. Ursachenstatistik Brandschäden 2017. *https://www.ifs-ev.org/.* [Online] [Zitat vom: 01. November 2018.] https://www.ifs-ev.org/schadenverhuetung/ursachstatistiken/brandursachenstatistik/

ISO/TC 92/SC 1 »Brandentstehung und -entwicklung«/CEN/TC 127 »Baulicher Brandschutz«. 2010. DIN EN ISO 11925-2:2011-02: Prüfungen zum Brandverhalten - Entzündbarkeit von Produkten bei direkter Flammeneinwirkung - Teil 2: Einzelflammentest (ISO 11925-2:2010); Deutsche Fassung EN ISO 11925-2:2010. Berlin : Beuth Verlag, 2010.

Literaturverzeichnis

KARL BACHL GmbH & Co KG. 2011. Sicherheitsspezifische Produktinformation Polyurethan-Hartschaum (PIR). [Online] 21. Januar 2011. [Zitat vom: 15. Mai 2018.] https://zzwancor.ch/downloads/20170516093839/sicherheitsdatenblatt-pur/pir-hartschaum-d%C3%A4mmplatten.pdf.

Kern GmbH. 2018. Datenblatt Polycarbonat. [Online] KERN COMMUNICATIONS, 2018. [Zitat vom: 27. Oktober 2018.] https://www.kern.de/de/technisches-datenblatt/polycarbonat-pc?n=2301_1.

Kessel, Martin H.; Sieder, Mike. 2016. Skript zur Vorlesung »Holzbau 1« . Braunschweig : Technische Universität Braunschweig, Institut für Baukonstruktion und Holzbau, 2016.

Knauf Gips KG. 2015. *Brandschutz mit Knauf.* Iphofen : Knauf Gips KG, 2015.

—. k.A.. Produktdatenblatt Knauf Ausbauplatte GKB. Iphofen : Knauf Gips KG, k.A.

—. k.A. . Produktdatenblatt Knauf Feuerschutzplatte GKF. Iphofen : Knauf Gips KG, k.A.

Konradin Medien GmbH. 2014-2017. Wahrig Herkunftswörterbuch A-Z, Eintrag zum Begriff »Statik«. *www.wissen.de.* [Online] MMCD NEW MEDIA GmbH, 2014-2017. [Zitat vom: 03. November 2018.] https://www.wissen.de/wortherkunft/statik.

Maguire, John, Woodcock, Leslie. Thermochemistry of Grenfell Tower Fire Disaster: Catastrophic Effects of Water as an ›Extinguisher‹ in Aluminium Conflagrations. *Researchgate.* [Online] [Zitat vom: 05. Septemer 2018.] https://www.researchgate.net/publication/326782413_Thermochemistry_of_Grenfell_Tower_Fire_Disaster_Catastrophic_Effects_of_Water_as_an_'Extinguisher'_in_Aluminium_Conflagrations. 10.13140/RG.2.2.24909.33763.

Meyers Lexikonredaktion in Zsarb. mit Hans Borucki. 1988. *Schülderduden Die Chemie, 2. überarbeitete Auflage.* Mannheim, Wien, Zürich : Dudenverlag, 1988. ISBN 3-411-02218.

Mortimer, Charles E. 1996. *Chemie: Das Basiswissen der Chemie, 6. völlig neubearb. und erw. Auflage.* Stuttgart, New York : Thieme, 1996.

Müller, Harald, Schremmer, Rainer, Pfeuffer, Marco. 2012. »Gefährdung durch Kohlenstoffmonoxid an der Einsatzstelle« . *Multimomenthäufigkeits-Studie.* Wiesbaden : Berufsfeuerwehr Wiesbaden, 2012.

NA 005-52-02 AA - Brandverhalten von Baustoffen und Bauteilen. 2012. DIN EN 1363-2: Feuerwiderstandsprüfungen - Teil 1: Allgemeine Anforderungen; Deutsche Fassung EN 1363-1:2012. Berlin : Beuth Verlag, 2012.

NA 005-52-02 AA »Brandverhalten von Baustoffen und Bauteilen - Bauteile« . 2016. DIN EN 13501-2:2016-12: Klassifizierung von Bauprodukten und Bauarten zu ihrem Brandverhalten - Teil 2: Klassifizierung mit den Ergebnissen aus den Feuerwiderstandsprüfungen, mit Ausnahme von Lüftungsanlagen; Deutsche Fassung EN 13501-2:2016. Berlin : Beuth Verlag, 2016.

NA 005-52-22 AA »Konstruktiver baulicher Brandschutz (Spiegelausschuss zu Teilbereichen von CEN/TC 250)«. 2010. DIN EN 1995-1-2:2010-12: Eurocode 5: Bemessung und Konstruktion von Holzbauten - Teil 1-2: Allgemeine Regeln - Tragwerksbemessung für den Brandfall; Deutsche Fassung EN 1995-1-2:2004 + AC:2009. Berlin : Beuth Verlag, 2010.

NA 031-03-05 AA »Anlagen zur Löschwasserversorgung einschließlich Wandhydranten - SpA zu CEN/TC 191/WG 9« . 2016. DIN 14461-1:2016-10: Feuerlösch-Schlauchanschlusseinrichtungen - Teil 1: Wandhydrant mit formstabilem Schlauch. Berlin : Beuth Verlag, 2016.

NA 031-04-02 AA - Bauliche Anlagen und Einrichtungen. 2003. DIN 14090:2003-05: »Flächen für die Feuerwehr auf Grundstücken«. Berlin : Beuth Verlag, 2003.

Nause, Peter. 2013. Brandschutztechnische Bewertung tragender Bauteile im Bestand . *Vortrag beim »Brandschutz-Forum München«.* München : s.n., 2013.

Pott, Marcus. 2011. Leitfaden Photovoltaikanlagen. *Hinweise im Umgang mit Photovoltaikanlagen im Feuerwehreinsatz.* Harrislee : Landesfeuerwehrschule Schleswig-Holstein, 2011.

Projektgruppe Feruerwehrdienstvorschriften im Ausschuss Feuerwehrangelegenheiten, Katastrophenschutz und zivile Verteidigung . 2003. Feuerwehrdienstvorschrift 10 »Die tragbaren Leitern« . 2. Auflage. Stuttgart : Kohlhammer , 2003.

SAINT-GOBAIN ISOVER G+H AG. Herstellverfahren Mineralwolle. *www.isover,de.* [Online] [Zitat vom: 17. November 2018.] https://www.isover.de/herstellverfahren-mineralwolle.

Literaturverzeichnis

Schweizerische Bundesbahnen SBB. 2011. www.sbb.ch. *Nach Brand im Simplontunnel: Grössere Schäden als angenommen. Medienmitteilung.* [Online] [Zitat vom: 04. November 2018.] https://www.sbb.ch/de/meta/news.html/2011/7/schaeden-nach-brand-im-simplontunnel.

Tagesanzeiger. www.tagesanzeiger.ch. 2011. *Artikel: So beschädigt ist der Simplontunnel.* [Online] [Zitat vom: 04. November 2018.] https://www.tagesanzeiger.ch/schweiz/standard/So-beschaedigt-ist-der-ausgebrannte-Simplontunnel/story/29446078.

Umweltbundesamt. 2014. Asbest – nichts für Heimwerker. *https://www.umweltbundesamt.de/.* [Online] 12. 05 2014. [Zitat vom: 27. November 2018.] https://www.umweltbundesamt.de/themen/asbest-nichts-fuer-heimwerker.

(VBZH), Verbände des Bayerischen Zimmerer- und Holzbaugewerbes. 2000. Dachkonstruktionen. Folienmappe Holzbau. München : Verbände des Bayerischen Zimmerer- und Holzbaugewerbes (VBZH) München, 2000.

Vereinigugung zur Förderung des deutschen Brandschutzes e.V. Flash-Animation Verbrennungstest. *www.vfdb.de.* [Online] [Zitat vom: 29. November 2018.] https://www.vfdb.de/IAS/verbrenntest/Zuendtemperaturen_ge.swf.

Stichwortverzeichnis

A
Abluftöffnung 201
Alarmierungseinrichtungen 186
Alarmventil 189
Aluminium 46
Anhydridestriche 64
Anleiterbare Fenster 154
Anleiterstelle 154
Aufstellflächen 160
Aufzüge 176
Ausgänge 154
Außentreppen 152
Außenwände 108

B
Baubronze 52
Baustatik 68
Baustoffklassen 13, 21
Bauweise 207
Beton 53
Betonstein 60
Betonüberdeckung 77
Bewehrung 54
Biegebeanspruchung 68
Binder 85
Bitumen 136
Bitumendächer 137
Bitumen-Schweißbahnen 136
Blitzschutzanlage 174
Blockbalken 78
Brand- und Rauchschutzvorhänge 126
Brandfallsteuerung 177
Brandgasventilator 201
Brandmeldeanlage 180, 192, 202
Brandmelder 181
Brandmelderzentrale 182
Brandriegel 118
Brandschacht 16
Brandschachtprüfung 19
Brandschutzanforderungen an Bauteile 30
Brandschutzklappe 172
Brandschutzmörtel 65
Brandschutzputz 100
Brandschutztechnik 180
Brandschutztor 123
Brandschutztür 121
Brandschutzverglasung 141

Brandschutzvorhänge 127
Brandverhalten von Bauteilen 23
Brandwände 75, 102
brennendes Abtropfen 21
Brennkammer 23
Brennkasten 15
Brettschichtholz 40
Bronze 52

D
Dach 128
Dachaufbauten 130
Dächer 128
Dachformen 128
Dachkonstruktionen 83
Dachlatten 132
Dachpappe 136
Dachsteine 132
Dachziegel 132
Dämmschichtbildner 41, 52
Dämmstoffe 82
Dämmung 67
dicht- und selbstschließende Türen 148
dichtschließende Türen 152
Differenzdruckanlage 151
Differenzdruckanlagen 202
Doppelböden 178
Doppelfassaden 119
dreiteilige Schiebleiter 33
Druckbeanspruchung 68
Druckbelüftungsanlage 202
Druckbelüftungsanlagen 151
Dünnbettmörtel 90
Duroplaste 45

E
Einheitstemperaturzeitkurve 23
Einschub 82
Einstufungsnormen 27
Einsturz 69
Einzelflammentest 15
ELA 186
Elastomere 45
elektroakustische Alarmierungsanlage 186
Elektroinstallationen 163
Entrauchungsventilator 201
Estriche 64

Stichwortverzeichnis

Étanchéité 27
ETK 23–24
Eurocode 30
Extensiv begrünte Dächer 138

F
Fachwerk 77
Fahrschacht 176
Faserzementplatten 114
Fassade 108
Fassaden 109
FAT 185
FBF 185
Fertigteile 74
Feuerwehr-Anzeigetableau 185
Feuerwehraufzüge 202
Feuerwehrbedienfeld 185
Feuerwehrschlüsseldepot 185
Feuerwiderstand 24, 92
Feuerwiderstandsdauer 68, 89
Feuerwiderstandsklasse 27
First 130, 133
Flachpressplatten 40
Flammenmelder 182
Flammschutzmittel 41
Foamglas 67
Foliendächer 138
Freischaltelement 185
FSD 185
FSE 185
Fugen 90
Funktionserhalt 167
Funkunterstützungsanlage 203
F-Verglasungen 142

G
Gaslöschanlage 192
Gasmelder 182
Gaube 130
Gebäudeabschlusswände 102
Gebäudefugen 144
Gebäudefunkanlage 203
Gebäudeklassen 30–31
Gebäudetrennwände 102
Geländehöhe 31
Geschlossene Bauweise 208
Giebel 130
Gips 65
Gipsfaserplatten 63
Gipskartonbauplatten 63, 95
Gipskartonfeuerschutzplatten 63, 95
Gipskartonplatten 63

GKB 63, 95
GKF 63
Glas 65
Glaswolle 67
Gusseisen 52
G-Verglasungen 143

H
harte Bedachung 131
Hartschott 166
Hauptmelder 182
Haustechnik 163
Heißbemessung 29, 41, 80
Heizung 172
Heizwert 19
Hinterlüftete Fassade 110
Hinterlüftungsspalt 110
Hohlraumböden 178
Holz 37
Holzdecken 80
Holzfaserplatten 41
Holzfassade 114
Hubrettungsfahrzeug 33
Hüttensteine 62

I
Industriebauten 36
Inertisierungsanlage 193
Intensiv begrünte Dächer 139
Isolation 27

K
Kalksandstein 59
Kaltdach 131
Kamineffekt 111
Kappendecken 92
Kehlbalkendach 83
Klinkerfassade 113
Knicken 68
Kohlenwasserstoffe 42
Kunstharz 45
künstliche Steine 57
Kunststoff 42
Kunststoff als Fassadenbekleidung 115
Kupfer 51

L
Lasten 68
Laubengänge 153
Legierung 48
Leichtbetonplatten 64
Leichtbetonstein 60

Stichwortverzeichnis

leichtentflammbar 14
Lineare Brandmelder 182
Linienmelder 182
Löschanlage 187
Löschwasserrückhalteinrichtung 206
Lüftung 171
Lüftungsanlagen 171

M
maschinelle Entrauchung 201
Mauersteine 57
Mauerwerk 87
Mauerziegel 58
MBO 34
Meldergruppen 182
Metalldächer 135
Metallständerwerk 94
Mittelspannung 164
Mörtel 65
Mörtelschott 166
MRA 201
Musterbauordnung 33–34

N
Nagelplatten 86
Nasse Steigleitung 195
natürliche Entrauchung 197
Natursteine 55
Natursteinfassade 112
Nichtbrennbar 20
Niederspannung 164
Niedrigenergiehäuser 109
Normalentflammbar 15
Normalmörtel 90
Notstromaggregat 205
notwendiger Flur 152
NRA 197
NRWG 197

O
Ofenprüfung 18, 20
offenen Bauweise 207
Ortgang 130, 133
OSB-Platten 41

P
Passivhäuser 109
Pfettendach 84
Pfosten-Riegel-Fassade 116
Photovoltaikanlagen 174
Polycarbonat 44
Polystyrol 44

Polyurethan 45
Polyvinylchlorid 42–43
Porenbetonsteine 60
Pulverlöschanlage 191
Putzfassade 112
Putzmörtel 65
Pyrolyse 37

R
Rabitzdecke 101
Rauch- und Wärmeabzüge 197
Rauch- und Wärmeabzugsanlagen 197
Rauchansaugsysteme 182, 192
Rauchmelder 181
Rauchschutzdruckanlagen 202
Rauchschutz-Druckanlagen (RDA) 151
Rauchschutztür 124
Rauchwarnmelder 180
RDA 151, 202
Reetdächer 140
Résistance 27
Restquerschnitt 38
Rettungshöhe 154
Rettungsweg 146
Rettungswege 146
Rohrleitungen 168
RWA 197

S
Sandwichelement 111
Sandwichelemente 73
Schaumglas 67
Schaumlöschanlage 190
Schiefer 112
Schlackesteine 62
Schlüsselschalter 202
Schornsteine 173
schwerentflammbar 16
Sicherheitsbeleuchtungsanlage 204
Sicherheitsleuchten 204
Sicherheitsstromversorgung 205
Sicherheitstreppenraum 146
Sicherheitstreppenräume 150
Simulationsverfahren 29
single burning item test 17
Skelettbau 77
Sockelsirene 186
Solarthermie 174
Sonderbauteile 26–27
Sonderbauten 34, 180
Sonderbauvorschriften 35
Spannbeton 76

221

Stichwortverzeichnis

Spanplatten 40
Sparrendach 83, 131
Sprinkleranlage 188
Sprinklerköpfe 188
Sprühwasserlöschanlage 189
Stahl 48
Stahlbauteile 70
Stahlbeton 54, 74
Stahltragwerke 70
Ständerwände 78
Statik 68
Steckleiter 33
Steigleitungen 193
Steinwolle 67
Strohputzdecke 77, 82

T
Teerpappe 137
Thermodifferenzialmelder 181
Thermomaximalmelder 181
Thermoplaste 43
Trafo 163
Tragfähigkeit 54, 69
Transformatoren 163
Trapezblech 72
Traufe 130
Trennschalter 175
Trennwände 78
Treppenraum 148
Treppenräume 147
Trockenbau 62, 93
Trockenbauplatten 62

Trockene Steigleitung 193
Trockenestrich 100

U
Umkehrdach 131
Unterdecken 97

V
Verbrennungsheizung 173
Verbundglas 66
Verbundsicherheitsglas 66
Verdrehung 68
Vermiculite 100
Vollholz 39
VSG 66

W
Wandhydrant 195
Warmdach 130
Wärmedämmverbundsystem 117
WDVS 117
Weiche Bedachung 139
Weichschott 165

Z
Zementstriche 64
Ziegeldecke 93
Ziegelmauerwerk 89
Zink 51
Zugbeanspruchung 68
Zuluft 199

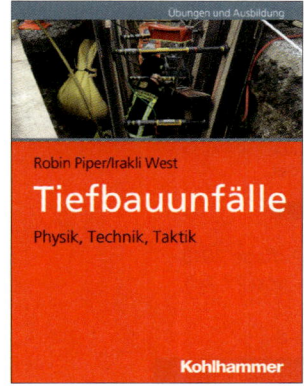

2019. 176 Seiten. Kart.
€ 29,–
ISBN 978-3-17-036117-1

Übungen und Ausbildung

Robin Piper/Irakli West

Tiefbauunfälle
Physik, Technik, Taktik

Tiefbauunfälle unterliegen komplexen physikalischen und geologischen Zusammenhängen. Der Ausbildungsbedarf ist entsprechend hoch; umso besorgniserregender ist der vielerorts leichtfertige Umgang mit den Gefahren für die Einsatzkräfte und betroffene Personen. Die Autoren erörtern Problematiken und zeigen dem Leser anhand der „5 Schritte des Tiefbauunfalls" technische und taktische Lösungsansätze zum Befreien von verschütteten Personen auf. Leicht verständlich werden Rettungskräfte so auf die unterschiedlichen Szenarien eines Tiefbauunfalls vorbereitet. Zahlreiche Abbildungen sowie Tipps aus der Praxis helfen bei der Umsetzung im eigenen Einsatzbereich.

Robin Piper ist Werkfeuerwehrmann bei der Flughafenfeuerwehr Frankfurt am Main. Seit 2016 arbeitet er eng mit Irakli West zusammen. West ist Gründer von Heavy Rescue Germany. Er ist Mitglied im Bundesvorstand von @fire internationaler Katastrophenschutz e. V. und langjähriger Zugführer in der Freiwilligen Feuerwehr. Gemeinsam betreiben sie bundesweit Aus- und Fortbildung im Bereich Tiefbauunfälle.

Leseproben und weitere Informationen: www.kohlhammer-feuerwehr.de

W. Kohlhammer GmbH
70549 Stuttgart

9., erw. und überarb. Auflage 2018
242 Seiten mit 61 Abb. und 27 Tab.
Kart. € 25,–
ISBN 978-3-17-034000-8

Übungen und Ausbildung

Karl-Heinz Knorr

Die Gefahren der Einsatzstelle

Die an Einsatzstellen anzutreffenden Gefahren entwickeln und verändern sich ständig. Das Fachbuch „Die Gefahren der Einsatzstelle" wurde mit der 9. Auflage komplett überarbeitet und unter anderem um das Kapitel „Unfallverhütung und Gefährdungsbeurteilungen" erweitert. Ebenfalls neu aufgenommen wurde das Thema „Speicherung elektrischer Energie", welches auch die Gefahren von Lithium-Ionen-Zellen beschreibt.

Leitender Branddirektor Dipl.-Phys. Karl-Heinz Knorr ist Leiter der Feuerwehr Bremen.

Leseproben und weitere Informationen: www.kohlhammer-feuerwehr.de

W. Kohlhammer GmbH
70549 Stuttgart